LETTRES DE DRANCY

LETTRES DE DRANCY

Textes réunis et présentés par Antoine Sabbagh

Introduction de Denis Peschanski

Éditions Tallandier

TEXTE INTÉGRAL

ISBN 2-02-058249-X
(ISBN 2-84734-027-0, 1re publication)

www.seuil.com

INTRODUCTION
par Denis Peschanski

« Au moment du départ, on pointait chaque déporté. Sur les 80 gosses, environ 20 ne savaient pas leurs noms. Tout doucement, nous avons essayé de leur faire dire leurs noms ; sans résultat.

« Je ne puis oublier la voix de ce petit garçon de quatre ans qui répétait sans arrêt, sur le même ton, avec une voix grave, une voix de basse incroyable dans ce petit corps : "Maman, je vais avoir peur, Maman, je vais avoir peur." »

Odette Daltroff-Baticle a témoigné dès 1943 du transfert de milliers d'enfants juifs des camps de Pithiviers et de Beaune-la-Rolande, à l'été 1942, vers le camp de Drancy, antichambre de la mort. La déportation des enfants, c'est bien sûr l'indisible, l'insupportable, l'inacceptable entre tout. Dans la mémoire sociale des Français, Drancy est devenu la référence majeure, comme le symbole de ce que fut la mise en œuvre de la Solution finale en France, de la collaboration entre l'État français et l'occupant, mais aussi de la politique même du régime de Vichy et de l'internement. Ce n'est pas le lieu, ici, de s'interroger sur les aléas de la mémoire, mais il faut garder à l'esprit que ce qui peut sembler évident aujourd'hui ne l'est que depuis une quinzaine d'années. Et encore faut-il s'interroger sur la diffusion réelle de cette information qui, ces dernières années, a semblé saturer l'espace médiatique.

Pour autant, l'internement ne se réduit pas à Drancy et à la déportation des juifs de France. Il faut savoir que le premier camp d'internement a ouvert en février 1939 et que le dernier interné est sorti d'un camp d'internement en mai 1946. Trois régimes, donc, ont connu cette mesure d'exception, à savoir la possibilité d'enfermer des gens non pour ce qu'ils ont fait ou sont soupçonnés d'avoir fait (procédure judiciaro-policière), mais pour le danger intrinsèque qu'ils représentent pour la société et l'État (mesure administrative). De multiples catégories furent concernées : Espagnols et volontaires des Brigades internationales après la victoire de Franco ou « indésirables étrangers », ressortissants des puissances ennemies ou communistes, juifs ou nomades, droits communs ou marché noir, collaborateurs ou civils allemands, ce furent au total quelque 600 000 personnes qui furent internées dans plus de 200 camps entre 1939 et 1946.

Avec les lettres ici publiées, c'est de l'internement des juifs qu'il s'agit, entre 1940 et 1944. C'est donc sur ces victimes et sur cette période que nous centrerons le propos.

De la logique d'exclusion…

« Nos ennemis sont bizarres – écrit Isaac Schœnberg à sa fiancée, Chana, le 2 octobre 1941 – : tu demandes au Français, il te répond que c'est l'Allemand qui t'expédie au camp ; tu demandes à l'Allemand, il te répond qu'il n'a rien à y voir. La vérité, c'est qu'ils le font tous les deux, et que le Français cherche à surpasser son maître et le fait trop bien[1]. » Interné à Pithiviers, il mesure parfaitement, en effet, les ambiguïtés de la situation : ce sont bien les Allemands qui ont décidé de son interne-

1. Voir p. 64.

ment, mais les Français sont en première ligne dans cette politique. En effet, de 1940 à 1942, la politique d'internement est principalement le fait de Vichy et répond à une logique d'exclusion. De 1942 à 1944, elle répond d'abord à la volonté de l'occupant et s'inscrit dans une logique de déportation et d'extermination.

La signature de l'armistice, en juin 1940, n'est pas seulement l'une des solutions qui étaient données aux nouveaux gouvernants français pour arrêter les hostilités. Elle offrait l'opportunité de mettre en œuvre un programme politique et idéologique propre à ce nouvel État français né sur les décombres de la défaite. Le sort qui fut alors fait aux juifs renvoyait à une interprétation globale de la débâcle. Pour le maréchal Pétain et son entourage, il ne fallait pas en chercher la cause dans les erreurs de l'armée, et pour cause ; les choix politiques de la fin des années 1930 étaient certes condamnables et nourrirent une politique de revanche sur le Front populaire ; mais l'origine était beaucoup plus profonde et fondamentale. En fait, la société française était minée de l'intérieur, subvertie par ce que Pétain appela les forces de l'Anti-France. Rien ne servait donc de lutter contre l'occupation, qui n'était qu'un symptôme. Pour sortir de la crise, il fallait régénérer la société française de l'intérieur. Cela passait par le rassemblement des éléments dits « purs » autour des valeurs fondatrices qu'étaient le travail, la famille la patrie, la piété et l'ordre. Cela passait aussi par l'exclusion des éléments dits « impurs », à savoir les juifs, les communistes, les étrangers et les francs-maçons. La logique d'exclusion est donc bien consubstantielle du régime de Vichy.

Au moins les premiers temps, les mesures d'exclusion qui furent promulguées par l'État français ne doivent donc rien à la pression de l'occupant. Quand il s'est agi de négocier avec les Allemands, également les mesures de persécution, il faut prendre en compte un autre impératif majeur de la stratégie vichyste : il s'agissait d'affirmer l'autorité de l'État sur l'ensemble du territoire national, y compris en zone occupée, quitte à prendre en charge la réalisation des objectifs de l'occupant.

Ces impératifs stratégiques et idéologiques expliquent la politique de l'internement des juifs entre 1940 et 1942. Une batterie de lois antisémites fut promulguée en deux étapes principales, d'une part, à l'été et l'automne de 1940, d'autre part, au printemps de 1941, aussi bien en France qu'en Afrique du Nord. Elles visaient toute à l'exclusion sociale et économique des juifs de France. Celle qui nous intéresse tout spécialement, datée du 4 octobre 1940, permettait au préfet d'interner des juifs étrangers pour la seule raison qu'ils étaient juifs et étrangers. Dans ce dispositif, les camps tinrent une place centrale. Mais au début de 1941, ces camps n'avaient pas encore pour nom Drancy ou Pithiviers, mais Gurs et Rivesaltes ; et s'il y avait environ 50 000 internés en zone sud (Afrique du Nord comprise), en grande majorité des juifs, on n'en comptait moins de 2 000 en zone occupée.

Cela ne voulait pas dire qu'il valait mieux pour les juifs vivre à Paris qu'à Marseille, bien sûr. Des lois du même type avaient été édictées, mais jusqu'au printemps 1941, le camp ne faisait pas partie du dispositif privilégié par les Allemands dans leur politique de persécution antisémite. Ce n'est pas le lieu ici de nous interroger sur les origines de l'antisémitisme allemand, mais on notera qu'à partir de l'été 1941 et donc de l'attaque allemande de l'Union soviétique, la thématique du complot judéo-bolchevique devint primordiale. Y compris en France où, alors, les communistes se lancèrent dans la lutte armée. Sur ce substrat idéologique, les Allemands avaient deux objectifs prioritaires : assurer la sécurité des troupes d'occupation et ponctionner les richesses en marchandises et en main-d'œuvre du pays. Quant à Vichy, il offrait l'avantage majeur de constituer un écran entre l'occupant et la société, et un instrument pour asseoir sa politique, autrement plus acceptable pour les Français.

Tel est le sens du récit qu'on a conservé de la visite du camp de Pithiviers, le 15 juin 1941, par le chef du service allemand des affaires juives, Dannecker. Alors que l'internement des juifs avait été décidé, certes, en s'appuyant sur la loi française du 4 octobre 1940 (cf. *supra*) mais à l'initiative de l'occupant, il prit soin de dire au chef, français, du camp :

« Je ne veux pas que vos gendarmes disent aux hébergés qu'ils sont ici sur les ordres des Allemands. C'est le gouvernement de Vichy qui a ordonné la mesure. »

La situation était donc ambiguë, car jusqu'au printemps 1941, alors que la législation antisémite de l'occupant était parallèle et comparable à celle de Vichy, le camp n'était pas un instrument privilégié dans la panoplie du dispositif de contrôle et d'exclusion. Une radicalisation s'opéra en 1941. Dans l'année, trois grandes rafles furent organisées à Paris. La première, en mai 1941, déboucha sur l'ouverture des camps de Pithiviers et de Beaune-la-Rolande dans le Loiret. La deuxième, en août, mena des milliers de juifs dans le camp nouvellement ouvert de Drancy. La troisième visa les notables français israélites de Paris qui, par centaines, furent transférés à Compiègne (Oise). Dans les deux premiers cas, les services de Dannecker jouèrent un rôle moteur. En mai, on convoqua des milliers de juifs étrangers pour, disait-on, une simple vérification. La rafle d'août fut caractérisée par une initiative du préfet de police : des policiers français furent encadrés par des gendarmes allemands pour organiser l'opération. Déjà présente alors, ce fut l'analyse des militaires qui prédomina alors :

face aux attentats communistes contre les soldats allemands, le lien était établi ; la dénonciation du complot judéo-bolchevique conduisait à des arrestations parallèles dans les deux groupes. Principe militaire aidant, on prit en fait des otages parmi des notables.

Cet épisode illustre la complexité des rapports de pouvoir au sein des forces d'occupation. Les priorités absolues n'étaient pas les mêmes : pour des hommes comme Dannecker (Sipo-SD) ou comme Zeitschel (l'ambassade allemande à Paris), la lutte antisémite était centrale, et ils furent même parmi les premiers dans l'appareil nazi à préconiser la déportation vers l'Est ; pour d'autres, cette lutte était subordonnée à des enjeux stratégiques militaires. Autre clivage : les hommes de la Sipo-SD n'eurent de cesse de s'opposer aux militaires qui, depuis juin 1940, concentraient tous les pouvoirs en France occupée. L'affrontement déboucha sur la victoire des premiers avec la nomination de Karl Oberg comme chef suprême de la police et de la SS au printemps 1942. C'est avec lui que fut négociée la déportation des juifs de France.

.. à la logique d'extermination

Car, de 1942 à 1944, la situation changea doublement. D'une part, les Allemands reprirent la main, d'autre part, une nouvelle logique prévalut. Il s'agit de mettre en œuvre la Solution finale en France, à savoir leur déportation, essentiellement vers Auschwitz-Birkenau, et, là, leur extermination. Pour cela, des négociations furent engagées avec les autorités françaises, en l'occurrence Pierre Laval, le chef du Gouvernement, et René Bousquet, son secrétaire général à la Police. Comment s'explique que Vichy ait accepté de telles négociations ?

D'évidence, l'antisémitisme d'État intervint dans la décision. Mais, on ne comprend pas comment Laval accepta de passer d'une logique d'exclusion à la participation à une logique de déportation, qui n'était pas la sienne, si l'on ne prend pas en compte ses calculs politiques. Dans son esprit, il fallait négocier la meilleure position de la France dans une Europe qui serait nécessairement nazie. Dès lors, dans ce jeu de petite géopolitique avec Hitler, il s'imaginait pouvoir négocier cette place, en lâchant deux atouts : les juifs étrangers (d'où la participation aux déportations) et les travailleurs (d'où la Relève, puis le STO). Des négociations s'ouvrirent qui débouchèrent sur la participation de l'administration française à l'organisation des déportations et, plus généralement, sur la collaboration des polices.

Retenons deux interventions de Laval pour illustrer la situation.

3 juillet 1942. À l'ordre du conseil des ministres de Vichy, l'organisation des déportations. Des notes ont été prises de l'intervention de Laval : « L'intention du gouvernement allemand serait de faire un État juif à l'est de l'Europe. Je ne serais pas déshonoré si j'expédiais un jour vers cet État juif les innombrables juifs étrangers qui sont en France. » Il évoque même ces « déchets expédiés par les Allemands eux-mêmes ».

2 septembre 1942. À l'issue d'une rencontre entre Oberg et Laval, le compte rendu allemand précise l'un des objets de la réunion : « Convention de langage au sujet de la déportation à l'Est des juifs de zone non occupée ». Depuis plusieurs semaines, en effet, le gouvernement de Vichy a livré plusieurs milliers de juifs. Mais les interrogations ou protestations de diplomates étrangers et de quelques évêques sur le sort réservé aux déportés appellent une clarification. « Il [Laval] demande maintenant de lui indiquer la façon de répondre, afin d'éviter une divergence sur les renseignements donnés par nous. Il a été convenu que le président Laval communique en réponse à de telles questions que les juifs transférés de la

zone non occupée aux autorités d'occupation sont transportés pour être employés au travail dans le Gouvernement général [de Pologne] ». En d'autres termes, Laval ne demande pas le sort qui leur est réservé, mais la réponse à la question qui est posée à ce sujet.

Les camps tinrent un rôle essentiel dans le dispositif de déportation. Il y eut d'abord Drancy qui, dès lors, servit de camp de transit vers Auschwitz-Birkenau, outre les tout premiers convois partis directement de Compiègne et quelques autres de Pithiviers et Beaune-la-Rolande. Les autres camps constituèrent le passage presque obligé de la plupart des déportés. Soit on y prit les milliers d'internés qui s'y trouvaient encore ; soit y furent transférés hommes, femmes et enfants traqués et raflés pour être, via ces camps, envoyés à Drancy. À la fin de l'été 1942, on envisagea même de transformer Rivesaltes en centre de transit secondaire, sorte de Drancy de la zone sud, vers où devaient être orientés les juifs déportables de la zone libre.

On estime à 320 000 le nombre de juifs en métropole à ce moment. Au total, comme l'a établi Serge Klarsfeld, ce furent près de 80 000 juifs qui furent ainsi déportés de France entre 1942 et 1944, parmi lesquels ils furent à peine 2 500 à survivre aux camps.

L'administration des camps

Durant toute la période, l'administration des camps releva pour l'essentiel des Français. En fait, seuls les camps de la zone annexée *de facto* (Alsace-Moselle), Drancy à partir de juillet 1943, et Compiègne dès son ouverture en juin 1941 furent sous administration allemande. Encore que, dans le cas de Drancy, la garde extérieure du camp restât le fait de gendarmes français. Convergeaient bien là la volonté de Vichy d'affirmer son pouvoir sur l'ensemble du territoire et le souhait des Allemands de s'effacer au maximum derrière des Français.

En l'occurrence, côté français, il y eut un changement de tutelle à l'automne 1940. Relevant jusque-là de l'autorité militaire, sauf trois centres à caractère répressif, les camps français passèrent sous la tutelle du ministère de l'Intérieur. Les strictes conditions de l'armistice avaient en effet sensiblement réduit les capacités de l'armée française. Ce changement de tutelle n'est d'ailleurs pas sans expliquer la véritable crise que traversa le système internemental à la fin de l'année 1940. Au bout de quelques mois fut ajoutée dans le dispositif une structure rattachée à l'Intérieur, mais spécifique, l'Inspection générale des camps. Cette inspection fut surtout active en zone sud, même si elle disposait d'une antenne en zone occupée.

À l'échelon inférieur, les préfets jouaient un rôle central dans le dispositif. C'était eux qui prenaient les mesures d'internement et, dans leur entourage, un fonctionnaire avait la charge des camps du département ou de la région. S'ajoutait souvent le fonctionnaire en charge des affaires juives. Dans le cas de Drancy, dans sa période « française », les choses se compliquèrent encore, puisque la préfecture de police et la préfecture de la Seine se partageaient les compétences.

C'est à ces préfets que les chefs de camp devaient rendre compte, des chefs nommés par le ministre de l'Intérieur. On rechercha de préférence des anciens militaires, mais on rencontra bientôt quelques difficultés liées à l'insuffisance des revenus. S'ajoutèrent des conflits de tutelle. En zone nord, la gendarmerie eut un temps la responsabilité directe de quelques camps. Ailleurs, elle la partagea avec un chef civil, la première relevant de la Défense, le second du préfet.

Cela fut plus grave encore pour les rangs inférieurs. En zone sud, la garde fut assumée par des gardes civils.

En zone nord, le plus souvent, le système était mixte, associant les gendarmes pour la garde extérieure, les gardes civils pour la surveillance intérieure. Traitements très insuffisants (1 000 F par mois en 1941, contre 2 000 F pour un ouvrier métallurgiste), difficultés de logement, problèmes classiques du ravitaillement, menaces de plus en plus précises : l'administration ne se donnait guère les moyens de disposer d'un personnel compétent. En ce sens, les chefs de camp furent les plus prompts à dénoncer l'incompétence largement partagée, l'absentéisme généralisé, les trafics, petits ou gros.

S'il s'agit de juger du comportement de ces personnels, on trouve sans doute des brutes zélées, comme parmi les gendarmes du camp de Drancy, ou, plus systématiquement, au sein de la Police aux questions juives (PQJ) qui participa à l'organisation des premiers convois. Il y eut également des résistants, mais ils furent rares. On devine des réticences, y compris parmi les chefs de camps : ce n'est pas un hasard si, entre la mi-juillet et le début de septembre 1942, pas moins de six chefs de camp se succédèrent à Beaune-la-Rolande, alors même qu'il n'y en avait eu que deux depuis le printemps 1941. Dans leur grande majorité, les personnels « firent leur travail », en général à contrecœur quand il s'agissait d'organiser les départs, mais ils appliquaient les ordres.

L'assistance prise au piège ?

Dans un long compte rendu de l'été 1942, le représentant du Service social des étrangers, une organisation para-gouvernementale qui participa cependant, pour une partie de ses membres et pour son responsable Gilbert Lesage, au sauvetage de nombreux juifs, raconta le transfert d'internés du camp de Récébédou, près de Toulouse, à la gare du Portet. Les deux kilomètres devaient être effectués à pied ; or le camp, dit « camp hôpital », avait été ouvert en janvier 1941 pour accueillir les internés de Gurs les plus affaiblis. L'un des internés se rapprocha du représentant du SSE et lui dit en substance : sans vous et votre aide alimentaire des semaines durant, jamais je n'aurais pu porter moi-même ma valise jusqu'à la gare. Avoir tant fait pour le conduire, finalement, en meilleur état vers les chambres à gaz de Birkenau ? Le rapporteur n'y pensa pas une seconde et prit la remarque au premier degré. Mais, on peut penser que l'interné juif le remerciait avec la même sincérité.

C'est illustrer à la fois la contradiction majeure dans laquelle se trouvèrent alors les organisations d'assistance, mais aussi les risques de l'anachronisme qui veut qu'aujourd'hui, à partir de la connaissance que l'on a de la Solution finale, on considère que chacun savait parfaitement, à l'époque, ce qui allait se passer. On est d'autant plus habilité à se poser ces questions, qu'elles le furent par certains des acteurs eux-mêmes.

À l'époque, et moins encore avant. Car les organisations d'assistance intervinrent très tôt dans les camps, au moins en zone sud. Dès l'automne 1940, elles se regroupèrent au sein d'un comité dit de Nîmes, ville où elles se rencontrèrent régulièrement. Œuvres juives ou non juives, souvent américaines, mais aussi françaises ou suisses – le Joint, les Quakers, la Cimade (Comité inter mouvements auprès des évacués), le Secours suisse, l'OSE (Organisation de secours aux enfants), l'Unitarian Service, le CAS (Centre américain de secours), la Hicem (Hebrew Immigrant Colonization Émigration), l'YMCA (Young men's christian Association), etc. –, elles partageaient la conviction que l'internement devait disparaître rapidement. Elles eurent d'autant plus d'espace d'intervention que la crise du système des camps, à la fin de 1940, conduisit les autorités civiles à négocier avec elles.

Un véritable *deal* fut alors passé : elles eurent la possibilité d'intervenir directement dans les camps, à condition de ne pas subvertir le système ; toute amélioration du quotidien des internés serait assumée par ces organisations.

En zone nord, la situation fut aggravée par le fait que très peu de ces organisations n'étaient autorisées. En outre, les Allemands suscitèrent très rapidement un interlocuteur unique, l'Union générale des israélites de France, qui avait pour fonction de représenter les intérêts de tous les juifs dans une seule organisation, y compris les charges d'entraide aux internés. Cette structure fut aussi de règle en zone sud, mais les liens furent beaucoup plus lâches et le contrôle moins strict. Au nord, les Allemands veillèrent à en faire le plus possible la responsable d'une sorte de gestion déléguée.

Combien ont dû se dire qu'il aurait été plus cohérent de consacrer toutes les sommes de l'assistance au sauvetage clandestin plutôt qu'à l'aide autorisée ? En fait, le tableau mérite d'être nuancé. D'une part, si l'on se place en 1940-1941, on ne pouvait pas prévoir ce qui, en l'occurrence, n'était pas encore planifié par les Allemands. Ensuite, il faut distinguer entre les organisations, dont le comportement s'échelonne entre le strict respect du légalisme, et l'association étroite entre la légalité et l'action illégale. Enfin, force est de constater qu'au moment où se déclenchèrent les grandes rafles de l'été de 1942, beaucoup, surtout des enfants, avaient été sauvés grâce à cette action collective de longue haleine. D'autres, pour autant, furent victimes de l'illusion légaliste qui affaiblit les défenses potentielles.

En tout cas, l'action de nombreuses organisations non gouvernementales, dans la foulée des *French Doctors*, est incompréhensible sans cette référence à la guerre et, surtout, à l'attitude de la Croix-Rouge face aux déportations en Europe. Si aujourd'hui elles disent haut et fort que l'humanitaire impose une prise de position politique claire, c'est parce qu'hier, au nom de l'humanitaire, certains firent trop souvent silence.

Vivre dans les camps

Entre 1940 et 1944, on estime à environ 3 000 le nombre de morts dans les camps français d'internement. C'est trop, d'évidence, mais cela interdit de les assimiler à des camps de la mort, même de la mort lente. Pour autant la morbidité fut une constante. Cela pouvait aller jusqu'à des typhoïdes. C'était très souvent la faim, jusqu'à ce qu'on appelle la « maladie de la faim », la cachexie, un état de sous-alimentation extrême. En mars 1941, un vaste dépistage lancé en zone sud par les organisations d'entraide montrait que le tiers des internés présentait des signes de carence alimentaire. De fait, à lire les rapports des chefs de camp comme les lettres des internés, les difficultés du ravitaillement furent une constante dans la vie des camps.

Dans les lettres de Compiègne, ou dans celles qui font référence aux premiers mois d'internement à Drancy, on devine l'ampleur du désastre, l'importance de cette « obsession de la faim » dont parle Jean Léon à son épouse[1].

En fait, pour comprendre la situation des juifs dans les camps, il est impératif de prendre en compte la chronologie, et de distinguer entre les phénomènes de longue durée et le choc du court terme. La situation ne peut pas être vécue de la même façon dans un camp de 1941, où l'on reste plusieurs mois, et dans un camp de 1942 où l'on ne fait que passer avant l'organisation du convoi. Dans le long terme, ce qui pèse, c'est bien sûr la privation de la liberté, la faim, les conditions dramatiques

1. Voir pp. 114-115-116.

d'hébergement et, souvent, l'oisiveté, malgré l'auto-organisation des internés (enseignements, spectacles, jeux, cantine pour les suppléments, etc.).

Dans le court terme, rien de tout cela. C'est le choc, l'immédiateté, la précipitation qui prévalent. Cela peut être le transfert inattendu dans des conditions dramatiques. Ce fut le cas des 7 700 juifs allemands expulsés en octobre 1940 du Pays de Bade, du Palatinat et de Sarre par les deux *Gauleiter* respectifs vers le sud de la France et, au bout du compte, internés par Vichy à Gurs, où deux hivers très rudes virent quelque 1 200 d'entre eux mourir. Cela peut être aussi la peur des exécutions d'otages quand, entre l'été de 1941 et l'été de 1942, on fusilla des juifs et des communistes en guise de représailles aux attentats individuels visant des soldats allemands. Cela fut surtout le temps des déportations.

Les internés ne partagent pas tous le même horizon d'attente, ni le même présent, ni le même passé. Quel rapport en effet entre tel juif arrêté et interné en mai 1941, transféré à Pithiviers, peut-être fortement politisé, qui reste en fin de compte un an derrière ces barbelés, et la vieille juive expulsée du Pays de Bade en octobre 1940, qui a perdu complètement ses repères dans un transfert qu'elle ne comprend pas vers un pays qu'elle ne connaît pas, totalement fragilisée pour affronter des conditions de vie dramatiques ? Quel rapport encore avec l'enfant de huit ans, dont les parents ont été déportés avant lui et qui attendra quelques semaines à Pithiviers avant d'être déporté ? C'est bien dans l'articulation entre les trois temporalités, le passé, le présent, le futur, que l'on comprendra la situation de chacun, une complexité dont témoignent les lettres d'avant la mort.

DENIS PESCHANSKI
Directeur de recherche au CNRS.
Centre d'histoire du XXe siècle (université Paris-I).

PRÉSENTATION DES LETTRES
par Antoine Sabbagh

Des milliers de lettres. Des lettres reliques gardées par les familles, confiées plus tard au Centre de documentation juive contemporaine (CDJC) avec une note d'explication, un dossier biographique. Des lettres privées en grande majorité, mais aussi des lettres écrites à l'administration, trouvées aux Archives nationales. De ces lettres qu'on appelle « suppliques », suppliques à Pétain, à Xavier Vallat, à Laval.

Et ce qui frappe d'abord avant de se plonger dans le récit dramatique et quotidien de ces vies bouleversées, c'est la matérialité de ces écrits de temps de rafle : des pages arrachées à des carnets à spirale, à des cahiers d'écolier, des bouts de papier de couleur, d'emballage parfois, qui disent la pénurie, la précipitation, tout comme les écritures.

Ces écritures d'autrefois, appliquées, calligraphiées, mais qui brusquement, au fil des semaines, se transforment en traits hachés pour dire l'incompréhension, la peur.

Pas une écriture qui résiste, de l'ouvrier au grand poète, toutes chancellent à un moment et basculent parfois dans l'illisible.

Lettres de minuit, écrites dans l'obscurité du wagon plombé ou au contraire lettres finement écrites sur des formats toujours réduits, car le papier est rare.

Ces pages à l'écriture dense pour dire tout ce que l'on peut jusqu'à la prochaine fois, la prochaine lettre, quinze jours plus tard, comment imaginer qu'elles ont été écrites dans des baraques surpeuplées, agitées de bruit et d'une angoisse continue ?

Écrites au réveil, à la tombée de la nuit, ou encore dans les grands moments d'oisiveté de longues journées d'attente. Chacune de ces lettres dit son histoire avant d'être lue : cette lettre d'écolier écrite à Pétain, sur une feuille de cahier, c'est celle d'un enfant d'ouvriers polonais. Il est le seul à avoir été scolarisé en France, c'est lui qui prend la plume pour demander la libération de son père. Cette autre lettre au très grand format, comme une proclamation hautaine, frappe par son écriture élégante, d'une grande fermeté et indique assez qui parle :

« Monsieur Xavier Vallat, Nous sommes une vieille famille française du midi de la France, nous remontons au XIVe siècle, comme l'attestent les archivistes de ma région… »

Celui-ci signe, un autre n'ose pas : « Vous comprendrez, Monsieur Vallat, que je n'ose pas vous donner mon nom. »

Peu ou pas de blanc dans ces lettres serrées à l'extrême. La marge comme un remords est reprise pour jeter encore une ou deux lignes.

Parfois au milieu du seul blanc du texte, émerge un mot écrit après coup, en gros : SAUCISSON, PAIN, tel un signal d'alerte pour rappeler la faim lancinante de ceux qui écrivent depuis le camp d'internement.

Ces cent trente lettres que nous avons choisies sont toutes différentes. Elles sont pourtant emblématiques des milliers d'autres qui sont conservées. Certaines sont des lettres uniques. D'autres proviennent d'une longue correspondance familiale nouée entre un jeune homme et ses parents, entre un mari et sa femme. Pour évoquer ces échanges de lettres qui durent parfois sur plusieurs mois ou plusieurs années, ce long lien entre le camp et la famille restée en liberté, nous avons retenu quelques lettres phares, celles du début de l'internement, celles de l'attente, celles brutales du départ. De l'automne de 1941 au terrible été de 1942, parfois plus longtemps encore, on retrouvera les mêmes noms ou plutôt les mêmes prénoms, Gaby écrit à Suzanne, Régine à Gisèle, Robert à Fanny, pour ne citer qu'eux. Quelques lettres ont déjà été publiées, c'est le cas pour les très belles *Lettres à Chana* d'Isaac Schœnberg, ou celles tirées de la correspondance de Louise Jacobson ou de Simone Weill.

Les lettres à l'administration proviennent des archives du Commissariat général aux questions juives (CGQJ), l'administration anti-juive de Pétain. Beaucoup sont anonymes, quelques-unes, signées courageusement.

Il y a ceux qui dénoncent, ceux qui supplient, ceux qui protestent contre la persécution qui s'est abattue en France contre les juifs depuis l'automne 1940.

C'est là le fil rouge qui unit toutes ces lettres écrites de Drancy et d'ailleurs, de Paris occupé, des camps d'internement du Loiret ou de la zone sud. La législation antisémite s'est infiltrée insidieusement dans l'automne de la défaite. Au printemps de 1941 commencent les rafles, ce sont des hommes, des étrangers. À l'automne de 1941, ce sont des Français, des pères de famille. L'été de 1942, ce sont des familles entières, sans distinction, hommes, femmes, enfants, vieillards, français ou étrangers, tous juifs ou déclarés tels, qui sont emportés par la persécution.

Pour des milliers de familles, l'histoire s'est brutalement accélérée en quelques heures avec la séparation et la déportation. Le spectacle en a été si violent que beaucoup de voisins médusés décident d'écrire leur indignation.

Ce sont toutes ces lettres croisées depuis l'automne 1941 qui sont proposées ici. Elles tissent une sorte de longue correspondance collective. À tous les moments de crise, on parle, on écrit beaucoup, mais ces écrits de l'été 1942 sont d'un éclat d'une violence insoupçonnée.

Il y a les mots du quotidien : « J'ai oublié de fermer les volets. Prends le manteau du gosse. » Des mots d'amour : « Tu me manques ma femme chérie, ne t'inquiète pas pour moi… » Des lettres gaies et drôles comme celle de Louise Jacobson, Anne Franck française, ou de Gabriel Ramet :

« J'ai reçu votre colis, Ah ! Quelle orgie… Merci de tout mon cœur et de tout mon estomac ! »

Il y a des mots de grande douleur comme cette lettre anonyme, simplement signée : « Moi, la souffrante et mes gosses. »

Par-dessus tout, plane sur ces lettres une terrible incertitude :

« Nous allons, dit-on, bientôt être libérés… Nous partons pour une destination inconnue… »

Incertitude, angoisse sourde surtout, tant les conditions de départ en déportation sont sans équivoque.

Ces lettres brassent tous les milieux, toutes les origines. Elles sont écrites par des ouvriers, des représentants de commerce, des ingénieurs, des hommes de lettres, certains Français, d'autres étrangers.

À quelques exceptions près, elles sont écrites en français, un français qui est la langue parlée, celle du pays d'adoption pour les étrangers. Et cette langue que l'on parle en la modelant sur le yiddish maternel est pleine de saveur :

« Ma chère Éva, Ta lettre j'ai bien reçu » écrit ainsi Salomon Lopata à sa femme.

Ce français parlé et compris est bien souvent écrit de

manière phonétique. Pour la facilité de lecture, l'orthographe en a été rectifiée.

Toutes ces lettres forment ainsi un vrai récit à plusieurs voix, celles de Gaby, Isaac, Louise, Simone, Isidore, Régine… Ce sont leurs mots, leurs voix qui racontent par bribes cette histoire vue d'en bas, au ras des destinées individuelles mais où toute la communauté nationale se retrouve et qui retrace le quotidien de cette France des camps.

Comme pour toute lettre trouvée par hasard, passée la première curiosité, l'envie prend souvent de refermer ces pages privées, intimes. Ceux qui les ont écrites, savaient pourtant qu'elles allaient être lues par d'autres que ceux à qui elles étaient destinées. La vigilance pointilleuse de la censure, prompte à refuser toute phrase, tout signe inintelligible, a habitué les déportés à écrire de façon explicite la faim, la tendresse tout en masquant par mille ruses de langage les demandes faites à la famille. « Il fait gris » veut dire : ça va mal. « Il faut soigner Jean » signifie : procurez-vous un certificat médical pour me faire sortir de là.

Les lettres les plus personnelles ne passaient pas bien sûr par le service officiel du courrier. Les internés camouflaient leurs lettres dans les colis de linge sale renvoyés à leurs familles. Parfois les gendarmes du camp acceptaient, souvent moyennant finance, de les faire passer à l'extérieur.

Ces lettres, d'autres aussi les ont lues, amis ou voisins qui ont accepté de servir de prête-noms, de boîtes aux lettres avant de renvoyer le courrier aux vrais destinataires. D'autres enfin les ont trouvées. En marchant le long de la voie ferrée, en traversant à vélo un passage à niveau. Ils ont remarqué ce bout de papier jeté du train, écrit au crayon dans la pénombre du wagon. Ils l'ont posté en écrivant un mot sur l'enveloppe : « Une dame de Bar-le-Duc qui a ramassé carte au passage à niveau du train. »

Ces dernières lettres, jetées du train, résument toutes les autres dans leur brièveté. Terribles, parfois sans illusion, elles sont aussi souvent étonnamment pleines d'espoir, de vie et d'amour pour ceux qui restent.

ANTOINE SABBAGH.

Gabriel Ramet à sa mère et à sa sœur
1er septembre 1941

Drancy, le 1er septembre 41 [1]

Chère Maman et sœurette,

Je vous écris la première carte officielle pour vous dire que je suis en bonne santé, que le moral est bon et que je suis avec papa dans le même lit. Nous dormons ensemble. Tu pourras m'envoyer une carte tous les quinze jours pour moi et une carte pour papa. Surtout, mets bien le prénom pour les colis. Tu peux venir toi-même les apporter. Il faudra que tu mettes mon adresse complète bien lisiblement. Le tabac est interdit, mais tu peux quand même le garder pour lorsque l'on reviendra. Ni alimentation [2]. Tu dois m'envoyer tout ce qui est nécessaire pour ma toilette, couverture encore, si tu peux, car il commence à faire froid. Tu mettras tout cela dans mon sac de camping avec l'adresse bien visible. Tu peux m'envoyer des paquets d'armoise pour la gorge et des pilules noires pour aller aux water-closets.

Je vous embrasse tous bien fort.

Gaby [3]

Centre de documentation juive contemporaine, Paris, n° DCCCXCI-3 (1) (coll. Ramet).

NOTES

1. Le 20 et le 21 août 1941 a lieu à Paris la deuxième grande rafle (après celle du 14 mai). Elle intervient deux mois après l'entrée en guerre contre l'URSS. Considérant que les juifs sont tous communistes et agents de Staline, les autorités allemandes décident de prendre dans la population juive des otages qui seront éventuellement passés par les armes en représailles des attentats anti-allemands. Le 20 août, dès 5 h 30 du matin, la police parisienne bloque le XIe arrondissement, arrête tous les juifs français et étrangers de 18 à 50 ans. En deux jours, 4232 personnes sont arrêtées et internées à Drancy.

2. Sur « Drancy la faim », voir pp. 56-57.

3. Gabriel Mendel Ramet a été arrêté le 20 août 1941. Il a alors 21 ans. Il est l'un des premiers à être interné à Drancy, où il va rester près de 22 mois, de septembre 1941 à juin 1943. Le 23 juin 1943, il est déporté à Auschwitz par le convoi n° 55. Il en reviendra en 1945 ; il est décédé en février 1995. Sa femme Hélène Fenster, arrêtée le 22 juin 1944 à Clermont-Ferrand, est déportée le 31 juillet à Birkenau, puis de là, le 27 octobre, à Kratzau (Tchécoslovaquie). Elle sera libérée le 9 mai 1945.

Mme Raymond B. à Vallat
4 septembre 1941

Paris, le 4 septembre 1941

Monsieur Xavier Vallat[1]
Commissaire général aux questions juives
1, place des Petits-Pères,
Paris

Monsieur,

J'ai l'honneur de porter à votre connaissance que mon mari a été arrêté le 21 août au soir à la sortie du métro Marcel-Sembat à Boulogne (Seine), vers 18 h 30, et que depuis son arrestation, je suis sans aucune nouvelle[2].

Au moment de l'arrestation, l'inspecteur lui a demandé : « De quelle religion êtes-vous ? », il n'y a donc contre lui aucun délit que celui d'être de famille israélite française.

Ses grands-parents sont nés à Bischeim, près de Strasbourg, et ont opté pour la France en 1870, sa mère était également de Bischeim ; quant aux grands-parents paternels, ils sont de Guebwiller et après, ils sont partis à Belfort.

Mon mari, lui, est né à Paris, dans le 11e arrondissement, en 1897. Il est ancien combattant 14-18, avec une captivité en Allemagne de 1916 à 1919.

Depuis plus de 8 ans, il était employé chez Caudron-Renault à Issy-les-Moulineaux, où il a été affecté spécial à la dernière guerre.

Au commissariat de police de Boulogne, où je me suis adressée ainsi que les établissements Caudron, on ne peut nous donner aucune nouvelle : « On ne sait rien. »

D'autre part, les autorités occupantes ont fait la même réponse aux établissements Caudron.

Je m'étonne qu'une telle sanction soit prise contre un citoyen français qui a toujours fait son devoir envers sa patrie et qui a eu un frère âgé de 20 ans tué en 14-18.

De mon côté, je suis de vieille famille française (berrichonne), mon père était ancien combattant 14-18, réformé à 75 %.

Je vous demande, Monsieur, de bien vouloir prendre cette lettre en considération et, si possible, me faire donner des nouvelles de mon mari dont je suis très inquiète, et son adresse afin que je puisse lui faire parvenir au moins un peu de linge de rechange et le strict nécessaire pour la toilette.

En vous remerciant à l'avance, je vous prie de croire, Monsieur, à ma considération distinguée.

Mme Raymond B. [3]
64, bd. de la République
Boulogne.

Archives nationales, Paris, AJ 38/6 (Commissariat général aux questions juives), n° 2796.

NOTES

1. Xavier Vallat (1891-1972) : parlementaire d'extrême droite et antisémite sous la IIIe République, nommé par Pétain Commissaire général aux questions juives le 29 mars 1941. Il met en œuvre la législation anti-juive, mais les Allemands, jugeant qu'il n'est pas l'homme adéquat pour leurs actions d'internement et de déportation en masse, obtiennent son remplacement par Darquier de Pellepoix en mai 1942. Il est condamné à dix ans de prison en 1947 et libéré deux ans plus tard.

2. Sur la rafle des 20 et 21 août 1941, voir la lettre précédente.

3. Par respect de la vie privée des personnes, les Archives nationales anonyment les noms propres des particuliers.

Isaac Schœnberg à sa fiancée Chana
4 septembre 1941

Pithiviers, 4.9.41 [1]

Ma Khanouchi, mon grand amour,

J'ai reçu hier ta lettre écrite en français et qui a croisé la lettre en yiddish que j'ai envoyée samedi. Tu as sûrement reçu la lettre qui nous est autorisée en français, avec une fiche jaune pour les colis [2]. J'imagine facilement combien cela doit être difficile aujourd'hui de composer un colis. Ne te complique pas trop la vie. Ce n'est pas si grave si je reçois le colis un peu plus tard. Tu peux m'envoyer ce que tu m'as déjà envoyé auparavant, naturellement à condition de le trouver, comme par exemple, du pain, des biscottes, un peu de beurre, du chocolat, des sucreries (pas les noirs), un peu de sucre. Je pense que tu n'as pas le temps de cuisiner... N'oublie pas du fil et des lacets pour les chaussures, et un bon crayon n° 2, cela doit coûter deux ou trois francs. Ce colis sera peut-être pour deux ou trois semaines. Tu peux donc m'envoyer un peu plus de choses que d'habitude, ne sois pas économe, car sur ces colis, je suis gagnant.

Ce qui me réjouit particulièrement, c'est la lettre que je vais t'envoyer officiellement et dans laquelle je te demande de me décrire tout ce qui se passe, ce que tu fais chez toi et dans le milieu où tu vis. Ici, dans le camp, rien de nouveau, sauf que demain ce sera le retour de tous ceux qui avaient reçu une permission individuelle [3]. Ceux qui seront rentrés au camp sans gendarmes auront droit à une deuxième permission, mais cette fois avec une surveillance des gendarmes. Car un ordre est arrivé de ne plus autoriser de sorties libres, car beaucoup avaient payé des gendarmes pour avoir le droit de sortir et ne sont plus revenus. D'autre part, les visites et les permissions ne seront plus accordées pour le moment, à cause des événements qui se sont déroulés à l'extérieur. En ce qui concerne les libérations, et compte tenu des rumeurs qui circulent à Paris, il semblerait qu'elles soient interrompues [4]. Cette semaine, le reste des malades et des blessés devait être libéré. Je vais sûrement, sur ma demande, être convoqué chez le médecin-chef, comme je te l'ai déjà écrit. On me demande des conseils, à moi qui probablement souffre le plus dans le camp ; mais c'est vers moi pourtant que l'on vient pour soulager son cœur, moi qui ai tant de pensées douloureuses dans ma tête, je dois écouter leurs plaintes et leurs bêtises, alors que je ne peux même pas soulager mes propres souffrances. Je ne trouve pas de mots pour me consoler, comment puis-je les aider ou les consoler ? Bien sûr, j'essaie quand même de les consoler. Mais quand ils viennent m'embêter pendant que je t'écris, je perds toute ma patience et des injures me viennent à la bouche, mais je les retiens, ces belles injures que l'on dit en polonais et que j'entends jour et nuit. Khanouchi, chaque fois je me promets de t'écrire plus longtemps, et des choses plus intéressantes ; j'espère chaque fois avoir une heure de calme et de patience, et chaque fois il survient quelque chose. Je vais être obligé de terminer cette lettre, car ils sont là et ils attendent que je fasse leur portrait, ils se tiennent près de moi, je suis inquiet, qui sait s'ils ne vont pas me battre, si je ne m'occupe pas d'eux. Mon trésor, demain ou après-demain, je t'écrirai de nouveau, j'espère, de bonnes nouvelles. Sois forte et en bonne santé. Prends bien soin de ton beau corps et encore plus de ta belle âme.

Khanouchi, tu es au monde pour moi, je t'aime si fort, si fort…

Ton Iso.

Un bonjour pour tous.

Ma Khanouchi chérie,

Le préfet est venu avec la commission allemande[5]. Nous allons sûrement avoir des informations, nous espérons des bonnes nouvelles… D'après les rumeurs, ils veulent sept mille travailleurs juifs, dont six mille hommes et mille femmes. C'est pour cela, dit-on, qu'ils ont raflé massivement à Paris ces derniers temps. Tu vois, Khanouchi, il y a tellement de rumeurs et chaque fois… elles sont différentes. Ici, dans le camp, on se raconte des histoires terribles qui nous arrivent de Paris. Je suis sûr qu'à Paris, on dit qu'il se passe ici des choses extraordinaires.

Ne te laisse influencer par personne. La seule chose qui se soit vraiment produite, c'est la réduction quantitative de nos repas. Cette semaine, cela a été encore, grâce au coupe-papier que j'ai pu offrir aux cuisiniers, car je n'avais pas d'argent. J'ai eu plusieurs parts de pain, c'est ainsi que j'ai pu m'en sortir sans les colis : maintenant, je n'ai plus rien à leur offrir, et ce que les petits papiers me rapportent ne me permet pas d'acheter à manger. Je suis donc de nouveau obligé de te mettre à contribution. Je te demande tant de choses, et j'ignore seulement si tu disposes d'un peu de temps. J'ignore si tu travailles ou pas, si ton patron a été arrêté comme tant d'autres juifs. En tout cas, ne fais rien qui puisse nuire à ta santé, mange et bois autant qu'il t'est possible et profite des dernières belles journées d'été pour te promener au soleil.

Les soirées sont en ce moment chaudes et lumineuses. Ici, je me promène tard le soir et ne rentre dans la sombre baraque que lorsque mes paupières se ferment. Sais-tu que j'ai toujours aimé voir la lune et les étoiles et ici, dans le camp, cette envie est encore plus forte, et pourtant je ne suis pas lunatique. Je pense que tu vois la même lune et les mêmes étoiles. Si je regarde ainsi vers le ciel, c'est un message que j'envoie à ma bien-aimée, à mon trésor, et ainsi j'ai le sentiment d'être plus près d'elle dans mon rêve. Dans cette nuit lumineuse, les yeux ouverts et ensuite les yeux fermés, mon cœur se nourrit de rêves, comme un estomac à qui l'on dit de se satisfaire en pensant à de bons mets.

Ma Khanouchi,

Personne ne t'aime autant que moi et personne ne t'aimera jamais comme moi, j'en suis de plus en plus convaincu. Depuis quatre mois, je côtoie des gens et je les analyse. Il y a, bien sûr, beaucoup de pères de famille, des célibataires sans enfants et pas mal de fiancés, mais Khanouchi, je n'ai pas encore trouvé beaucoup d'hommes qui aient exprimé de profonds regrets ou montré les symptômes de profondes douleurs, ou qui se conduisent comme des hommes qui souffrent de la séparation avec des êtres chers avec qui ils ont longtemps vécu. Ils tournent en rond toute la journée, par groupes, sans rien faire d'autre que rire et crier, jouer et s'injurier, non, il n'est pas possible que des hommes pareils souffrent beaucoup. Un homme qui souffre vraiment est silencieux, muet, pensif. Celui qui a une grande nostalgie de sa femme ou de sa fiancée essaie par tous les moyens de communier avec les siens, s'il n'arrive pas à se concentrer, il peut toujours essayer, au moins quelques instants, de le faire.

Partout où mes regards se portent, je ne vois que toi, je ne sens que toi, je n'entends que toi, même en fermant les yeux, tu es toujours là. Partout, toujours, en quelque lieu que ce soit, je ne vois que toi et je te sens en moi. Rien ne peut effacer ton image ou me délivrer un instant de la grande nostalgie que j'ai de toi. Au contraire, il m'est facile de m'abstraire de tout ce qui m'entoure, et la nuit est le moment le plus propice. C'est lorsque je suis sur ma couche, dans la complète obscurité et le silence parfait, que tu es la plus présente. Je peux te parler tranquillement et te dire des mots si beaux, si délicats.

Ma Khanouchi, je te vois avec les moindres détails de ton beau corps et de ta belle âme, ce sont les plus belles minutes de mes nuits dans lesquelles je puise les forces qui me sont nécessaires pour les lendemains pénibles. Ma chérie, il m'est difficile de te dire avec des mots à quel point tu as pénétré en moi, si profondément que je suis sans défense devant toi. Tout ce que j'ai vécu avant toi est effacé, tu es tellement présente en moi qu'il me semble que nous sommes liés ensemble par le même souffle, je ne peux imaginer un lendemain sans toi. Je me débats encore plus aujourd'hui avec les mots d'auparavant, et je ne trouve pas les mots que je cherche. Peut-être manquent-ils dans la langue yiddish ? Mais si j'avais plus de temps pour me concentrer, un peu de patience et du calme, je pourrais certainement t'écrire de plus longues lettres.

Toutes les cinq minutes, je suis dérangé, mais je te

promets que je trouverai le temps et t'écrirai de nouveau très bientôt, mon cœur.

Tu es tout ce que j'aime si fort, si fort.

Ton Iso[6].

La correspondance d'Isaac Schœnberg avec sa fiancée Chana Zylberman, présentée et annotée par Serge Klarsfeld, a été publiée en 1995 sous le titre *Lettres à Chana*, par le CERCIL, Centre de recherche et de documentation sur les camps d'internement et la déportation juive dans le Loiret (2, cloître Saint-Pierre-le-Puellier, 45000 Orléans).

Isaac Schœnberg, *Lettres à Chana*, Orléans, CERCIL, 1995, pp. 55-57.

NOTES

1. À 23 km de Beaune-la-Rolande et à 80 km de Paris, le camp de Pithiviers est avec Beaune-la-Rolande, le deuxième grand camp d'internement du Loiret. 1 570 juifs y sont détenus au printemps de 1942. Un grand nombre travaille à l'extérieur, mais en juillet un refus général d'aller travailler dans les fermes de Sologne entraîne une sanction collective, se traduisant par la suppression de tous les contacts avec l'extérieur. Au cours de l'été de 1942, Pithiviers, comme Beaune-la-Rolande, se remplit après la rafle du Vel d'Hiv. Tous les internés sont déportés par les grands convois du mois d'août. Le 21 septembre 1942, un dernier convoi de 1 000 internés, des juifs français, quitte Pithiviers pour Auschwitz. Le camp est quasiment vide. Les derniers internés sont transférés à Beaune-la-Rolande et dès le 3 octobre, Pithiviers devient un camp d'internement pour prisonniers politiques, essentiellement communistes.

2. Formulaire nécessaire pour l'envoi de colis par les familles.

3. Certains détenus peuvent sortir du camp, accompagnés d'un inspecteur pour quelques heures pour des motifs bien précis, convocation en justice ou devant notaire, quelques rares impératifs professionnels sont également acceptés. Voir la lettre du 9 mai 1942, p. 146.

4. Toutes sortes de rumeurs de libérations circulent dans les camps : libération des vieillards, des malades, de telle ou telle catégorie. « Il y a quelques jours, écrit par ailleurs, Isaac Schœnberg, un adjudant a dit à un “hébergé” qu'il n'avait jamais été aussi près de la liberté. » L'internement, l'absence d'informations justifient le développement des rumeurs, désignées sous le nom de « radio bobards » à Compiègne ou de « radio chiottes » à Drancy. Ainsi, le 2 août 1941 le commandant du camp de Beaune-la-Rolande doit disperser une manifestation improvisée des internés juifs, le bruit ayant couru que les Russes avaient gagné la guerre, que la police de Paris était désarmée et que les gardiens du camp avaient pris la fuite. Peu après, on annonça à Drancy que le camp devait fermer le 25 novembre 1941.

5. À l'exception des camps administrés directement par les Allemands comme Compiègne, les camps d'internement de la zone occupée, comme Drancy, Pithiviers, Beaune-la-Rolande, sont sous la double tutelle de l'administration préfectorale relevant de Vichy et de l'autorité allemande.

Ainsi, le commandant supérieur de Drancy est le SS-Hauptsturmführer Theodor Dannecker, puis à partir de juillet 1942 son ancien adjoint Helmut Röthke, chargés de la déportation massive des juifs de France. Mais jusqu'en 1943, l'administration directe revient à la préfecture de police de Paris : trois fonctionnaires de police, Savart, Laurent, Guilbert, s'y succèdent comme commandants. Ils sont remplacés en juin/juillet 1943 par Aloïs Brunner (voir p. 326). Le camp est sous le régime de la discipline militaire. Les services de Dannecker préparent des directives générales, traduites en français et signées par le préfet de police, l'amiral Bard, et le général Guilbert, commandant la gendarmerie de la région parisienne. La garde extérieure et la surveillance intérieure sont confiées à un détachement de gendarmes. Une équipe d'inspecteurs de la préfecture dresse la liste des détenus. En septembre 1941, une administration juive est mise en place sous l'autorité d'un chef de camp, avec toute une série de services internes. Le courrier et l'hôpital restent, eux, sous le contrôle de la préfecture.

6. Peintre, passionné de musique, Isaac Schœnberg est né à Colmar, alors ville allemande, en 1907. Ses lettres à Chana sont écrites tantôt en français, tantôt en yiddish. Arrêté le 14 mai 1941 à Paris, lors de la première grande rafle qui frappe des juifs étrangers, il fait partie des 6494 personnes qui ont reçu une

convocation, un billet vert, pour la préfecture de police. Parmi eux, 3747 sont dirigés vers les camps de Beaune-la-Rolande et de Pithiviers. Isaac Schœnberg est interné à Pithiviers. Déporté à Auschwitz le 25 juin 1942 par le convoi n° 4, il y est assassiné le 5 août 1942.

Un « curé français et ancien combattant » à Pétain
4 septembre 1941

Le 4 septembre 1941

Monsieur le Maréchal,

C'est un prêtre chrétien qui, dans l'intérêt supérieur de la patrie et de la religion, a l'honneur de vous soumettre quelques réflexions.

M. le Maréchal, vous avez signé la loi sur le Statut des Juifs[1]. Soit ! mais dans tout ordre nouveau, la justice doit être scrupuleusement respectée, sinon le nouveau régime n'est qu'un régime éphémère, générateur inévitable de troubles et de révoltes.

Pourquoi donc avoir frappé en bloc tous les juifs, sans distinguer entre les juifs français bien nés, patriotes, travailleurs, honnêtes, charitables et… les autres ?

L'année dernière et dès son avènement, l'ordre nouveau a enlevé la citoyenneté française à ceux qui s'étaient réfugiés en Angleterre, motif tiré de ce qu'ils n'avaient pas voulu subir le sort commun de tous les autres Français.

Cette année, d'un seul trait de plume, la loi sur le Statut des Juifs, enlève les droits de Français à des milliers (30 000 ?… 50 000 ?) de juifs qui sont restés en France et à qui la Patrie ne peut rien reprocher. Certains sont grands blessés, fils de tués ou de mutilés pour la France, et ont rendu des services exceptionnels au pays.

Car, vous ne pouvez l'ignorer, M. le Maréchal, en aucun cas, et quels que soient les services rendus et les mérites d'un juif ou de sa famille, et quelle que soit l'ancienneté de l'installation de sa famille en France, jamais ce juif n'aura les droits d'un naturalisé, d'un alcoolique, d'un franc-maçon, ou d'un communiste français. Qui plus est : en certains cas, il aura moins de droits et sera plus mal traité qu'un étranger !

– Simple exemple : d'après la loi du 22 juillet 1941 (J. officiel du 26 août), le juif n'aura plus le droit d'être propriétaire immobilier. Son immeuble sera administré par un administrateur qui pourra le vendre, et le produit de la vente versé sous 10 % de déduction à la Caisse des dépôts, on le frappera, lui le Français, le mutilé, alors qu'il aura incrusté ses économies dans le sol français, alors que l'étranger sera libre de posséder tous biens mobiliers et immobiliers !

Et cependant, alors que l'alcoolique, le franc-maçon, le communiste sont personnellement responsables de cet état qu'ils ont volontairement choisi, le juif est-il responsable de la religion de ses ancêtres ?

M. le Maréchal, très respectueusement et avec toute la conscience d'un bien vieux curé qui a beaucoup vu et qui a quelque expérience, je vous dis que cela me paraît injuste, et en prenant la liberté de vous faire connaître mon opinion personnelle, je suis certain de vous faire connaître en même temps celle de dizaines de milliers de bons chrétiens et Français.

La politique raciste a été condamnée par Sa Sainteté Pie XI [2], M. Le Maréchal, et je reste fidèle aux enseignements et directives de ce grand pontificat, dont les idées ont rallié bien des gens à la religion.

Une dernière observation et ce sera tout.

N'avez-vous pas remarqué, M. Le Maréchal, que la politique raciste était pratiquée par les nations n'ayant aucun empire colonial (Allemagne, Roumanie, Hongrie, etc.) ?

De quel droit un pays pratiquant chez lui une politique raciste pourrait-il s'élever contre les prétentions des pays de race noire ou jaune qui, eux aussi voulant pratiquer une politique raciste, commenceraient à réclamer l'expulsion des Blancs de tous les emplois de gestion et de direction ?

Soyez certain, M. le Maréchal, qu'un jour ou l'autre cet argument ne manquera pas d'être soulevé au nom des principes mêmes que l'ordre nouveau aura accepté. De bons et loyaux amis ne manqueront pas d'ailleurs de faire une propagande intéressée dont le thème sera : « Nous voulons être maîtres chez nous. Au nom d'une politique raciste, la France s'est débarrassée des juifs français, au nom de notre politique raciste, nous autres noirs et jaunes, nous voulons nous débarrasser du joug de la race blanche, et la France ne peut plus nous refuser d'être maîtres chez nous. »

M. le Maréchal, croyez-moi, la politique raciste n'est pas dans les traditions françaises. Elle vient de pays qui, à la différence de la France, n'ont : ni l'ancienneté d'unité, ni un empire colonial, ni le rayonnement que ses traditions de justice, d'hospitalité et d'humanité lui ont valu dans le monde entier.

M. le Maréchal, à l'exception de Dieu, rien n'est éternel ; la France a changé bien souvent de régimes… En excluant définitivement de la famille française, et par un seul trait de plume, des dizaines de milliers de Français à qui l'on ne peut reprocher rien d'autre que d'être nés de parents israélites, vous avez créé pour l'Histoire un précédent dont la gravité ne saurait échapper. Certes, la France et la religion ont une durée qui ne saurait être liée à celle d'un régime, mais gouverner, c'est prévoir. Or, ne pensez-vous pas, M. Le Maréchal, qu'en excluant irrévocablement de la Nation Française, sans discussion, quantité de bons Français (sous prétexte d'union) et pour une question de religion, je dis bien de religion car je connais le nombre de mariages que d'anciens juifs français contractent de plus en plus avec des femmes catholiques, vous préparez des armes qui plus tard, sans nul doute, seront employées par un parti quelconque contre votre religion ? Et pour l'Histoire « plus tard », c'est peut-être demain, c'est peut-être dans dix ans.

Que l'Histoire de l'Espagne qui, depuis qu'elle a chassé les juifs, est tombée durant cinq siècles en état de léthargie nous serve de leçon.

M. le Maréchal, la Patrie Française doit rester ouverte à tous les bons Français, dont aucun ne doit être traité en paria. Et par bon Français, j'entends ceux qui sont de vieille souche française et qui, ayant rempli honnêtement leurs devoirs de Français, ont rendu des services au pays.

Voilà, ce me semble, quelle doit être la vraie justice, sans brimade, sans sectarisme, sans mesure d'exception qui se retournent toujours à plus ou moins brève échéance contre les partis qui les ont édictées. Et c'est ce que, dans l'intérêt de la Patrie et de la Religion, il faut éviter.

Que Dieu protège la France, M. le Maréchal, qu'il vous inspire et vous ait en sa sainte garde.

Je vous prie de croire à mes sentiments respectueux et dévoués.

+

Curé français et A. C.[3]

Archives nationales, Paris, AJ 38/6 (Commissariat général aux questions juives), n° 5624.

NOTES

1. Entre le 4 octobre 1940 et le 16 septembre 1941, 26 lois, 24 décrets et 6 arrêtés concernant les juifs sont publiés dans le *Journal officiel.* Cette législation antisémite adoptée par Vichy est reprise par les Allemands, qui promulguent leurs propres ordonnances. Les interdictions professionnelles, la spoliation des biens juifs, l'aryanisation et leur transfert à des non-juifs privent environ 50 % de la population juive de ses moyens d'existence. L'interdiction de posséder un poste de radio, de changer de résidence, la réglementation le 7 février 1942 des heures de sortie, le port de l'étoile le 29 mai 1942 sont suivies, le 8 juillet suivant, de la neuvième ordonnance allemande interdisant aux juifs l'accès des magasins, sauf de 15 heures à 16 heures. Leur est interdit l'accès aux théâtres, musées, bibliothèques, concerts, stades, piscines, jardins publics, restaurants. Ils ne doivent voyager que dans le dernier wagon du métro et ne peuvent plus être abonnés au téléphone, téléphoner d'un poste public ou posséder un vélo.

2. Pie XI a très clairement condamné le nazisme en 1937 par l'encyclique *Mit Brennender Sorge*. En 1938, devant des pèlerins belges, il a même déclaré : « L'antisémitisme est inadmissible. Nous sommes spirituellement des sémites. »

3. L'expéditeur a signé d'une croix.

Fanny Lantz à son époux Robert
11 septembre 1941

Monsieur Robert Lantz
escalier 15, chambre 10
Camp d'internés de Drancy

Le 11 septembre 41

Mon cher Robert,

Reçu hier ta carte du 1er. Inutile de te dire avec quelle impatience nous l'attendions et combien tu nous manques. Mais j'espère que tu nous reviendras bientôt, surtout à cause de ta qualité d'ancien combattant : tous les services de police affirment qu'on a enregistré au camp ta qualité d'ancien combattant de ceux qui pouvaient la justifier. Plusieurs internés l'ont également écrit à leur famille. J'espère que c'est fait pour toi aussi. Tu es en effet une exception malheureuse, seul le XIe a été ainsi touché[1]. Tu es à présent le seul membre de la famille à Drancy. La police s'est présentée chez le mari de Paulette, mais il était absent et on ne l'a plus inquiété.

Il est vrai que tout n'est peut-être pas fini. Nous sommes allés plusieurs fois aux abords du camp, mais les gendarmes ne laissent guère stationner, et nous n'avons pu t'apercevoir. Je t'ai déjà envoyé par la Croix-Rouge :

un petit paquet contenant gamelle, rasoir, savon, etc., et quelques livres. J'espère que le tout t'est bien arrivé, mais je n'avais pas l'indication de ton bloc, escalier, chambre, etc.

Tous nos parents et amis pensent activement à toi ; ton cousin Alfred, Marthe, Lenoir, Valton, l'assureur, sont spécialement affectueux. Je ferai partir demain une valise avec tout ce que tu me demandes. Je pense arriver à tout me procurer, y compris un sac de couchage, long à confectionner et qui retardera peut-être d'un jour l'expédition. Il n'y a que l'étoffe que tu me disais d'emprunter à la famille Guy qu'il leur a été impossible de me procurer. Mais ils jugent, comme moi, que c'est un détail sans importance, dont la privation ne te gênera pas. Je t'envoie un long roman du temps de la Sécession aux États-Unis, très intéressant et qui, j'espère, t'abrégera le temps. Tu as comme camarade à Drancy notre blanchisseur, mon tailleur, le mari de ma couturière Cécile, May, pharmacien boulevard Voltaire, mari d'une amie de Jacques, qui est employé à l'infirmerie. Il a écrit à sa femme qu'il a beaucoup de travail.

Il pourrait trouver facilement des aides qualifiés ?

Tu es bien gentil de trouver le moyen de penser à ma santé. Mon rhume est à peu près complètement terminé depuis le 1er septembre. J'espère que celui que tu commençais lors de ton départ ne s'est pas aggravé à Drancy. Les bouquins sont rendus à St. D. ; ton départ a consterné Thiollay. Je te mets dans la valise tous les bulletins de la société chimique « documentation ». Mais je ne sais pas plus que Dédé trouver les documents sur les triglycérides, les matières amylacées, etc. Dans mon impuissance, je ne t'envoie que les bulletins de la société chimique. Je mets la clé de ta valise d'officier que je t'expédie dans une poche de ton pardessus. Il me reste à te souhaiter du fond du cœur, très ardemment, bonne santé et bon courage.

J'ai été heureuse du ton de ta carte du 1er, et j'espère que ton moral n'a pas fléchi depuis. Je t'embrasse de tout mon cœur.

Fanny[2]

Je te mets comme oreiller un de nos coussins du 18, av. Parmentier, et 2 taies d'oreiller. J'ai marqué ton linge.

Les deux enfants sont très gentils et se sont montrés admirablement à la hauteur de la situation. Tous, d'ailleurs, amis, voisins, fournisseurs, sont parfaits de tact.

Centre de documentation juive contemporaine, Paris, n° DCCCXCI-1 (2) (coll. Margolin, déposée par Mme Andrée Margolin, née Lantz).

NOTES

1. Sur la rafle des 20 et 21 août 1941, voir la lettre du 4 septembre 1941, p. 28.
2. Robert Lantz a été arrêté le 20 août 1941, lors de la rafle du XIe arrondissement. Ingénieur chimiste, il parvient à être libéré le 21 août 1942 par l'intermédiaire de l'UGIF.

Mme Chamah H. à Vallat
17 septembre 1941

Paris, 17 septembre 1941

À M. le Commissaire général aux questions juives[1]

Je viens solliciter votre bienveillance de bien vouloir m'accorder un secours de vestiaire ou argent. Étant mère de 8 enfants en bas âge et mon mari interné au camp de Drancy depuis le 22 août 1941. Et ayant aucune ressource. Je m'adresse à vous et à votre bonté.

Votre dévouée,

Madame Chamah H.
6, rue François-Miron.

Merci

Archives nationales, Paris, AJ 38/6 (Commissariat général aux questions juives), n° 3066.

1. Sur Xavier Vallat, voir p. 31.

Mme C. à Vallat
18 septembre 1941

Paris, le 18 septembre 1941

Monsieur le Commissaire aux questions juives[1]

Je sollicite de votre haute bienveillance de vouloir, s'il vous plaît, intervenir auprès de mon mari, qui a été hier soir à 18 h pris dans une rafle Faubourg Montmartre[2]. Vu qu'ancien combattant de 14-18 et père de 7 enfants en bas âge, français et de religion israélite et qui, s'ayant toujours conduit en bon père et bon mari, n'a demandé qu'une chose, travailler honnêtement pour ses enfants.

Ses enfants et moi sa femme n'ayant rien à lui reprocher, nous nous jetons à vos pieds afin de nous le délivrer.

Dans l'espoir d'obtenir satisfaction, recevez, Monsieur le Commissaire, nos remerciements et nos salutations distinguées.

Mme C.
Paris 18e.

Archives nationales, Paris, AJ 38/6 (Commissariat général aux questions juives).

NOTES

1. Sur Xavier Vallat, voir p. 31.

2. Les arrestations de juifs ne se limitent pas aux grandes rafles. La Police aux questions juives se fait fort de reconnaître les juifs dans Paris. Postée à la sortie des stations de métro, dans les couloirs, dans les quartiers populeux, elle se livre à une chasse au faciès, à l'étranger dont sont victimes les plus récents immigrés d'Europe de l'Est. Elle s'appuie également sur les très nombreuses dénonciations.

M. D. à Pétain
20 septembre 1941

M. D.
Avenue de France
Cannes

20 septembre 1941

Très Vénéré Maréchal,

Je regrette d'avoir employé le mot « judéo » dans une précédente lettre ; il faut lire : complot juif-anglo-bolchevik[1].

Le juif a conduit l'anglais aux bolcheviks, aux nihilistes. En reniant Jésus, le juif a renié Dieu pour adorer de plus en plus le veau d'or.

C'est pour régénérer l'humanité que Dieu envoya son fils sur la terre, exemple de douceur, de générosité, d'humilité, conscience de chacun et de tous, une lueur d'espoir illuminant le spirituel du monde entier.

Certains juifs ne voulurent rien comprendre...

Près de vingt siècles ont passé...

Comme au temps de Jésus... les juifs sont là avec leur amour de l'argent et leur haine de l'esprit de Dieu, ils nous affament... ils veulent tuer le pauvre, le Ressuscité... son Esprit-Saint.

Je viens vous demander s'ils seront toujours chez eux,

chez nous en France, et jusque à quand les laisserez vous nous accabler ?

Si à votre grand âge, Dieu vous a permis de voir de telles tribulations, c'est bien pour que vous y portiez remède.

Faites-leur porter le bonnet jaune et un petit tablier de peau rouge ; condamnez-les aux travaux forcés à perpétuité, à l'état animal, servile, sans argent... Confisquez-leur tous leurs biens pour les pauvres ! Œil pour œil, dent pour dent.

La doctrine de Jésus a été trop douce pour eux, et Dieu n'a pas permis au-delà de la mort de son fils ; il faut les faire disparaître dans des bateaux sans fond pour nourrir les poissons dont ils nous privent ; qu'ils soient la pâture des bêtes féroces qui nourrissent leurs petits.

Il n'est pas nécessaire aujourd'hui d'avoir du sang israélite dans les veines pour être juif ; il suffit d'en avoir l'esprit... ce titre appartient aux maires, aux préfets qui se contentent de ne rien faire... aux étrangers apatrides, aux chefs paresseux... aux repus... aux patrons et vipères patronnes qui se réjouissent de faire travailler la jeunesse jusqu'à l'épuisement, jusqu'à la folie, jusqu'à la fin pour mieux matériellement et spirituellement la nier devant les tribunaux, l'anéantir devant les hommes et devant Dieu... vendeurs, vendus et acheteurs du marché noir... celui qui mange en surplus ce qui manque aux autres ; les propriétaires étrangers qui font couler à demeure le sang français d'une pierre ; le marchand italien qui achète le jus de notre vigne pour en priver le pauvre, le travailleur, le vieillard, afin de payer davantage le riche sang juif ; le notaire responsable qui fait signer et se lave les mains du futur ; le juge qui fait traîner le procès Paulo depuis plus de 10 ans, etc., etc., mais les plus juives des juives, ce sont les assurances sociales : toujours encaisser et ne jamais donner...

Sans oublier le repaire de l'âne « Martin » où le drapeau flotte sur Milton (*sic*), sur le Grec en terre française. Nous sommes à Cannes, nous voulons une Cannes française et non une ville internationale où la juiverie commande en maître et permet seulement aux esclaves de vivre.

Depuis que vous avez sauvé la France, rien n'est changé. Vous pouvez faire des discours, nous attendons des réalités et non des promesses ; les Français ne sont pas des paresseux, ils veulent la place de leur père, ils veulent le bien-fondé de leurs ancêtres pour vivre joyeux en travaillant.

Faites rendre gorge aux juifs cupides, avaricieux. Sauvez les orphelins épuisés par les guerres, par la faim, multipliez le pain, le vin, le chocolat et les souliers aux va-nu-pieds dont l'esprit désaxé est encore tourné vers le ciel trop haut pour s'y agripper ; ils veulent Jésus et le paradis terrestre pour y vivre fraternellement. Vivement les juifs aux abattoirs, dans les profondeurs des enfers. C'est Dieu qui commande ; au nom du Père, du Fils et du Saint Esprit.

D.

Archives nationales, Paris, AJ 38/6 (Commissariat général aux questions juives), n° 6397.

NOTE

1. Cette lettre n'exprime pas qu'un délire individuel. À la même époque, la presse ultra-collaborationniste, alignée sur la propagande nazie, voit dans le juif l'ennemi absolu, comme *Je suis partout*, *La Gerbe*, *Le Pilori*. Ce dernier organise pour ses lecteurs un concours sur le sort à réserver aux juifs. Les propositions reçues au journal vont de la stérilisation en masse, la destruction par la noyade, le four crématoire, l'incinération dans un volcan. Le premier prix, trois paires de bas de soie, est attribué à une dame de Clichy qui préconise la stérilisation des juifs et leur enfermement dans des ghettos jusqu'à extinction de la race.

Salomon Lopata à son épouse Éva
20 septembre 1941

Drancy, le 20-9-41

Ma chère Éva, ta carte j'ai bien reçue et en réponse je t'ai envoyé la carte d'acheteur que tu m'as demandée. Je veux savoir quand les enfants reviennent de leurs vacances et quand c'est la rentrée des classes. Tu m'as fait beaucoup plaisir en me donnant des nouvelles et en me disant que tu travailles un peu.

Écris-moi, as-tu repris les cloches chez le teinturier ? Demande et dis à Gersy qu'il attende patiemment après moi, je les réglerai tous après ma rentrée à la maison, et surtout, toi, ma belle, ne t'énerve pas de trop et attends aussi mon retour quand je t'embrasserai bien fort.

Ton mari Salomon[1].

Un bonjour et beaucoup de baisers pour mes enfants et pour toi. Un bonjour pour tout le monde de la maison et les camarades.

Salomon

J'attends la réponse.

Centre de documentation juive contemporaine, Paris, n° DCCCXXIV-1 (1).

NOTE

1. Salomon Lopata est né le 21 janvier 1893 à Varsovie. Il habitait avec sa femme Éva et ses filles, 35, rue Rambuteau, à Paris, dans le IVe arrondissement. Il est interné à Drancy sous le numéro matricule 5559, escalier 22, chambre 20, bloc 8. Il sera déporté à Auschwitz par le convoi n° 7, parti de la gare du Bourget/Drancy le 19 juillet 1942.

Gabriel Ramet à sa mère
29 septembre 1941 [1]

Drancy, le 29 septembre 41

Chère Maman,

Je n'ai reçu qu'une seule réponse sur les deux cartes. Elle était adressée à papa, et à mon nom, il n'y en avait pas. J'espère que tu ne m'oublieras pas cette fois-ci, car les événements se précipitent avec rapidité. Je crois qu'il va y avoir des changements ces temps-ci, mais il n'y a rien de très sûr. Si tu as besoin d'un certificat de présence [2] au camp, tu n'auras qu'à me l'écrire, je te l'enverrai. Je crois que tu peux toucher toute l'allocation pour nous autres, enfin, renseigne-toi à ce sujet. Pour l'instant, il ne nous manque rien et nous allons bien. Quand je pourrai vous envoyer un bon de colis [3], je vous l'enverrai, mais pour l'instant, il n'y a rien à faire. Il faut attendre un peu. Je suis très content que Rachel monte souvent chez vous. Je suis content que vous ayez beaucoup de courage et que votre moral est bon. Gardez bien la maison, car lorsqu'on reviendra, nous aimerons retrouver notre petit nid si douillet. Papa a faibli un peu, il est très content que maman travaille et que le père à Dora ait été foutu à la porte. Faites bien attention à la maison et mettez bien tout en ordre, car on rentrera peut-être plus tôt qu'on ne le croit. On ne sait jamais. La santé est bonne, et c'est le principal. Le manger qu'on nous donne est supportable, pour l'instant encore tout au moins. Je t'embrasse bien fort, ma petite maman chérie, à qui je pense le jour et la nuit et que je regrette sa cuisine qui était délicieuse. Ce que je vais trouver la maison bonne quand nous allons rentrer.

Centre de documentation juive contemporaine, Paris, n° DCCCXCI-3 (3) (coll. Ramet).

NOTES

1. Sur Gabriel Ramet, voir la lettre du 1er septembre 1941, p. 27.

2. Les certificats de présence étaient signés par le commandant du camp à la demande des familles, afin qu'elles puissent obtenir des aides sociales.

3. Formulaire nécessaire à l'envoi de colis aux internés. Les colis alimentaires ne sont pas encore permis aux internés de Drancy, et rien n'a été prévu pour les nourrir, alors que près de 5 000 hommes sont dans le camp depuis la rafle des 20 et 21 août. Au bout de quinze jours, la faim puis la famine font des ravages. Chaque détenu a droit le matin à une tasse de bouillon, à midi, une assiette d'eau chaude avec deux ou trois rondelles de carottes, à 16 heures, 225 grammes de pain pour 24 heures, et à 18 heures, la même soupe qu'à midi. En quelques semaines, les pertes de poids vont de 15 à 20 kg, tous les internés sont menacés par l'affaiblissement et la maladie.

Salomon Lopata à son épouse Éva
30 septembre 1941 [1]

Drancy, le 30-9-41

Ma chère petite Éva,

Ta carte j'ai bien reçue et je me dépêche de te répondre, tous les détails que j'ai lus m'ont donné bon espoir et je suis très content que tu te trouves très bien.

Je voudrais savoir encore quand tu dois passer chez le docteur de l'hôpital et maintenant je te souhaite une bonne et heureuse fête, comme à toute la famille et tout le monde. Je pense toujours à mes enfants, et ça me fait mal au cœur de ne pouvoir les voir à leur retour de la campagne, mais j'attendrai avec une grande patience le jour d'être avec vous et de ne jamais vous quitter.

Votre père et mari.
Salomon.

Un bonjour pour tous les camarades et la famille.

Centre de documentation juive contemporaine, Paris, n° DCCCXXIV-1 (2).

1. Sur Salomon Lopata, voir la lettre du 20 septembre 1941, p. 54.

Isaac Schœnberg à sa fiancée Chana
2 octobre 1941 [1]

Pithiviers, 2.10.41

Ma Khanouchi chérie,

J'ai reçu hier ta lettre en français et je m'en suis vraiment délecté. Tu as, sans doute, déjà eu ma dernière lettre en yiddish du 1.10 que j'avais mise dans une enveloppe « légale » [2], comme celle d'aujourd'hui. Cela ne veut pas dire, malheureusement, que toi aussi tu peux m'envoyer une lettre en yiddish dans une enveloppe « légale » ; dis-moi rapidement si tu as reçu les deux lettres en yiddish envoyées dans les enveloppes bleues « légales », pour que je sache si je peux continuer de cette manière. J'ai bien pensé, Khanouchi, que tu avais oublié de mettre dans le dernier colis les deux livres que je t'avais demandés, aussi je t'ai redonné les titres et te prie de demander à une femme de ta connaissance de les mettre dans le colis qu'elle destine à son mari. Tu pourrais, par la même occasion, ajouter une lettre entourée de fil. Je t'enverrai la fiche jaune dans douze jours environ, bien que j'aie encore de quoi tenir plus de deux semaines, mais si je t'écris de ne m'envoyer un colis que toutes les quatre semaines, tu croiras, sans doute, que je suis mécontent des colis, alors que je n'ai aucune mauvaise pensée, je suis simplement content de pouvoir m'organiser pour te faciliter la tâche. Je sais que cet allégement est bien peu de chose au regard de tout le poids de travail et de soucis que tu as sur les épaules en ce moment, hélas, et qui te laisse à peine le temps de te reposer. Mais tu comprends bien que je suis heureux de pouvoir te soulager, si peu que ce soit. Khanouchi, j'espère seulement que cela ne durera plus très longtemps et que tu seras bientôt délivrée de ces contraintes inhumaines pour ta résistance physique et morale.

Khanouchi, je me répète quand je dis que tu seras récompensée pour tes souffrances et tes sacrifices, mais si tu savais à quel point sont ancrés en moi le désir et la volonté de fer de te construire un avenir radieux, combien ils envahissent de plus en plus mes pensées, tu sourirais moins ironiquement et tu ne douterais plus que j'y réussisse. Ma Khanouchi, je ne peux imaginer de vivre et de travailler sans toi et pour toi. Je peux encore moins imaginer de profiter de la beauté du monde sans toi. Quand je regarde ou entends quelque chose de beau, je me retourne pour voir si tu n'es pas là et lorsque mes yeux ne te voient pas – et comment te verraient-ils ? – je n'ai déjà plus de goût pour la chose qui me fait prendre conscience, avec une douleur extrême, de ton absence, et j'imagine comme ce serait merveilleux de voir tes yeux illuminés ou pensifs et tes lèvres humides et rêveuses. Je crois que je t'ai déjà dit dans une lettre précédente que je me suis laissé persuader une fois d'aller au théâtre et comment je m'en suis vite enfui, le cœur serré, lorsque j'ai entendu de la belle musique. Pourtant je ne peux pas toujours m'enfuir et éviter d'écouter, car la musique me poursuit. L'élite des musiciens est justement dans ma baraque, et parmi eux le meilleur violoniste du camp qui, en plus, a son lit près de moi. Tu peux imaginer que j'ai souvent, sans le vouloir, l'occasion d'écouter jouer et chanter, car les artistes répètent dans notre baraque. En outre, le violoniste joue presque tous les soirs quand les gens sont couchés et que les lampes sont éteintes. Et quand on est consigné toute la journée dans la baraque – comme aujourd'hui – il joue d'autant plus le soir. Et ainsi je suis obligé de m'imprégner de ces mélodies qui devraient être un remède et qui, au contraire, ne font qu'aiguiser ma souffrance. Le violoniste joue divinement (ce qui aggrave encore le mal), mais il ne connaît pas vraiment les morceaux classiques. Il joue merveilleusement des airs russes, yiddish et aussi, malheureusement, les rengaines (mais pas trop). J'ai amassé un trésor de mélodies nouvelles, beaucoup en yiddish, vraiment belles, quelques chansons polonaises et des tangos, que tu connais peut-être aussi. Et c'est justement en écoutant les airs les plus beaux que ton image m'apparaît de plus en plus cruellement nette, pareille à un beau paysage enveloppé d'un léger voile de brume qui, soudain traversé par un rayon de soleil éclatant, se révèle dans tous ses charmants détails. C'est une nature morte merveilleusement composée avec les courbes et les lignes blanches des forêts et des champs, avec le ruissellement de la source, avec la silencieuse harmonie des montagnes dont les sommets se dressent coquettement dans le ciel bleu et semblent faire signe : viens à moi… Il est connu que chaque période de la vie d'un être humain est accompagnée d'impressions musicales, de mélodies qui, lorsqu'on y pense plus tard, nous remémorent les moindres circonstances d'autrefois. Il en sera ainsi des chansons et des mélodies qui accompagnent ma triste vie au camp, en les chantant, quand je serai libre et heureux, – espérons que ce sera bientôt – je me rappellerai toujours la terrible période de souffrance et de nostalgie que le destin m'avait obligé à vivre loin de toi, je ressentirai alors doublement la joie de me retrouver près de toi, et dans mes bras, tu apprendras ces belles chansons qui furent la musique d'accompagnement du plus détestable chapitre de ma vie.

Et toi, ma Khanouchi, quelles ont été tes sensations musicales ces derniers temps ? Est-ce uniquement le monotone ronronnement de ta machine, son discordant brm… brm… que tes oreilles assoiffées de musique entendent ? Je ne peux pas imaginer, Khanouchi, que tu aies renoncé, j'espère que tu cherches les occasions d'écouter autre chose que le bruit sec de ta machine. Il faut absolument que tu en prennes le temps une fois par semaine. J'ai vu sur le journal qu'on donne beaucoup de bons concerts. Tâche, Khanouchi, d'y aller, même sans moi provisoirement, mais avec Nachma ou Tziri. Vous pourriez aussi aller quelquefois dans un café où l'on joue de la musique. Ne laisse pas ton corps avoir faim, mais ne laisse pas non plus ton âme avoir soif, car elle a autant besoin d'être réconfortée que ton corps. Tu sais, ma Khanouchi, ces derniers temps je pense beaucoup à notre avenir et je rêve (éveillé) à notre chez-nous, notre maison, comment nous l'arrangerons pour qu'elle devienne un lieu où le corps et l'âme se délectent, où les yeux et les oreilles n'éprouvent que des sensations enchanteresses. Je vois les murs ornés de tableaux nouveaux, plus beaux. Je vois çà et là des portraits de ma Khanouchi dans toutes les poses, épures ou simples esquisses. Je vois une T.S.F. sur un joli guéridon, diffusant une musique suave dans toute la maison. Je vois circuler au milieu de ces trésors le but de ma vie, mon doux petit bout, ma Khanouchi, qui s'affaire si délicieusement, qui, fatiguée, va s'allonger un moment et s'endort, doucement bercée dans mes bras par une musique caressante : « Shéhérazade », « Clair de lune ».

Khanouchi, j'imagine encore beaucoup plus, tant que je pourrais en remplir un livre. Ce ne serait pas un Jules Verne, ni une œuvre de fiction, mais un recueil de réflexions et de descriptions véridiques sur la vie dans un monde réel. Je crois que c'est Herzl qui a dit quelque part à propos de Eretz-Israël et des juifs : « Si vous le voulez, ce ne sera plus un rêve, si vous le voulez vraiment, le rêve d'une terre juive deviendra réalité. » Khanouchi, si nous le voulons, ton rêve et le mien s'uniront pour créer notre réalité et notre avenir tel que nous le voulons, tel que j'essaie d'en tracer dans mes lettres la forme et le contenu. En attendant, ma Khanouchi, il faut être patients et vivre le présent.

Je n'ai malheureusement rien de nouveau à te raconter en ce qui concerne les libérations qu'on attend toujours depuis deux semaines. Il court de nouveau depuis hier des rumeurs selon lesquelles on libérerait bientôt le camp, mais j'y crois vraiment très peu. J'ai parlé avec quelques-uns des trente-neuf nouveaux arrivés il y a quelques jours. L'un d'eux est une connaissance, un sacrificateur d'un petit village près de Colmar, c'est l'oncle de la fille de Zelma, celle qui m'a, il y a quelques années, appris à danser à Colmar, et qui voulait flirter avec moi. Ces trente-neuf personnes viennent de Tours, évacuées de Metz, Strasbourg et d'autres villes [3]. Le gouvernement de Vichy les a expulsées de Tours avec femmes et enfants, mais ils ont fait une intervention auprès de la Kommandantur allemande qui a annulé l'arrêté d'expulsion des femmes et des enfants en disant qu'ils ne laisseraient pas enfermer des femmes et des enfants dans un camp. Nos ennemis sont bizarres : tu demandes au Français, il te répond que c'est l'Allemand qui t'expédie au camp ; tu demandes à l'Allemand, il te répond qu'il n'a rien à y voir. La vérité, c'est qu'ils le font tous les deux, et que le Français cherche à surpasser son maître et le fait trop bien.

Khanouchi, pardonne-moi d'interrompre ma lettre, on l'attend pour la faire sortir. Fais-moi vite savoir si tu as reçu mes deux dernières lettres en yiddish, celle du 1.10 et celle d'aujourd'hui, pour que je sache que cette voie est sûre et que je peux continuer à l'utiliser.

Demeure en bonne santé, ma Khanouchi, et surtout ne prends pas froid.

Mille baisers ardents de ton fidèle Iso.

Bonjour à tous.

Isaac Schœnberg, *Lettres à Chana*, Orléans, CERCIL, 1995, pp. 68-70 CERCIL.

NOTES

1. Sur Isaac Schœnberg, voir la lettre du 4 septembre 1941, pp. 32-39.

2. Tout le courrier qui entre et sort du camp doit théoriquement être vu par la censure. La correspondance se fait sur un papier prévu par l'administration avec interdiction d'écrire entre les lignes, d'écrire en langage codé sous peine de voir la lettre refusée. L'enveloppe légale pour l'interné qui écrit à sa famille est celle à en-tête du camp, indiquant le matricule et le numéro de baraque. Sur chaque lettre, le censeur peut porter ses observations.

3. 15000 juifs d'Alsace-Lorraine ont fui leur région dès septembre 1939, suivis de 40000 juifs de Belgique, de Hollande et du Luxembourg dès les débuts de l'offensive allemande de 1940. Avec l'annexion de l'Alsace-Lorraine par l'Allemagne, les derniers juifs de la région, environ 3000, sont expulsés les 15 et 16 juillet et évacués sur le centre et le sud de la France.

Gabriel Ramet à sa mère et à sa sœur
8 octobre 1941[1]

Drancy, le 8/10/41

Chère maman et Suzanne,

J'ai reçu ta petite carte le 6 avec une joie immense. Dans la carte que tu m'écris, tu t'effraies de trop au sujet de papa, qui se porte à merveille. Il n'a pas eu de crise, il a juste un peu maigri et c'est tout, je te le jure. Il prend la chose comme elle vient et se résigne très bien, d'ailleurs beaucoup mieux que moi qui ai déjà maigri de 11 kg.

Il faut répondre immédiatement aux cartes que je t'envoie, car autrement, on les a très tard. Je t'ai envoyé une carte pour te demander un certificat médical pour papa, que tu pourras renvoyer par lettre recommandée le plus vite possible dans une simple enveloppe. Pour l'allocation, une enveloppe portant le cachet de la gendarmerie est suffisante pour la mairie[2]. J'espère que tu pourras la toucher sans difficulté. Pour le loyer, tu n'as pas à t'en faire, tu n'as qu'à expliquer le cas au propriétaire. J'espère qu'il comprendra. Écris-moi si tu as touché mon tabac, prend le vin chaque fois que c'est ton tour ; les raisins ne doivent pas être chers, car on en mange presque chaque jour, alors tu peux faire un peu de vin et de la confiture ; achète des pommes de terre, car il te faudra quelques provisions, et surtout ne t'en fais pas pour nous autres, nous sommes peut-être affaiblis, mais en bonne santé.

Je me suis fait couper les cheveux et je me laisse pousser la moustache. Cela me va pas si mal que ça. J'ai reçu toutes les cartes sauf la dernière de papa, mais j'espère qu'elle ne tardera pas. Je vais te faire une liste pour le cas où l'on pourrait envoyer des colis hivernaux. Je crois que vers la fin du mois, ils le permettront. En tout cas, je t'envoie la liste de tout ce qu'il me faut : la grande valise et dedans tu colleras la liste des objets que tu m'envoies :

1° une couverture,

2° un petit oreiller rond, des caleçons longs et chauds, un manteau pour papa et moi aussi ou une canadienne, de grosses chaussures ou des sabots avec des *craimers*, armoise, papier de soie, 1 m 50/6 m de papier d'emballage et de journal, beaucoup de livres intéressants, du savon à barbe, toilette et laver, dentifrice, vêtements chauds, pull-over pour papa avec manches, friandises diverses, de gros sous-vêtements chauds pour papa et moi, caoutchouc pour chaussettes, la couverture bien recouverte – bonbons pour la gorge et la Nestrovitt que tu trouveras chez le pharmacien, c'est une sorte de chocolat – 1 kg de sel, du sucre un peu, ma lime à ongles, chaussettes montantes en laine, des chaussons chauds pour papa. Gants, photos, sucres candis, laisse à repriser, un béret pour papa, une bouteille thermos, si tu peux, un stylo, si possible, tu demandes à Jacques avec de l'encre, et ce que tu jugeras utile, car il vaut mieux prévoir le jour, si on peut envoyer de la nourriture. Je te l'écrirai la prochaine fois en même temps que l'autorisation pour envoyer des colis. Maintenant, nous avons reçu un matelas et l'on dort beaucoup mieux.

Tu peux préparer tout cela et au moment que tu pourras m'envoyer des colis, que cela soit prêt. Papa a peut-être des chances de sortir avec le certificat que tu vas lui envoyer.

Des croûtons de pain.

Donne le bonjour à tout le monde de notre part. Je crois que le beau-frère de Thérèse est avec nous à Drancy, je crois l'avoir vu dans la cour. Prenez du courage comme nous autres et cela ira très bien. Donnez-moi des nouvelles d'Adolphe, de Rachel, Thérèse, Jacques, de leurs parents. Tâche de trouver un veston chaud pour papa (vieux). Une réponse vite, vite.

Votre fils et frère bien-aimé,
Gaby.

Centre de documentation juive contemporaine, Paris, n° DCCCXCI-3 (5) (coll. Ramet).

NOTES

1. Sur Gabriel Ramet, voir la lettre du 1er septembre 1941, p. 27.
2. Sur les certificats de présence et les allocations, voir p. 57.

Isidore Poritsky à sa compagne et à sa belle-fille 20 octobre 1941

Drancy, le 20 octobre 41

Ma très chère Germaine adorée, ma gentille Gisèle chérie,

Bien reçu vos cartes, celle du 1/10 le 8, juste deux heures après que la mienne était partie. Le lendemain on m'a remis également ton enveloppe vide en me disant que la carte d'alimentation est bien arrivée ; ensuite la carte du 13/10 m'est parvenue le 16 octobre. Voici donc deux mois déjà, jour pour jour, que je suis ici… et pour combien de temps encore ?… Je ne fais rien. Toute la journée.

Le matin, après l'appel de 9 h, on attend la soupe, après on attend 4 h pour le pain et 5 1/2 pour la soupe, ensuite on attend l'appel à 7 h et c'est tout, la journée est passée. On ne doit pas jouer, les livres pour lire sont très rares. Il y a très peu de travaux d'écriture à faire et les quelques postes sont pris depuis longtemps par des avocats ou leurs amis[1]. Je n'ai pas besoin de chaussures, j'ai toujours mes pantoufles. Par contre, si tu trouvais un passe-montagne pour avoir chaud à la tête, je préfère. J'ai demandé un bon de colis, mais je ne sais pas si je l'aurai. Maurice n'est pas avec moi, il est du côté opposé. Son beau-père, M. Coton, est ici également, il était quelques jours ensemble avec lui, maintenant ils ont été séparés.

Contrairement à ce que vous croyez, on vous a bien vues dimanche 12. As-tu reçu le charbon ? Combien de sacs ? Est-ce que l'orthographe de ton nom a été rectifiée sur la quittance du terme ? Pour Mme Hecquet, je lui donne d'habitude 29 F pour elle, si tu as donné moins, complète ; si la rectification est faite, donne 50 au lieu de 29, pour le dérangement.

Pense à mettre de côté chaque semaine 80/90 F pour le terme, gaz, électricité, comme cela tu ne t'en apercevras pas au moment de payer. Si tu peux faire ainsi quelques économies, cela serait bien utile, si je trouvais une petite somme en revenant.

Maurice et Arnold vous souhaitent le bonjour. Tu transmettras le mien aux voisins, à Reboc et Marie, et André Moreau, Fanny et Mme Georges. Celui d'Arnold et le mien à Raymond et à tous les autres, remercie Mlle Odette pour sa gentillesse. Demande-leur aussi si l'un des M(aîtr)es croit pouvoir faire quelque chose pour nous.

Va voir de temps à autre Reboc et Marie, passe une gâterie à Fanny ; dans la peine, il faut se serrer les coudes. Bonjour également de M. Behar à vous, et de moi pour sa famille. Ma santé est bonne, le moral, il faut le faire aller ; ma seule grande peine est notre séparation pour ce temps indéterminé ! Mais enfin, ce n'est pas une raison de vous en faire pour moi ; profitez de votre côté, sortez, allez au cinéma pour vous changer les idées. Puisqu'il n'y a rien à faire, ce n'est pas la peine de vous morfondre, c'est déjà assez que moi je sois forcé de m'embêter. Je sais que je suis tout pour vous comme il n'y a que vous qui comptez dans ma vie. Je vous embrasse toutes les deux bien fort, de tout mon cœur.

Bonjour aux parents, Mado et Guy.

Isidore [2]

Centre de documentation juive contemporaine, Paris, n° DCLVI-13 (6).

NOTES

1. Jusqu'en 1943, le camp de Drancy comporte une véritable administration juive, confiée par délégation à un chef de camp interné, qui nomme les chefs d'escaliers et les chefs de chambre et organise le fonctionnement du camp : cuisine, nettoiement des cours, service social, infirmerie, bureau militaire, service des effectifs, service des porteurs (à l'arrivée et au départ), service du fichier, enfin service d'ordre juif ou M. S. La population du camp offre une extrême diversité, les internés de milieu social élevé trouvant naturellement plus souvent que les autres un emploi dans l'administration juive.

2. Isidore Poritsky, employé de commerce, est arrêté à son domicile du XIe arrondissement, le 20 août 1941. Il est interné à Drancy, puis à Pithiviers et Beaune-la-Rolande. Il est déporté de Pithiviers à Auschwitz le 21 septembre 1942, par le convoi n° 35. Il y meurt le 12 octobre suivant.

Salomon Lopata à son épouse Éva 23 octobre 1941 [1]

Drancy, 23-10-41

Ma chère Éva,

Ta carte j'ai bien reçue et j'ai étudié chaque chose que tu m'as dite. Pour le bon de colis, il faut attendre, mais tu peux me préparer tout car j'aurai peut-être l'occasion de le faire prendre par quelqu'un. Enfin, surtout, ce qui m'intéresse : les médicaments de la pharmacie Canone, *muscula sin*, *byla* ou à défaut *sarkol*, pastilles *valda* granulées et des choses vitaminées, sucre, bonbon ordinaire. Garde tout disponible pour m'envoyer et maintenant je veux savoir comment vas-tu, et les enfants, sont-ils sages, surtout Suzanne.

Je sais qu'Adèle t'écoute bien et qu'elle fait les commissions. Quand je reviendrai, je veux faire pour elle un anniversaire très chic et je dépenserai beaucoup d'argent, surtout quand elles seront gentilles. Avec ça, je finis le petit mot, en vous embrassant très fort.

Votre papa et mari qui vous aime de tout son cœur.

Salomon.

Un bonjour pour tous les amis et ouvriers.

Saucisson
à part du sel, huile, confiture.
Un bonjour pour Mme Cydre et sa famille.
pain noir.
Je demande la bonne réponse de suite.
gâteau, pain, oignon [2].

Centre de documentation juive contemporaine, Paris, n° DCCCXXIV-1 (4).

NOTES

1. Sur Salomon Lopata, voir la lettre du 20 septembre 1941, p. 54.
2. Sur la forme des mentions dans la correspondance, voir p. 22.

« Les fidèles des 4 cultes réunis » à Pétain 28 octobre 1941

« Les fidèles »
5, rue Anatole-de-la-Force

28 octobre 41

Monsieur le Maréchal,

C'est au catholique et au chrétien que nous nous adressons.

L'odieuse propagande antisémite qui se vit ici et dont nous ne connaissons pas l'origine a pour effet de bafouer tous les cultes ! Nous avons vu apposé comme un stigmate le cachet « JUIF » sur le front de la Vierge Marie et de l'Enfant Jésus, ce dont nous venons d'aviser le Saint-Siège en le priant d'intervenir par la voix des prêtres du culte catholique.

Au nom des cultes bafoués, nous vous demandons de faire cesser dans les moindres détails cette affreuse propagande et de nous donner l'assurance que toutes mesures vont être prises pour que les Israélites soient respectés comme il convient, réintégrés dans tous leurs droits et dans tous leurs biens et, que toutes mesures d'exception administratives cessent à leur égard, qu'en particulier la carte d'identité portant le mot « JUIF » soit échangée contre une carte d'identité normale, et pour qu'enfin tous ceux internés abusivement pour leur religion soient relâchés.

Croyez, Monsieur le Maréchal, à notre profond respect et à notre dévouement pour la « France Éternelle », pour la France de sainte Jeanne qui a bouté hors l'envahisseur.

Pour les fidèles des 4 cultes réunis [1].

Archives nationales, Paris, AJ 38/6 (Commissariat général aux questions juives), n° 3768.

NOTE

1. Figurent sous la lettre la croix chrétienne, l'étoile de David et le croissant de lune.

Mlle G. à Pétain
3 novembre 1941

Paris, le 3 novembre 1941

Monsieur le Maréchal Pétain,

Je vous remercie de tout mon cœur pour la réponse. Mon père n'a pas été emprisonné, mais il est interné dans un camp de concentration de la loi du 14 mai[1] de la question juive.

Il était un ouvrier honnête, il n'a jamais fait de mal. Il est à Beaune-la-Rolande dans le Loiret. Cela fait trois mois qu'il est réformé à cause de sa santé, mais le préfet du Loiret ne veut pas le relâcher. C'est pour cela que j'ai fait appel à vous, M. le Maréchal Pétain, avec mes trois petites sœurs, car nous souffrons par l'absence de notre père et ma mère de son mari.

J'espère, M. le Maréchal Pétain, que vous écouterez encore mon appel et que vous nous redonnerez notre cher père.

Je termine cette lettre en vous adressant mes sincères salutations les plus distinguées.

Mlle G.

Vive le Maréchal Pétain
Chef de l'État Français
Vive la France.

Mlle G.
25, passage Prévost - Paris XIIIᵉ.

Archives nationales, Paris, AJ 38/6 (Commissariat général aux questions juives), n° 4061.

NOTE

1. Il s'agit en fait de la loi du 4 octobre 1940 permettant aux préfets d'interner les juifs étrangers et de la première grande rafle parisienne du 14 mai 1941. M. G. est dans la même situation qu'Isaac Schœnberg (voir pp. 38-39).

Morka Rotgold à son épouse et à ses enfants 4 novembre 1941

Beaune[-la-Rolande[1]], mardi le 4 nov.

Chère Edzia et mes petits enfants chéris,

J'ai reçu aujourd'hui, ma chère, ta lettre de la gare. Tu ne peux t'imaginer combien elle m'a fait plaisir. Surtout qu'elle était uniquement de toi. Je suis aussi très satisfait que défiant les conditions dans lesquelles ils vivent actuellement, nos enfants font face et travaillent malgré tout très bien. Quelle joie j'aurais de pouvoir le voir de mes yeux. Gardons l'espoir que nous surmonterons ces abominations. En toute franchise, j'ai eu très peur que nos enfants en souffrent moralement à l'école. Mais d'après ce que je vois, c'est le contraire qui se produit. Le comportement des maîtresses et de la directrice les encourage encore plus. Et cela me donne à moi aussi le courage de supporter ce qui m'arrive. De plus, j'ai une très grande confiance en l'avenir.

J'ai reçu l'argent comme tu me l'as écrit : une première fois cent francs et la deuxième fois deux cents francs.

Les prochaines lettres, en yiddish, tu peux continuer de me les envoyer à Auxi au nom de Maurice, ou plutôt de « Monsieur Maurice ». À cette adresse tu n'es pas obligée de mettre la lettre dans une deuxième enveloppe, cela ira aussi bien comme ça[2]. Quant à la lettre qui est à la poste, je n'ai pas encore eu le temps de la chercher. Je le ferai demain.

Pourquoi, ma chère, ne m'écris-tu pas comment tu te procures de l'argent pour vivre ? As-tu vendu quelque chose ? Que comptes-tu faire avec les gants ? Penses-tu les terminer ou les vendre coupés ? En tout cas, essaie de faire rentrer quelques francs et écris-moi.

Je suis très content de savoir que vous avez chaud et moi, ici, je n'ai pas froid. Tu sais, Schamene me doit encore un sac de charbon. Si tu en as besoin, tu peux aller le prendre.

Comment fais-tu pour payer le loyer ? Te le réclame-t-on ? Monsieur ou madame Wille s'entendent-ils bien avec vous ? Et les autres voisins ? S'il le faut, dis-le-moi et j'écrirai un mot à Monsieur Wille en ce qui concerne le loyer.

Dis-moi, pourquoi ne m'envoies-tu pas les semelles comme je te l'ai demandé ? Si elles sont roussies, cela n'a pas d'importance, j'y planterai des clous. Sans quoi, envoie-moi les grosses chaussures.

Envoie-moi aussi une serviette, elle ne doit pas être de bonne qualité. Et aussi un gant de toilette. Et les chaussettes d'été que je t'ai renvoyées pour les laver. Je pourrai les enfiler sous les chaussettes chaudes. Écris-moi si tu as reçu le linge que j'ai envoyé avec celui de Schlomo. Et aussi la lettre, le chocolat et les gâteaux. Comme je le constate, nous avons eu la même idée (et cela ne m'étonne pas). Alors que je vous écrivais de manger le chocolat à une heure précise, vous avez eu la même idée en choisissant le moment où vous me disiez « bonsoir Papa ». Neuf heures du soir ! Vous pouvez me croire que pour moi il n'y a pas seulement le « neuf heures du soir ». Je m'y prépare déjà à six heures, dès que j'ai fini le travail et que je rentre dans la baraque. Je ne tiens pas en place. Puis je pense à vous jusqu'à une heure du matin quand je finis par m'endormir.

Hier après-midi, rentrant du travail[3], je me suis affalé sur ma paillasse et j'étais soucieux. Je me suis fait disputer par Klapfisch qui a cherché à me remonter le moral. Mais cela n'a pas eu beaucoup d'effet.

Je crois, mon Edzia, que tu ne dois pas trop évoquer mon souvenir aux enfants, car je crains que cela nuise à leurs études et à je ne sais quoi encore.

Toujours est-il, tous les soirs à neuf heures, quel que soit l'endroit où je me trouve, je m'assois, je ferme les yeux, les cache derrière mes mains : je vous vois et vous entends me dire : « Bonsoir papa. » Alors je vous réponds en moi-même « bonsoir mes gosses ». Je vous embrasse et vous vois courir de la salle à manger vers la chambre à coucher en sautillant chacun à sa manière. Je vous vois aussi vous accrocher à moi et je vous dis : « Arrêtez, vous allez me tuer. » Et vous vous dispersez. Et je te dis : « Edzia, allons dormir. » J'ouvre les yeux, écarte mes mains et je me retrouve dans cette baraque. Certains chantent, d'autres jouent du violon. Celui-ci joue aux cartes, l'autre aux échecs. Et moi je continue à tresser le fil qui me relie à vous. J'espère qu'ils ne le couperont pas. Mais non, ce fil est plus solide qu'une chaîne d'acier et ils ne pourront pas le casser jusqu'à ce que notre jour arrive. Et nous, nous serons les plus forts et plus sains que jamais.

Maintenant, je prie aussi les enfants de ne pas arrêter de m'écrire et de m'envoyer une lettre par semaine, même si je ne peux pas toujours répondre à chacun. J'espère que ce mois-ci, vous serez parmi les cinq premiers de la classe.

Je termine ma lettre et je vais écrire à Moshe et à Laibe. Je vais profiter du fait que c'est mon jour de repos. Il est maintenant quatre heures et demie de l'après-midi. Je t'embrasse de tout mon cœur. Grosses bises à ma grande fille Lucienne, à mon grand garçon Serge, à Hélène et à Éva. Ont-elles reçu les cartes samedi et le chocolat, l'ont-elles mangé samedi soir ? Leur as-tu fait quelque chose de spécial ? Je suis resté toute la soirée avec vous. Mais malgré tout je comprends que je vous ai manqué. Mais ne vous inquiétez pas, mon retour arrivera. Restons en bonne santé. Embrasse le petit Jeannot et dis-lui que s'il n'est pas sage, je vais lui demander de retourner à l'école.

Un grand bonjour à Jacques et à Sonia. Écris-moi s'il a du travail. Un bonjour de tout le monde à tout le monde [4].

NOTES

1. D'abord destiné aux prisonniers de guerre français, le camp de Beaune-la-Rolande est composé de 14 baraques alignées, isolées par des barbelés, surveillées par des miradors. Dès le mois de mai 1941, il est avec Pithiviers le camp d'internement des juifs étrangers de zone occupée, administré par l'administration française avec l'approbation allemande. Jusqu'en juillet 1942, c'est un camp d'hommes. Les internés y survivent tant bien que mal, peuvent recevoir des visites, travailler à l'extérieur. L'atmosphère change brutalement en juin 1942. Le 28 juin, un convoi de 1 038 juifs, le n° 5, quitte le camp pour Auschwitz, où il arrive le 30. Il y aura 35 survivants. Un grand nombre d'internés du Vel d'Hiv partent pour Beaune, qui devient une annexe de Drancy. Le camp est fermé le 4 août 1943 sur ordre d'Aloïs Brunner.

2. Sur les lettres légales et illégales, voir p. 64.

3. Morka Rotgold est employé au service du courrier du camp.

4. Interné dès le 14 mai 1941 à Beaune-la-Rolande, Morka Rotgold a 35 ans. Brocanteur à Paris, il est marié et a cinq enfants. Le 28 juin 1942, il est déporté à Auschwitz par le convoi n° 5. Il y est assassiné le 30 juillet suivant.

Gabriel Ramet à ses parents
8 novembre 1941 [1]

Drancy, le 8-11-1941

Chers parents,

J'ai reçu vos deux colis alimentaires et le colis que tu avais donné à un monsieur. J'ai reçu deux kg de pain, un morceau de gâteau, un pot de confiture, du beurre demi-sel, de la graisse, 4 barres de chocolat, bonbons, sucre, oignon, sel, viande, pommes, poires, fromage. L'armoise qui était dans le colis alimentaire, je l'ai reçue, ainsi que les allumettes et le papier de soie.

Dans le colis alimentaire que le monsieur de l'escalier 14 m'a donné, il y avait :

gâteaux vitaminés Nestrovitt, oignons, 3 boîtes de pastille, sel cube, armoise dans un double sac, 2 cataplasmes, pilules pour papa, savon, dentifrice, peigne, cirage, lessive, 2 tomates, sabots en cuir, croûtons de pain dans un sac de toile, 1 gros pull marron à manches vertes, 1 passe-montagne, 2 chemises doublées que j'ai été obligé de découdre, car elles étaient trop étroites, caleçon long, livres, 1 paquet de chaussettes bien ficelées, gants, fil, aiguille, 1 bout de flanelle et de l'armoise pour papa.

Je t'envoie encore un bon de colis alimentaire [2] que tu m'enverras le plus vite possible, car il se peut que je sois libéré la semaine prochaine, mais on ne sait jamais, alors il est préférable de prévoir, c'est plus sûr. Je t'ai envoyé aussi un bon de colis hivernal.

Pour le moment, je n'ai besoin de rien, alors, attends la fin du mois, et si je ne suis pas revenu, alors tu m'enverras ce que je t'ai demandé. Papa est parti[3]. J'espère que tout le monde est content et lui aussi. Vous avez dû le trouver bien changé, mais votre joie ainsi que la mienne sont si immenses que je souffre bien moins et que j'ai confiance en mon étoile. Avec l'aide de Dieu, j'espère être de retour dans notre petit foyer avant 15 jours. Je vous remercie pour toutes les bonnes petites choses que vous m'avez envoyées, car il y avait si longtemps que je n'avais goûté tant de bonnes choses, et pour moi c'était la fête pendant la journée où j'ai reçu des colis, car j'ai tout reçu ensemble et la nuit fut pour moi une véritable orgie. Dire que 2 jours avant, papa venait se réchauffer à l'infirmerie avec moi et boire une tasse de tilleul amer !

Tout était si bon, j'ai goûté à toutes les choses, et le chocolat, le beurre, le pain. Ah, quel délice, quelle orgie !

Je crois qu'ils n'ont rien pris et ils les ont ouverts devant moi.

Dans le prochain, envoie-moi des feuilles de papier de soie, car j'en ai pas trouvé, du pain et un petit morceau de viande ou de pâté, pas beaucoup, rien qu'un tout petit peu, car il ne faut pas vous priver pour moi. Je n'ai plus besoin de rien que du sucre et du pain.

Papa te racontera la vie du camp et ma vie à moi. Je travaille à l'infirmerie du matin au soir, et le temps passe très vite, et je mange un peu mieux et je suis chauffé.

Je n'ai pas beaucoup de temps à moi, mais je pense beaucoup à vous. Mon caractère a beaucoup changé. Je le regrette, mais je vous aime tous en plus. Je vous remercie de tout mon cœur et de mon estomac de toutes les bonnes choses que vous m'avez envoyées.

Je ne veux plus d'armoise, car j'en ai assez pour l'instant, mais je voudrais du papier de soie format (carré), genre cornet très fin. Merci à tous les amis, Jacques, Thérèse, Rachel, Adolphe, et répondez-moi vite et envoie-moi le colis le plus vite possible, car on ne sait jamais, des fois que je rentre la semaine prochaine, je ne voudrais pas le laisser.

Envoyez-moi un pain noir, c'est si bon avec du Halwa, ha ! quand je pense à toutes ces bonnes choses et à la maison, ma confiance est inébranlable. Je vous aime tous de tout mon cœur et sans distinction. Dites bonjour à Nénette et bons baisers et à bientôt.

Gaby.

Centre de documentation juive contemporaine, Paris, n° DCCCXCI-3 (7) (coll. Ramet).

NOTES

1. Sur Gabriel Ramet, voir la lettre du 1er septembre 1941, p. 27.

2. À partir de novembre 1941, les internés de Drancy, au bord de la famine, obtiennent de recevoir des colis alimentaires de l'extérieur. Les colis, adressés par l'intermédiaire de l'UGIF (voir pp. 198-199) ou de la Croix-Rouge, répondent à une réglementation stricte : chaque interné a droit à un colis alimentaire de 3 kg par semaine, mais il faut au préalable demander un bon de colis, sorte d'étiquette qui rend le colis légal aux yeux de l'administration et qui porte, outre le tampon de la préfecture, le nom de l'interné, son matricule, son numéro de bloc, d'escalier et de chambre. À côté des colis alimentaires, les internés ont droit à des colis de linge et peuvent retourner leur linge sale à leur famille. Ces colis, essentiels par temps de pénurie, sont aussi le seul lien continu avec l'extérieur et servent parfois à l'échange d'une correspondance clandestine.

3. Le père de Gabriel a été libéré pour raisons de santé, comme d'autres internés de Drancy, affaiblis par le régime de privations.

Robert Lantz à son épouse Fanny
15 novembre 1941 [1]

15/11/41

Ma chère Fanny,

J'ai bien reçu ta lettre du 12, elle est arrivée le 14. J'ai été content d'apprendre les quelques nouvelles que tu me donnes, qui sont bonnes, en particulier en ce qui concerne vos santés et la manière dont vous prenez les événements. Je me porte toujours bien, le rhume a avorté. Les envois ont changé complètement mon existence au camp. J'ai pu me raser, m'ennuyer beaucoup moins grâce aux livres et enfin, depuis hier soir, me coucher plus agréablement sans avoir froid et changer de linge. Le dernier colis contenait les bulletins de la société chimique, le roman américain, *Univers 37*, mais pas les documents. Il est inutile dorénavant de faire de nouveaux envois qui n'arriveront pas, le thym est arrivé *in extremis* dans la dernière livraison. Je te félicite pour le sac de couchage. En ce qui concerne les objets de madame Guy, j'espère qu'ils ne me feront pas défaut. J'ai l'espoir de vous revoir très bientôt. Peut-être même avant l'arrivée de cette lettre, bien que pour l'instant je ne sais absolument rien de précis.

Nos projets pour les vacances des enfants sont singulièrement dérangés, on prendra sa revanche plus tard. En tout cas, essayez de vous distraire et de profiter des derniers beaux jours. J'espère que votre ravitaillement a pu se faire plus normalement en ce mois qui est généralement celui de l'abondance. Comme je te l'ai dit, je n'ai vu ici que Fleury parmi nos connaissances, mais j'ai rencontré des personnes ayant des connaissances communes, mais assez peu, car les Français de famille française sont en faible minorité. Les gens qui couchent dans ma chambre sont tous étrangers ou d'origine, mais sont très convenables.

Je suis touché des marques de sympathie que tu m'as signalées aussi bien pour les sentiments particuliers que par ceux plus généraux qu'elles confirment.

Transmets à tous mes remerciements.

Jc t'embrasse très affectueusement ainsi que les enfants.

Robert
escalier 15, chambre 10, bloc 4
camp de Drancy.

Centre de documentation juive contemporaine, Paris, n° DCCCXCI-1 (4) (coll. Margolin).

NOTE

1. Sur Robert Lantz, interné à Drancy, voir la lettre du 11 septembre précédent, pp. 45-47.

Fanny et Pierre Lantz à leur époux et père Robert 24 novembre 1941 [1]

24/11/41

Mon cher Robert,

Je reçois ce matin ta carte du 19 et je suis heureuse de l'optimisme qu'elle reflète. Puisse-t-il se justifier par les faits ! Nous avons fait tout le nécessaire d'après les indications de ta carte n° 6 et celles de ton camarade d'école. Moureu est malheureusement retenu à la chambre par les oreillons, mais a néanmoins l'air de montrer par écrit beaucoup de zèle. Quant aux amis de Th., ils affirment qu'ils sont peu influents, parce que personnellement très mal en cour auprès de leur gouvernement. Mais tout cela s'arrangera bien d'une façon ou de l'autre, comme cela s'est arrangé déjà pour bien d'autres. Alfred m'a d'ailleurs dit qu'aux dernières nouvelles, Berr était toujours chez K. et s'était étonné de votre départ du 1er juin.

Pour l'avenir, je crois qu'il n'y a pas à se soucier, car on demande partout des gens de ton métier [2], et des sympathies très efficaces se sont manifestées on ne peut plus spontanément, car je ne les ai nullement sollicitées, n'étant pas du tout inquiète à cet égard.

J'ai hâte d'avoir le bon pour le colis d'hiver ; d'ailleurs, si tu étais libéré, il me semble que tu pourrais laisser les colis qui t'encombreraient chez un commerçant à proximité du camp ou téléphoner de chez l'un d'eux pour que je vienne te prêter main-forte. Vu depuis ma dernière carte Lenoir, venu goûter avec sa femme et son fils, il se plaint de St. D., où le caporalisme s'installe et où les gens de chez K. prennent toutes les bonnes places ; Valton toujours très affectueux et qui vient à chacun de ses voyages à Paris ; Mme May, son mari, pharmacien d'1 m 87, est à l'escalier 16 et pas plus libéré que toi aux dernières nouvelles ; Hippolyte et Germaine, qui a collaboré au dernier colis ; Douveau, qui veut collaborer au prochain. J. Lévy a l'air d'avoir un moral déplorable, je n'ai pu le voir chez lui ni l'inviter à dîner chez nous malgré mes efforts. Mme Edmond Lantz, à qui j'ai communiqué le livre sur Mulhouse qui relate les exploits du grand-père de son mari, est pleine de sympathie, veut me procurer des élèves, etc.

Je suis contente que les colis te paraissent bien composés, je tiendrai compte de tes indications : garde le récipient de rhodoïd où étaient les confitures d'Éva Berthier.

Je n'ai plus entendu parler de l'état des lieux de la rue de Navarin, mais le secrétariat de St. D. n'y attachait aucune importance.

Dédé et Pierre vont bien, travaillent bien. Pierre commence à bien prendre au latin et à l'anglais, il fait à mon avis de grands progrès, quoique ses premières places n'aient pas été très brillantes.

Il les indique lui-même sur 36 [élèves] au bas de cette carte. Je ne pense pas du tout qu'il y ait à s'inquiéter de ces premiers résultats médiocres, car j'ai la certitude que les suivants seront meilleurs. Il est très affecté de ne pouvoir rien t'annoncer de meilleur.

Dédé n'a que des notes de colle, toujours très honorables. Étienne paraît moins inquiet, ses beaux-parents se tiennent bien. Les Gipe se sont approchés de leurs amis du Caire. L'état de mon oncle Marcel a empiré cette semaine. Je suis inquiète de ce côté-là. Mes cousins continuent normalement leur vie, soit en deçà, soit au-delà de la ligne de démarcation. Tous pensent bien à toi. Maurice Crémieux m'a téléphoné de chez l'assureur, il va bien. André Grunbach se rétablit. Fleury a été libéré, tu le sais sans doute.

Je suis heureuse que tes conditions matérielles de vie s'améliorent, ne t'inquiète pas pour nous, nous ne souffrons que de ton absence, mais pas du tout du froid, ni de rien d'autre. Tous nos parents et amis pensent bien à toi. Je t'envoie mes meilleurs baisers et ceux de Dédé. Bonjour de maman.

La tante Fernande songe à aller rejoindre Jacob à N. Les Bozz sont on ne peut plus généreux en victuailles.

F.

Cher papa,

Les compositions ont mal marché, j'ai été 30e en calcul, c'est parce que le censeur est venu nous dire l'emploi du temps au milieu de la composition, j'ai mélangé les nombres quoiqu'ayant trouvé mon problème ; 25e en français, 27e en thème latin. Je tâcherai d'avoir de meilleures places. Je t'embrasse bien.

Pierrot.

<u>coller le détail de la contenance d'un colis à l'extérieur du papier.</u>

Centre de documentation juive contemporaine, Paris, n° DCCCXCI-1 (13) (coll. Margolin).

NOTES

1. Sur Robert Lantz, interné à Drancy, voir la lettre du 11 septembre précédent, pp. 45-47.

2. Robert Lantz est chimiste et peut, à ce titre, espérer bénéficier d'une libération individuelle.

Isaac Schœnberg à sa fiancée Chana 15 décembre 1941 (extrait)[1]

Khanouchi, mon tout,

Tu as certainement reçu mes trois dernières lettres, et j'espère recevoir aujourd'hui ou demain une petite lettre de toi en français. Aujourd'hui, je t'ai envoyé par lettre recommandée le petit portrait que je t'avais promis de faire ces jours-ci, en attendant de saisir une opportunité pour t'envoyer mon travail de gravure. Il est possible qu'entre-temps tu reçoives ce croquis (c'est un petit portrait de toi), j'espère qu'il te plaira. Ici, dans ma baraque et auprès de quelques camarades d'autres baraques qui l'ont vu, il a fait sensation, ils étaient en extase devant lui (je crois que leur extase venait davantage de ton charme que de mon coup de crayon). J'aurai probablement quelques commandes, mais à des petits prix (pour des amis du camp). J'ai montré ce portrait au meilleur portraitiste du camp qui a fait, parmi d'autres, le portrait du commandant du camp ; il l'a beaucoup aimé lui aussi ; il a dit qu'il est rare de pouvoir donner tant d'expression à un portrait fait d'après une photo. « Vous devez beaucoup aimer votre fiancée » m'a-t-il dit. « Sans doute ! » lui ai-je répondu et mes yeux ont commencé à se noyer, j'ai dû rougir un peu et là-dessus, il a souri, le sadique.

Je ne sais pas jouer la comédie, je sais que c'est plutôt

un défaut dans ce cas, mais je suis complètement incapable de mentir dans le domaine des sentiments, car mon visage me trahit aussitôt. En outre, je n'ai jamais eu l'ambition de jouer la comédie dans ce domaine, et spécialement au sujet de tout ce qui concerne mes sentiments et l'amour infini que j'ai pour toi. Ce n'est un secret pour personne de mes connaissances, non que je parle de toi ou que je te vante auprès de mes camarades, mais tout simplement parce que l'expression qui s'inscrit sur ma « gueule » quand je reçois une lettre ou un colis, ou lorsque je parle de toi, exprime ce que je ressens, dans un langage des plus précis.

Ce qui a plu au portraitiste, c'est que j'ai un peu exagéré l'importance de tes yeux. « Ceci, m'a-t-il dit, est la marque d'un don de portraitiste. » Il ne l'aurait sûrement pas dit si je lui avais avoué que ce « don », je l'ai appris dans un livre où il était écrit que pour qu'un portrait soit réussi, il est bon d'accentuer les signes caractéristiques d'un visage. Le voilà, mon « don de portraitiste » !

La commission culturelle du camp (c'est ainsi qu'ils se sont dénommés), qui a dernièrement organisé une exposition d'œuvres plus ou moins artistiques créées dans le camp, m'a fortement prié de leur confier ce petit portrait pendant encore une semaine, pour cette exposition où ils veulent lui réserver la meilleure place. Mais comme je t'ai promis de t'envoyer ce dessin lundi, j'ai refusé. Je n'oublierai jamais, Khanouchi, dans quelles conditions et avec quels sentiments j'ai dessiné ce portrait. À Paris, je me serais plaint de l'impossibilité de faire un trait potable dans une telle position, assis sur ma paillasse, recroquevillé comme une petite vieille, le papier posé sur une planche écritoire reposant sur mes genoux. Mais les pensées et les sentiments, qui bouillaient en moi comme un volcan pendant que je dessinais, ont surmonté tous les inconvénients et les difficultés techniques. Ainsi en est-il sorti une œuvre qui ne peut pas, je crois, être mise au nombre de mes plus mauvais ouvrages ; j'espère que ton jugement, qui est pour moi, naturellement, le plus important, ne sera pas défavorable.

Faisons tous les deux un vœu, ma Khanouchi, que je puisse au plus vite continuer ces études de portraits, mais avec la seule aide de mon plus beau modèle, pris sur le vif, sans jamais plus avoir besoin d'un pauvre photo (je te demande pardon), que je dévore des yeux avec nostalgie. Je veux respirer tes vrais cheveux de soie, je veux voir la lumière jouer dans tes yeux comme sur des diamants, des yeux qui savent pleurer et rire, qui peuvent tour à tour se fermer et s'ouvrir. Je veux voir le satin de tes joues tout à la fois fraîches et chaudes, voir tes lèvres souples et humides, de chaudes lèvres bien réelles, empourprées de sang, de vie et de passion... Khanouchi, le bon portrait réellement réussi sera néanmoins celui que je ferai sous ton chaud regard palpitant et dans le calme familier et réconfortant de ma félicité. Voilà ce que j'ai ressenti avec une parfaite certitude pendant que je dessinais ton petit portrait. C'est grâce à cet espoir, Khanouchi, que je tiens moralement debout durant cette période si difficile, l'espoir sûr et certain du bonheur de pouvoir réaliser de belles œuvres utiles, sous la chaude lumière de mon soleil, toi ma Khanouchi.

J'imagine la peur et la contrariété que tu as dû avoir en lisant les persécutions épouvantables qui ont été décidées à cause des attentats qui se produisent continuellement contre les Allemands. Cependant, j'espère qu'à présent tu t'es calmée, et que tu es moins désemparée. Un permissionnaire [2] qui revient de Paris m'a dit aujourd'hui qu'ils ont effectivement déporté 1 000 juifs de Drancy pour travailler, on ne sait pas où ; on dit également qu'ils auraient encore arrêté 2 500 juifs [3].

En ce qui concerne les exécutions, j'ai entendu dire, aujourd'hui, que Pétain aurait protesté contre ces exécutions ; à mon avis, ça ne peut pas, dans les circonstances actuelles, être vrai. Cela a évidemment fait grande sensation parmi la population : les articles justificatifs de presque toute la presse française le prouvent. Dans leurs journaux, les journalistes se donnent la peine de trouver de faibles et navrants arguments pour expliquer le bien-fondé de ces décrets de persécutions et les excuser. Mais ils ne sont pas très convaincants.

Quoi qu'il en soit, les représailles qui se produisent en ce moment sont une nouvelle raison pour les juifs de Paris de nous envier, nous qui sommes à Pithiviers. Nous sommes des privilégiés ; dans une certaine mesure, ce n'est pas totalement faux si l'on considère l'actuelle situation des juifs de Drancy, et même celle de ceux qui sont libres, mais en danger à chaque instant, et risquent de subir une pire destinée que nous ici, à Pithiviers. Mais ce que M. Chapiro a écrit aujourd'hui à son fiston, qu'il souhaiterait être au camp de Pithiviers plutôt qu'à Paris, cela, Khanouchi, à mon avis c'est un peu dépasser la mesure, qu'en penses-tu ? J'ai dit à Chapiro d'écrire à son père que je peux lui laisser ma place sur-le-champ, si ça le tente tellement d'échanger la sienne contre une à Pithiviers. Je peux concevoir qu'à Paris, et particulièrement pour les juifs, ce n'est pas du tout réconfortant et même périlleux ; cependant, pour un homme qui souffre moralement depuis 7 mois le pire des martyres, parce qu'on lui a totalement confisqué sa liberté individuelle et la possibilité de mener une vie d'homme, cet homme qui souffre réellement chaque jour mille tourments de l'âme, peut difficilement se figurer qu'en liberté, c'est-à-dire partout sauf dans un camp, ce soit pire pour lui, aussi restreinte que soit sa liberté et la limite de ses possibilités de mouvements. Par exemple ne serait-ce que vivre dans une pièce potable, ce serait presque le paradis en comparaison avec la vie du camp, dans des baraques comme des étables avec des planches et de la paille, et en rajoutant la boue… Avec cela, la promiscuité de 150 personnes, chacune d'elles se comportant sans s'occuper de l'autre, suivant ses habitudes personnelles plus ou moins supportables, et avec ses manies qui apparaissent ici amplifiées, sans aucune retenue. La personne, Khanouchi, qui vit à Paris, libre, et croit faire un trait d'esprit quand il dit qu'il envie les juifs à Pithiviers, cette personne-là n'a pas idée de ce qui s'appelle vivre dans un camp, même si c'est un camp « modèle » comme on nomme celui de Pithiviers, avec de belles baraques modèles, de la paille modèle et même de la boue modèle, sans parler des personnes modèles et de leur éducation modèle.

Isaac Schœnberg, *Lettres à Chana*, Orléans, CERCIL, 1995, pp. 97-98. © CERCIL.

NOTES

1. Sur Isaac Schœnberg, voir la lettre du 4 septembre 1941, pp. 38-39.
2. Sur les permissions, voir p. 37 et la lettre du 9 mai 1942, p. 146.
3. Le 12 décembre 1941, 300 personnes sont enlevées du camp de Drancy et transférées à Compiègne ainsi que 750 juifs français arrêtés le même jour à Paris. Deux jours plus tard, le 14 décembre, est établie une liste de 50 noms d'internés juifs, dont finalement 47 seront finalement livrés à la Wehrmacht. Le lendemain, 15 décembre, en représailles d'attentats communistes, ils seront fusillés au mont Valérien comme « judéo-communistes », avec 50 autres juifs écroués à Fresnes. En septembre 1941, Pétain avait protesté contre les premières arrestations d'otages, et suggéré de se livrer lui-même en otage aux Allemands. Cette proposition avait été balayée par Pucheu, ministre de l'Intérieur, qui décida de choisir les otages parmi les communistes et les juifs, plutôt que de laisser les Allemands choisir au hasard dans la population.

M. P. à Xavier Vallat
22 décembre 1941

Imprimerie P.
Paris 15e

Le 22 décembre 1941

Monsieur Xavier Vallat[1]

1, place des Petits-Pères
Paris

Mon cher Camarade,

Je prends la liberté de vous envoyer ci-jointe une fiche de renseignements concernant un de mes vieux clients, courtier en publicité, qui a été arrêté le vendredi 12 décembre, à 7 h du matin, chez lui, 19, avenue Félix-Faure, par un gendarme allemand, accompagné d'un gendarme français.

Pourriez-vous intervenir en sa faveur et obtenir sa libération ?

M. A. traîne l'héritage de ses parents, c'est-à-dire un nom juif. Mais, en ce qui le concerne, il n'a rien de cette catégorie de gens.

À tous points de vue, il est digne des meilleurs renseignements.

Sa femme est très affectée de son départ brusque. Son travail reste en suspens.

J'attire tout particulièrement votre attention sur le cas de mon client et ami, et vous demande de faire tout votre possible pour qu'il puisse réintégrer bientôt son foyer. Je vous en remercie à l'avance et vous prie de croire, mon cher Camarade, à mes sentiments les meilleurs.

P.

Archives nationales, Paris, AJ 38/6 (Commissariat général aux questions juives), n° 5580.

NOTE

1. Sur Xavier Vallat, voir p. 31.

Jean Léon à son épouse
Noël 1941

[Compiègne[1]], Noël 41

Mon amour chéri,

Tu penses si je saute sur l'occasion qui m'est offerte, quoique tu doives avoir eu déjà, je l'espère, plusieurs fois de mes nouvelles, alors que je ne sais rien de vous depuis ce fatal vendredi.

Nous savons pratiquement avec deux ou trois jours de retard ce qui se passe. C'est te dire la fièvre qui couve ici et nos immenses espoirs concernant notre guérison. Comme tu le sais, conditions matérielles et ambiance inespérées. Malgré cela, je t'ai fait demander du complément de boustifaille (nous n'avons pas de feu, donc n'envoie rien à cuire – des choses nourrissantes, cuites, à délayer dans la soupe, des biscuits de soldat, du sucre et ça ira très bien) en attendant que tout s'organise, parce que rien n'a encore été fait ni pour la correspondance ni pour les paquets.

J'ai personnellement plus de chance que les autres. Ne t'en fais donc absolument pas pour moi, c'est promis ? Je pourrai durer très longtemps comme cela sans dommage et j'ai gardé bonne santé, bonne mine et moral parfait. Tout ce qu'il faut pour attendre avec sérénité les événements.

Il faut guérir Jean[2], pour cela tu pourrais, si ce n'est déjà fait, voir le docteur Marguerite, Brall, Pierre Boitet, qui, je pense, travaille avec Achille et saurait opérer, et aussi le docteur Pasquier, dont tu trouveras le nom dans mon carnet. D'ailleurs, j'espère que toute intervention sera finalement inutile et que la guérison interviendra toute seule.

J'ai hâte de savoir ce que vous devenez, mes très chéris, et comment tu te débrouilles sans t'éreinter. Quoique je sois optimiste, je voudrais que tu t'organises comme si la situation actuelle devait se prolonger des mois ! Et surtout, pour rien au monde et surtout pas pour moi, n'interromps pas ton traitement ni les repos du matin. Prends quelqu'un s'il te plaît, mais rappelle-toi la promesse que tu m'as faite de guérir. Tu as été épatante ce matin-là, et je ne suis pas prêt de l'oublier.

J'espère qu'à Joss[3], tout va bien et que vous aurez l'idée de dire que j'étais en voyage en Z. L. [zone libre]. Cela simplifierait la situation de M. dans le pays ; je pense que tu auras retrouvé le numéro nécessaire pour là-bas. C'est 13, et les clés sont dans le meuble à tiroir. Il faut naturellement conserver Joss, où vous serez peut-être bien contents d'aller, toi et les gosses dans la période troublée qui s'annonce. J'espère aussi que tu t'es débrouillée pour te faire envoyer par M. votre ravitaillement hebdomadaire. En janvier, vous tuerez la bête comme si j'étais là...

Si je ne suis pas là, si tu as la possibilité de m'envoyer des paquets, je voudrais de l'encre à stylo, 2 jeux de bridge, 2 cravates (grenat), ma grammaire allemande, des bas de laine, aiguille et laine à repriser, œuf en aluminium pour repriser, une chemise militaire avec col attaché. Je voudrais une paire de sandales de tennis qui est en haut, et mes provisions. De Joss, mes sabots (ou des sabots caoutchouc, rue de Clichy, pointure 45), et c'est tout pour l'instant. Un bocal de viande si tu veux.

Je suis entouré ici par un tas de types épatants, et ce séjour imprévu (hum) se transforme en une sorte de retraite philosophique passionnante. Je serai quand même ! ! ! content de rentrer.

Rassure dès que possible tous sur mon compte, et vis tranquillement et sans t'en faire en m'attendant. Tâche de m'envoyer un cliché 9/4 de la photo des gosses que tu as dû aller chercher chez [...] avec le bon que je t'ai remis.

Au revoir, mon amour aimé. Je t'aime, je t'aime et je t'embrasse, toi et les gosses, très très tendrement.

P. S. : Le C. L. [Crédit lyonnais] a dû faire transporter tous nos T. [titres]. Au fur et à mesure des besoins, tu n'auras qu'à faire vendre nos T. [titres] pour alimenter le compte où tu as la procuration et où tu peux toucher 10 par mois.

Je vous câline tous les 4, longuement, longuement[4].

Centre de documentation juive contemporaine, Paris, coll. Léon.

NOTES

1. Le camp de Compiègne est situé à Royallieu, au sud de l'agglomération. C'est là que sont transférés 750 juifs français et 300 juifs étrangers arrêtés le 12 décembre 1941. Placé sous administration allemande, il s'agit d'un camp de répression et non de persécution, qui rassemble des détenus politiques et des juifs isolés des autres. Peuplé d'un grand nombre de notables, universitaires, médecins, avocats, le camp connaît au début une vraie vie intellectuelle qui sera cassée par l'extrême rigueur d'une vie dominée par la faim et le froid. Le premier convoi de juifs parti de France vers Auschwitz, le 27 mars 1942, comportera une forte proportion d'internés de Compiègne. Le 6 juillet

1942, le camp juif est supprimé, les internés juifs étant transférés à Drancy. Au total 54 000 personnes ont été internées à Compiègne, 50 000 ont été déportées.

2. Il s'agit d'une allusion cryptée : Jean Léon demande qu'un des médecins cités dessous lui établisse un certificat médical susceptible de le faire libérer.

3. Joss : Jossigny, village près de Meaux, où la famille de Jean Léon a acheté en 1939 une ferme tenue par des métayers.

4. Jean Léon, ingénieur agronome, est âgé de 41 ans. Il a été arrêté à Paris le 15 décembre 1941 et interné à Compiègne. Il sera déporté à Auschwitz par le convoi n° 1 du 27 mars 1942. Il y meurt de faim quelques mois plus tard.

Isaac Schœnberg à sa fiancée Chana 1er janvier 1942 [1]

[Pithiviers], 1.1.42

(7 heures du matin, dans mon lit.)

Khanouchi, mon petit trésor,

Bonjour, ma chérie, et « Bonne année » comme on dit chez eux. Notre terrible et sévère année 41 s'en est allée avec un soupir et un gémissement, et a cédé la place à son bienveillant et souriant successeur. Alors, saluons-la également avec le sourire, pour l'instant un sourire triste et muet, mais plein d'espoir et de confiance. Espérons que d'ici peu de jours, en cette nouvelle année, nous serons l'un près de l'autre à jamais. C'est alors seulement que le 2 de 42 nous fera un joyeux et beau sourire, nous guérira et nous fera oublier les blessures que le pénible 41 nous a infligées. Te décrire, ma Khanouchi, les festivités du nouvel an dans chaque baraque, je n'en ai ni la patience, ni le cœur, car cela m'a fait mal de voir la joie et l'impudence de presque tous ceux qui sont ici. Mais ne soyons pas trop sévères aujourd'hui, et interprétons comme une politesse leur comportement inconvenant, pardonnons-leur en constatant leur vitalité pas trop perturbée et leur moral pas trop brisé par la persécution, celle des juifs en général et celle dont nous sommes victimes au camp en particulier.

Hier soir, exceptionnellement, on nous a laissé la lumière jusqu'à minuit au lieu de l'éteindre à huit heures et demie. Je voulais en profiter pour écrire une longue lettre, malheureusement je n'ai pas pu le faire, à cause du bruit indescriptible. À part moi, rares étaient les camarades qui n'ont pas pris part à la « liesse ». J'ai quand même participé au repas et aux libations (rassure-toi, Khanouchi, juste un verre de vin et une petite coupe de champagne). Je n'ai regretté qu'une chose : que le « zèbre à la mèche » – maudit soit son nom ! – n'ait pas vu comment les juifs fêtent le nouvel an dans les camps de concentration. Il aurait eu une apoplexie en constatant la joie de ses victimes, et on en aurait été débarrassé. Mais, sans doute, n'avait-il pas le temps pour les « sales juifs » et devait-il s'occuper de ses (bons) « aryens », le peuple et l'armée qui sont et seront ses véritables victimes. Sa défaite proche se dessine de plus en plus nettement à l'horizon et ni ruses, ni belles paroles ne le sauveront, lui et ses partisans. Alors, nous les juifs, nous aurons le droit d'avoir le cœur en fête et de célébrer notre joie profonde dans l'enthousiasme. Sinon, le plus beau des divertissements n'est qu'une caricature.

Cette nuit j'ai, pour la première fois, dormi enveloppé de la belle et grande couverture neuve que j'ai reçue hier. Je te le dis, Khanouchi, c'est un délice de dormir bien au chaud en hiver. Autre avantage très important : moins on gèle dans son lit, moins on a besoin de… tu me comprends. Tu ne peux imaginer ce que cela signifie ici, au camp, car pour accéder « là-bas », il y a un bon bout de chemin à faire en pleine nuit dans le froid et la boue. S'éviter cette « corvée nocturne », ça vaut de l'or. Bien que j'aie bu hier plus que de coutume, j'ai dormi la nuit entière jusqu'au matin, et quand on dort bien la nuit, on gèle moins le jour et, de ce fait, on travaille mieux. Dis un grand merci à ta belle-sœur pour m'avoir procuré une si belle et si chaude couverture qui m'aide à mieux supporter le froid. Je prendrai bien soin de cette couverture et veillerai à ne pas la salir, en espérant pouvoir bientôt la rapporter et prouver ma reconnaissance à ta belle-sœur. Hier, j'ai également eu ta dernière petite lettre, quant à toi, tu as dû recevoir la lettre du 30.12 que je t'ai écrite après réception de ton colis de nourriture. J'ai fait goûter ton gâteau à un de mes bons camarades, qui me prie de te transmettre ses compliments. Je lui ai dit avec quels pauvres moyens tu le confectionnes, et pourtant il a toutes les saveurs.

Si, en plus, mon camarade connaissait ma Khanouchi, là il saurait ce qu'est la saveur, la vraie saveur, c'est le charme, le véritable et adorable charme juif qu'on ne peut pas décrire, et dont on ne peut avoir qu'une toute petite notion par une photo. Il ne suffit pas de contempler le charme, il faut le percevoir avec tous ses sens, il faut savoir le reconnaître à divers signes incompréhensibles aux ignorants. Car le charme est une chose très subtile, et seules les natures délicates sont à même de le discerner sous ses formes les plus discrètes, et sont capables d'apprécier un charme qui ne se limite pas au visage, mais se manifeste par mille traits plus ou moins distincts, en mille circonstances. Moi, je ressens ce charme même dans tes lettres, quelquefois dans ce que tu écris et quelquefois dans ta façon de le dire. Souvent tes lettres me semblent froides et sèches à la première lecture, mais en les relisant j'aperçois des signes légers mais évidents de chaleur et de tendresse contenue, ce qui est un trait fondamental de ton caractère réservé mais sincère, un caractère chaleureux et fort. Sentant tout cela, je te pardonne plus facilement de ne pas utiliser les formules conventionnelles de fin de lettre, qui sont un moyen aisé d'introduire une note de tendresse. Dans tes lettres en yiddish, cette note manquante ne me gêne pas du tout. Mais là, cette absence n'est pas motivée, penses-y, Khanouchi, et tu réviseras ton jugement Ton télégramme ne m'a pas du tout rassuré. À part le fait qu'il n'était pas de ton écriture, j'y ai lu un langage étranger, un texte télégraphique qui ne semblait pas pouvoir provenir de toi. Et pourquoi ? Simplement à cause du mot « baisers » qui me regardait bizarrement et insolemment. Il m'est venu à l'esprit la terrible pensée que le télégramme n'était peut-être pas de toi, et j'ai attendu avec inquiétude et impatience une lettre de ton écriture. J'ai oublié de te demander, dans ma dernière missive, qui avait rédigé ce télégramme, car même mon nom était inexact, au lieu de « Schœnberg », il a « Sergenberg », une chance encore qu'on ait mis « baraque 7 », sinon je ne l'aurais certainement pas reçu.

D'après ce que tu m'écris au sujet du compte rendu de presse journalier que tu donnes à ton atelier, je vois que nous avons tous deux la même occupation, vraisemblablement au même moment. C'est un sentiment étrange mais agréable de savoir que, tandis que je fais un rapport avec commentaires dans ma baraque, ma Khanouchi fait la même chose dans son atelier, à quatre-vingt-dix kilomètres de moi. Et qui sait, peut-être, que ton équipe te pose la même question : « Alors, que tirez-vous du journal d'aujourd'hui ? » Presque tous dans la baraque lisent le journal, mais à part trois personnes peut-être, aucun ne comprend ce qu'il a lu. Depuis que je leur en fais le compte rendu, ils me font confiance et passent plus volontiers leur temps à jouer aux cartes qu'à lire le journal auquel ils doivent consacrer des heures pour finalement ne rien comprendre. Je t'imagine achetant le journal avant de descendre dans le métro, parcourant rapidement les titres et, une fois dans la rame, bousculant les gens (ce sont eux qui te bousculent bien entendu) en essayant de poursuivre ta lecture, les yeux mi-curieux, mi-effrayés. Et, sans doute, as-tu aussi appris à lire entre les lignes. J'ai en tête une expression d'un communiqué récent, que bien peu ont interprétée correctement. Tu te rappelles le paragraphe où on dit que l'armée allemande a « enrayé » les attaques russes sur le front central. « Enrayer » ne veut pas dire « repousser » mais « limiter », c'est-à-dire qu'elle a stoppé l'avance des Russes. Il est souvent très important d'interpréter correctement de telles expressions pour ne pas se tromper.

Comme je te l'ai écrit dernièrement, j'ai eu pas mal de commandes de portraits. J'en ai accepté six pour l'instant, alors que je pourrais en avoir dix fois plus. À quoi bon en prendre autant à la fois et promettre à chacun qu'il l'aura dans une semaine ou deux, alors que c'est pratiquement irréalisable. J'ai déjà des difficultés avec ceux que j'ai acceptés. Ce n'est pas tant le froid qui me gêne car, quand je travaille, je suis tellement absorbé que je l'oublie et ne le sens plus. Je suis plus ennuyé par la très faible lumière qui règne dans la baraque, surtout par cette grisaille qui me laisse peu de temps pour dessiner. Je pourrais facilement faire deux bons portraits par semaine, si j'avais au moins quatre heures par jour de lumière suffisante. J'ai à peine pu terminer ma commande cette semaine, et je suis contrarié parce que ça ne va pas comme je veux. Mes clients me disent bien de prendre tout mon temps et que ça ne presse pas, mais pour moi ça presse, Khanouchi, et j'aurais voulu profiter à 100 % de l'occasion qui m'est offerte de 1. m'exercer ; 2. d'avoir un gain matériel, car je pensais pouvoir bientôt t'envoyer les premiers mille francs. Je sais que tu n'en as pas besoin, mais tu admettras, Khanouchi, que « nous » en avons besoin et nous en trouverons l'utilisation, tu ne crois pas ? Ce dont j'aurai besoin pour mes dépenses ici, je ne te l'enverrai pas, bien sûr, ça n'aurait aucun sens de t'envoyer ce que tu devrais me renvoyer. Pour l'instant, je cherche le moyen de travailler quelques heures par jour. Mes concurrents ont les mêmes difficultés que moi et se plaignent comme moi du froid et de l'impossibilité d'exécuter leurs commandes. Sais-tu qu'on me paie plus cher le portrait qu'à mes concurrents ? Ils demandent cinquante francs, alors qu'on m'en donne soixante-quinze, parce qu'on estime que mes portraits sont plus réussis et plus ressemblants. On est prêt à payer mon travail 50 % de plus qu'aux autres, et beaucoup regrettent de ne pas avoir su plus tôt que je faisais des portraits, c'est à moi qu'ils auraient alors passé commande. Mais il y a encore assez de travail pour moi et même plus qu'assez. Même ceux qui se sont fait faire un portrait par d'autres veulent un portrait fait par moi, parce qu'ils voient la différence. Une veine, Khanouchi, dont je ne peux malheureusement pas profiter comme il faut pour le moment espérons qu'il fera de plus en plus clair dans les baraques, et que bientôt il fera clair pour nous en général.

Cette nuit, j'ai vraiment fait un joli rêve ! Je me promenais avec toi à Paris sur des boulevards éclairés comme en temps de paix, pleins de réclames lumineuses de toutes les couleurs. Nous entrions dans un « Chantecler » immense, dix fois plus grand que celui du boulevard Saint-Michel mais, rassure-toi, nous ne nous sommes pas assis pour écouter de la musique. Nous sommes ressortis presque aussitôt sur le boulevard plein de vie et de lumière. Un rêve, Khanouchi, un beau rêve qui est peut-être bien près de la réalité.

Je ferai au plus vite le deuxième portrait que je t'ai promis, avant les autres, en tout cas, avant les prochaines commandes. Sans les difficultés techniques momentanées, tu l'aurais déjà peut-être. Ton portrait, je l'ai non seulement dans la tête, mais aussi dans le cœur. Le premier avec « l'œil courroucé », tu me le renverras pour que je l'améliore.

Je termine ma lettre pour aujourd'hui, Khanouchi.

Porte-toi bien, mange et bois et amuse-toi autant que tu le peux. Mais fais bien attention à ne pas prendre froid et à ne pas te gâter l'estomac avec du « louddla » et du boudin, et autres ersatz dont on ne sait pas avec quoi ils sont fabriqués. Mange plutôt du beurre et du fromage, c'est plus sain et ne nuit pas au teint.

Je t'embrasse passionnément et amoureusement en pensée.

Ton toujours fidèle

Iso.

Meilleur souvenir à Nakhoumé, Idel, Hana, Sami, oncle, tante et Toirel.

J'ai envoyé une carte de nouvel an à mon hôtelier de la rue de « Gaimit ». Pardonne mon écriture, la plume en est responsable et non l'écrivain.

En ce qui concerne les tickets[2], n'en mets jamais plus de mille grammes à la fois dans une lettre officielle. Tu peux tranquillement m'envoyer des lettres illégales enveloppées de fil[3].

Isaac Schœnberg, *Lettres à Chana*, Orléans, CERCIL, 1995, pp. 101-104.

NOTES

1. Sur Isaac Schœnberg, voir la lettre du 4 septembre 1941, p. 38-39.
2. Sous-entendu : de rationnement.
3. Sur la fabrication d'une lettre-fil, voir la lettre du 25 mai 1942, p. 156.

Jean Léon à son épouse
30 janvier 1942[1]

[Compiègne], 30-1-42

Mon amour chéri,

Le temps passant, rien ne vient, et je suis torturé d'inquiétude. Que devenez-vous ? Dire que je marquais moi-même ta température, matin et soir, que j'épiais avec angoisse le plus petit signe d'amélioration et que j'en suis à ne pas savoir depuis un mois si seulement tu existes encore ! Je passe mes journées à attendre W., et rien ne vient ! L'atmosphère est mauvaise aujourd'hui ! De l'avis de ceux qui ont été transférés de Drancy ici, le régime maintenant est le même qu'au début là-bas ! Ainsi, aujourd'hui, deux quarts de tisane le matin, à midi deux quarts et une soupe extra-liquide aux navets et patates, le soir 200 g de pain et 15 g de margarine. Par-ci par-là, une cantine officieuse nous distribue une sardine salée ou une pomme qu'on conserve précieusement pour le « casse-croûte » du matin. Tu penses si on envie les heureux veinards qui, dès le début, sans scrupule de faire risquer quoi que ce soit à qui que ce soit, ont fait le nécessaire et tirent de leurs paquets toute une subsistance normale[2].

Il me faudrait encore bien des choses, mais j'attendrai le premier colis pour t'en parler. Des bruits de prochaine libération pour certaines catégories ont flotté hier, répandues dans tout le camp comme une traînée de poudre. Mais il paraît n'y avoir rien de sérieux. On ne sait plus rien de ce qui se passe dans le monde.

La tendance paraît être de renforcer notre isolement, et de fait, on prend toutes mesures pour empêcher les amis d'à côté de venir nous aider. Il est possible que lorsque tes envois arriveront, je ne pourrais plus les recevoir. Mais ne soyons pas trop pessimiste et attendons.

Dimanche matin,

Le moral va mieux ce matin. Grâce à mon sac en duvet, j'ai bien dormi malgré le froid. Hier soir, nous avons reçu chacun 100 g de pain de la part des types d'à côté. Enfin, après le dîner (sardine salée hachée avec de l'oignon cru tartinée sur une tranche de pain), nous avons eu dans ma chambrée une conférence [3] sur le scoutisme par un type épatant, véritable apôtre, et homme du monde raffiné et charmant, M. Prichard, de 55 ans. Nous avions une grande affluence, et l'atmosphère a été des plus heureuses. Nous essaierons de continuer et de faire de ma chambrée un centre de haute tenue morale. Ça ne fera pas de mal dans ce rassemblement assez hétéroclite, où la faim rabaisse au niveau le plus bas ceux qui n'y étaient pas encore.

D'après les on-dit, notre libération serait l'objet de marchandages entre Vichy et Paris [4]. Ça ne m'enchante pas beaucoup, vu la tournure que prennent les événements, il ne serait pas souhaitable que nous jouions, volontairement ou non, un rôle quelconque. En ce moment, j'aimerais mieux, nettement être dans qu'à l'ombre.

Mais ces bruits de libération ont ceci d'agréable, c'est que je vois d'avance, la nuit, quand je ne dors pas, les moments que nous vivrons quand nous nous reverrons. Je t'aime, ma petite femme chérie, beaucoup plus profondément encore que je ne le pensais. Tu me manques de toute façon. J'ai besoin de ta présence, de ton regard, de ton amour. J'ai l'impression que l'épreuve que nous subissons tous les deux en ce moment est salutaire pour notre amour. Je me sens plus homme, plus digne de toi, et ce sentiment-là m'est très précieux. Tu as été si épatante le matin de mon départ que je ne serai jamais assez bien pour toi. Qu'est-ce qu'on s'offrira comme bavardages à nous deux quand je reviendrai. Et s'il fait bon à ce moment-là, on ira s'installer à J[oss] [5] nous aimer tous les deux pendant quelques jours. On arrivera bien à trouver une solution pour les mômes. Tout cela naturellement si les événements le permettent, et j'en éprouve à ce sujet un véritable vertige, tant il peut y avoir d'ici quelques mois des choses formidables.

J'apprends que ma lettre n° 3 est restée en panne. Celle-ci aura peut-être plus de chance, ainsi qu'une indication que je t'envoie par une voie détournée et qui te permettra de te passer de Mme W. : si, comme je crois le comprendre, elle ne suit qu'à contrecœur ou pas du tout, les directives qui lui ont été données et ne s'est pas encore mise en rapport avec toi. Dans le cas contraire, gâte-la comme je t'ai fait dire par Mme R. Z.

Voici la soupe. C'est moi qui la sers aux 170 hommes de ma baraque, seule façon de donner à chacun la même ration, sans injustice.

Au revoir, mon amour chéri, ne m'oublie pas dans tes prières !

Je t'aime et je t'embrasse fort, fort.

Câline les petits pour moi. Je trouve bien le temps long après eux.

Centre de documentation juive contemporaine, Paris, coll. Léon

---

NOTES

1. Sur Jean Léon, voir la lettre de Noël 1941, pp. 97-100.

2. Du 12 décembre 1941 au 22 mars 1942, 36 détenus du camp de Compiègne meurent de faim.

3. Pour passer le temps, les internés organisent des conférences sur toutes sortes de sujets, scientifiques, culturels, ou religieux. À cet égard, le camp où la vie intellectuelle est la plus riche est celui de Compiègne, où nombre de notables et d'intellectuels ont été internés au mois de décembre 1941.

4. Depuis l'automne de 1940, le gouvernement de Vichy a entrepris des négociations de libération des internés, mais elles concernent essentiellement les prisonniers de guerre et non les juifs.

5. Sur Jossigny, voir p. 100.

A. S., employeur d'un interné, au chef de cabinet de Pétain Paris – 2 février 1942

Maroquinerie
A. S., fabricant
123, rue Saint-Martin
Paris IV

Le 2 février 1942

Monsieur le chef [de] Cabinet,

J'ai l'honneur de vous informer qu'un de mes façonniers a été interné le 15 janvier 1942 au camp des Tourelles[1], Matricule 1157, chambre 41, 141, boulevard Mortier.

Je connais depuis très longtemps cette personne. Tout mon travail se trouve arrêté du fait qu'il s'agit d'un spécialiste que je ne peux remplacer. Voici son nom : M. J. Je vous prie de bien vouloir examiner ce cas et dans l'attente veuillez agréer mes respectueuses salutations.

A. S.

Archives nationales, Paris, AJ 38/67 (Commissariat général aux questions juives.)

NOTE

1. Le camp des Tourelles était installé dans une ancienne caserne d'infanterie coloniale, boulevard Mortier à Paris, dans le XXe arrondissement.

Jean Léon à son épouse
2 février 1942[1]

Madame Jean Léon
4, rue Alfred-Roll
17

[Compiègne], 2-2-42

Mon amour chéri,

Je t'écris cet après-midi à tout hasard pour si j'avais une occasion, je suis sur mon lit, les pieds dans mon sac de couchage. Nous sommes toujours sans feu, sans nouvelles et sans colis pas plus officiels qu'officieux. Quant à la soupe de midi, c'était de l'eau dans laquelle avaient cuit des pois chiches. J'ai ouvert, après la soupe, la boîte de bœuf en gelée que j'ai emportée le 12 décembre et que je réservais pour les jours durs. Si seulement je savais par qui tu m'as envoyé le colis n° 3, via Taniasfreind (amie de Tania), j'aurais pu essayer de le retrouver, hélas ! j'en suis réduit à l'attendre sans grand espoir maintenant. Mais je me rappelle qu'aux M. P.[2], c'est toujours les jours où je n'attendais à fermer l'atelier que les commandes rappliquaient, et j'attends donc ferme une amélioration quelconque de la situation. Je suis encore parmi ceux qui tiennent le mieux le coup, mais la santé générale du camp baisse maintenant très vite. Je te dis cela non pas pour t'inquiéter, parce que, je te le répète, je suis toujours très bien, mais peut-être ce renseignement pourra-t-il être utilisé par ceux qui, nombreux je le sais, s'efforcent de nous venir en aide. Il y a beaucoup d'internés qui font de l'œdème, ont les pieds et les mains gonflés ou font de l'artérite ou deviennent cachectiques. Tout cela par froid et insuffisance de nourriture. Si on tarde à nous délivrer les colis qui, je le sais, arrivent au camp, la situation peut devenir embêtante. Mais on pense qu'on pourrait être encore beaucoup plus malheureux, et le moral tient. Ce qui nous ennuie le plus, c'est que la situation générale dont nous attendons tout est, dans le fond, beaucoup moins favorable que nous l'avons cru il y a un mois. Il faut donc attendre. Et on attend. Les petits bouts de papier, que je t'écris, comme cela, de temps en temps, sans savoir s'ils te parviendront jamais, me font du bien. Ils me rapprochent de toi, de nos petits après lesquels je trouve tellement le temps long, après notre chez nous, si confortable et si personnel où j'étais si bien. Comment avons-nous pu certains jours oublier que nous pouvions tout perdre et gaspiller notre temps de vie commune à des disputes si vaines. C'est vrai que tu n'as jamais voulu croire à la réalité de la menace, et je suis convaincu que tu penses dans ton for intérieur que c'est parce que je n'en ai jamais douté que j'ai attiré le mauvais sort. Mais je durerai tant qu'il faudra et je te sais infiniment gré de t'occuper de Joss comme tu le fais, malgré tes douleurs et la fatigue du déplacement pour que mes efforts de l'an dernier ne restent pas vains. Je pense, à propos de Joss[3], que tu pourrais t'arranger pour que mes colis soient faits et expédiés par Joss, puisque c'est lui qui doit en fournir les parties essentielles [...] Quant au pain, puisque j'y pense, il vaudrait mieux, peut-être m'envoyer des biscottes ou similaires, plus nourrissant pour le même poids que du pain, plus ou moins gorgé d'eau.

Tu dois trouver ma prose bien ennuyeuse, ma pauvre petite femme, mais je t'assure que cette obsession de la faim n'est pas faite pour rendre les idées nettes. Ça s'arrangera, je l'espère, quand les colis et les lettres officielles auront rétabli à la fois les idées et… et j'avais raison d'espérer, car Hisch, le beau-frère de H. Lang m'apporte à l'instant un bout de pain, deux mandarines et un peu de chocolat. La vie est belle !

Centre de documentation juive contemporaine, Paris, coll. Léon.

NOTES

1. Sur Jean Léon, voir la lettre de Noël 1941, pp. 97-100.
2. Maquettes publicitaires : entreprise créée par Jean Léon.
3. Sur Jossigny, voir p. 100.

Anonyme, à Pétain
12 février 1942

Marseille, le 12 février 42

Monsieur le Maréchal,

Je suis israélite. Si ma lettre est anonyme, c'est que je désire ne pas faire une question personnelle de ce qui doit être une question générale.

Nous sommes dans le midi de la France plusieurs familles dont les ancêtres français remontent incontestablement au XIVe siècle, ainsi qu'en attestent les arbres généalogiques que nous avons fait établir. On pourrait même, au dire des archivistes du département du Vaucluse, remonter plus haut, mais cela donnerait lieu à d'assez longues recherches, les actes d'état civil avant cette époque ayant été dressés par des notaires qui n'ont pas eu la précaution d'établir des répertoires.

Nous croyons donc pouvoir nous dire français depuis toujours.

Ne croyez-vous pas, Monsieur le Maréchal, et c'est à votre justice et à votre équité que je me permets de m'adresser, qu'il devrait être fait une différence entre nous, Israélites Français, et les étrangers avec lesquels nous n'avons aucune ressemblance.

Que l'on prenne certaines mesures contre tous les

étrangers, quelle que soit leur confession, que nous avons trop largement accueillis en France, c'est normal. Mais devons-nous être compris avec eux parce que nous sommes nés dans une religion minoritaire ?

Je crois que c'est dépasser le but. Je me permets d'espérer que vous signalant le fait, il vous plaira de donner des instructions pour qu'une différence soit faite.

On a bien dit que les juifs qui seraient baptisés depuis une certaine époque ne seraient pas inquiétés, est-ce logique ?

On m'a offert à moi, et par conséquent je puis l'affirmer, de me donner moyennant finance un acte de baptême en règle. J'ai refusé. Je suis convaincu, connaissant Votre droiture et Votre loyauté, que vous aurez plus de considération pour nous que pour ceux qui, sans conviction, ont profité de semblable moyen. Mais encore ne faudrait-il pas que nous soyons victimes de notre honnêteté.

J'ai pour votre haute personnalité la plus grande vénération et le plus grand attachement. Il y a plus de vingt ans que je disais à certains de mes amis, dont la plupart sont encore vivants et pourraient en témoigner :

« Il nous faudrait à la tête de notre gouvernement un homme comme le Maréchal Pétain pour nettoyer un peu notre pays. »

Était-ce prophétie ou le fait de ma foi en vous ? Je ne sais. Mais je crois que c'était là, parole sinon agir Français !

Vous êtes le Seul qui pouviez réunir toutes les espérances des Français loyaux et vraiment patriotes !

Votre accession au Pouvoir ne pouvait que nous être agréable, aussi tous ceux qui avions un cœur français, nous sommes-nous attachés à votre politique, et je vous assure que beaucoup de mes coreligionnaires français ont vu, avec joie, l'arrivée, dans les sales écuries où nous pataugions, du seul Hercule qui pouvait les nettoyer.

Nous Vous avons donné tout notre cœur. Nous Vous aimons. Nous Vous vénérons. Nous n'avons confiance qu'en Vous. Aussi est-ce vers Vous que nous nous tournons pour vous supplier pour nous faire obtenir à nous, Français, la tranquillité que nous méritons.

Qu'il nous soit permis de continuer à vivre honnêtement de notre travail et que Notre Mère Patrie que nous avons tous défendue soit par notre sang soit par notre collaboration de tous les instants, continue à nous considérer comme des enfants à qui elle est chère.

Croyez, Monsieur le Maréchal, aux sentiments de profond respect de celui qui, pour la première fois de sa vie, ne signe pas ces lignes. Espérant que vous l'en excuserez en comprenant ses raisons.

Archives nationales, Paris, AJ 38/67 (Commissariat général aux questions juives), n° 18656.

Gabriel Ramet à ses parents
28 février 1942[1]

Drancy, le 28-2-42

Chers parents et amis,

Je vous écris cette lettre pour vous faire savoir que je suis toujours à Drancy et j'ai reçu votre colis alimentaire, et il y avait deux belles photos, mais vraiment jolies ! Thérèse est vraiment jolie, et sur l'autre photo, Jacques, toi Suzanne, enfin tout le monde est très bien. Je vais sûrement recevoir le linge propre aujourd'hui. Je ne t'envoie pas de mouchoirs, parce que je ne suis pas enrhumé, je ne me mouche pas beaucoup, enfin je te renverrai tout ce que tu demandes, sois très tranquille pour cela.

À part cela, je me porte à merveille et mon moral est très bon.

Je t'enverrai aussi le passe-montagne, car je ne le mets pas.

Je remercie tout le monde pour ce colis, car il était très bon et merveilleux. Léon est parti travailler et Simon vient toujours me voir, et nous passons de bons moments ensemble.

Donne bien le bonjour à M. Gerdehr, à Jacques et ses parents, ainsi qu'à la petite Rachel pour la photo, qui est très bien réussie. J'espère qu'à la maison, tout va toujours aussi bien et que papa travaille un peu. J'espère que tu as reçu des nouvelles de Mendel, dis, tu me donneras de ses nouvelles.

Chère petite maman, je pense si souvent à toi et je me demande parfois quand je reverrai tous les bons moments que je ne savais pas apprécier ; mais la vie est parfois cruelle, et de cela nous bâtirons des hommes.

Suzanne, je vois que tu t'habilles toujours avec autant d'élégance, mais sur la photo, on dirait que tu es grosse, cela doit être la soupe. Pour le pyjama, ne te casse pas la tête, je me débrouillerai ; de mon côté, je ne sais pas quoi mettre dans la carte.

Pauvre petite Suzanne, si tu attends mon retour pour te fiancer, cela peut durer, tu sais… Enfin, tu auras peut-être la chance que je sorte bientôt, alors tu le feras facilement ; ensuite, pour me tirer les oreilles, ce n'est pas comme cela que l'on reçoit son grand frère après une si grande séparation.

Donne bien le bonjour à la tante, l'oncle et à tous les amis de ma part. Je vous embrasse tous bien fort. Votre frère et fils bien-aimé.

Gaby.

Centre de documentation juive contemporaine, Paris, n° DCCCXCI-3 (11) (coll. Ramet).

NOTE

1. Sur Gabriel Ramet, voir la lettre du 1er septembre 1941, p. 27.

Lucienne Rotgold à son père
2 mars 1942[1]

Paris, le 2/3/1942.

Je t'écris car nous t'avons fait un colis que nous allons t'envoyer tout à l'heure. Dans la lettre, il y aura 2 kg de pain. Chez nous tout va très bien, nous sommes en bonne santé, et comme je te l'avais promis, maman a une meilleure mine et mange bien. Comme tu dois le savoir, il faut déclarer les enfants juifs de moins de 1 an, c'est tordant, il faut déclarer tout : l'or, l'argent, les métaux, les enfants[2].

Samedi, nous avons été avec l'école au musée Galliera, voir les dessins des enfants des prisonniers[3], ce n'est pas mal mais il y a mieux. Jeudi, nous allons au cinéma avec l'oncle Jacques et Sonia. Mais maman ne pourra peut-être pas venir, car elle a une course à faire à Bicêtre. Samedi qui vient, nous allons au musée de l'Homme, je t'écrirai ce que j'ai vu. Je reste à l'étude, car mes devoirs sont trop difficiles.

Je n'ai pas le temps de t'écrire plus, car aujourd'hui je ne reste pas à la cantine et je vais être en retard.

Je t'écrirai, ainsi qu'à Salomon, jeudi. Tous les 6, nous t'écrirons.

Bons baisers, et ma devise c'est « COURAGE-ESPOIR ».

Ta fille Lucienne qui t'aime.

Reviens quand tu veux, on t'attend toujours.

Bons baisers de la part de

Maman	Je t'embrasse
Jeannot	1 000 000 000 000
Hélène	fois
Éva	
Serge	Lucienne
Lucienne	
Jacques	
Sonia	

Oncle Maurice et sa femme
et ses enfants Lucien et Annette.

On n'a plus d'enveloppes pour t'écrire, envoie-nous-en.

Lucienne.

NOTES

1. Sur Morka Rotgold, interné à Beaune-la-Rolande, voir la lettre du 4 novembre 1941, pp. 77-80.
2. La déclaration des enfants a été rendue obligatoire le 2 mars 1942.
3. L'exposition des œuvres des prisonniers des oflag et stalag, inaugurée en décembre 1942 et organisée en faveur des prisonniers nécessiteux.

Une mère d'interné au CGQJ
14 mars 1942

Paris, le 14 mars 1942

Monsieur,

C'est une pauvre maman qui a son fils au camp de concentration, qui prend la liberté de vous écrire. Mon fils est né en France, élevé en France comme ses camarades français, ayant leurs mœurs et ne parlant que leur langue. Lors de la déclaration de guerre en 1939, il s'est engagé tout comme eux. Est-il juste qu'il ait été interné pour le seul grief d'être Juif ? N'a-t-il pas travaillé comme les autres, lutté, ne cherchant qu'à servir son pays tout comme les autres ?

Comprenez mon angoisse de mère. Je vis dans la terreur continuelle de recevoir le bref, mais combien terrible mot, m'apprenant l'exécution de mon fils, car j'ai entendu dire que l'on retirait des Juifs du camp pour les fusiller[1]. Je vous supplie d'intervenir en sa faveur et vous aurez droit à toute la gratitude d'une mère éplorée.

Anonyme
à classer[2]

Archives nationales, Paris, AJ 38/67 (Commissariat général aux questions juives).

NOTES

1. Sur les fusillades d'otages, voir p. 94.
2. Tampon du CGQJ.

Une épouse d'interné à Xavier Vallat
15 mars 1942

Paris, le 15 mars 42

Monsieur Xavier Vallat[1],

Ça fait déjà longtemps que mon mari est parti au camp et je ne l'ai pas encore vu. Avant son départ, il s'était engagé comme volontaire pour la France, et quand il est revenu, il n'a même pas eu le temps de se réchauffer; moi qui suis une femme avec deux enfants, je suis sans aucune ressource pour vivre. Je vous demande si ce manège durera encore longtemps et je crois que si vous êtes père de famille, vous devez me comprendre. Il y a 15 jours qu'on n'a pas de nouvelles de mon mari ; on ne sait pas ce qu'il est devenu.

Moi la souffrante,
et mes gosses.

Archives nationales, Paris, AJ 38/67 (Commissariat général aux questions juives), n° 22037.

1. Sur Xavier Vallat, voir p. 31.

Une épouse d'interné au CGQJ
15 mars 1942

Paris, 15 mars 1942

Monsieur,

Je suis la femme d'un interné de Drancy, et c'est à ce titre que je me permets de solliciter votre bienveillance, d'intercéder en faveur de mon mari. Nous sommes des milliers de femmes et d'enfants qui souffrons. Personne n'aura donc pitié ? Depuis de nombreuses années, mon mari est en France, il a toujours travaillé honnêtement pour faire vivre sa famille, il a fait la guerre, il a servi le pays qui l'avait accueilli avec tant de bonté. Trouvez-vous qu'il y ait une différence entre d'autres Français et lui ? Est-ce que la religion juive ne vaut pas la religion chrétienne ou protestante ? Personne n'a le droit de combattre les idées de son voisin, on doit les respecter si l'on veut qu'il respecte les nôtres.

Comprenez mon angoisse et mon inquiétude. Je vis dans la terreur de recevoir une lettre me disant que mes enfants n'ont plus de père.

Je vous supplie en leur nom d'intervenir et j'espère vous devoir toute ma reconnaissance.

Si j'ose vous parler de tout ceci, c'est que je ne suis pas juive, mais que, malgré cela, je suis soumise aux mêmes lois.

Espérant beaucoup de votre intervention, je vous prie d'agréer, Monsieur, mes salutations empressées.

La Femme d'un interné.

<u>*Anonyme*</u>[1]

Archives nationales, Paris, AJ 38/67 (Commissariat général aux questions juives), n° 2026.

NOTE

1. Tampon du CGQJ.

Une fille d'interné au CGQJ
16 mars 1942

Paris, 16 mars

Monsieur,

C'est une petite fille qui vous écrit. J'ai un papa au camp depuis longtemps. Depuis qu'il est en France, il a toujours travaillé pour nous nourrir ma mère et moi. Sa petite fille vous prie de faire quelque chose pour lui et nous le rendre à notre foyer. Si vous avez des enfants, vous comprendrez combien mon père nous manque à la maison.

J'espère que vous ferez votre possible.
Et vous en remercie.

Rachel.

Anonyme[1]

Archives nationales, Paris, AJ 38/67 (Commissariat général aux questions juives), n° 20041.

1. Tampon du CGQJ.

Des épouses d'internés au CGQJ
19 mars 1942

Clichy, le 19 mars 1942

Monsieur,

Depuis 10 mois, nos hommes sont enfermés dans le camp de concentration. Ils se sont pas jamais occupés avec la politique. Tous, ce sont des ouvriers braves et honnêtes. Pour une seule cause, on les fait souffrir, car ils sont nés israélites. La plus grande part de nos maris, ils ont rempli leur devoir vis-à-vis de la France.

Dans le camp de Drancy, il y en a déjà beaucoup des hommes qu'on a fusillé, et on fusille toujours[1]. Nombreux sont déjà les veuves et les orphelines. Nous, les femmes que nos hommes sont enfermés, nous traversons des moments terribles. Chaque femme de nous se demande qu'est-ce que je ferais si demain le malheur il va arriver et on va fusiller mon plus cher au monde ? Si innocents ?

Nos enfants nous posent souvent des questions qui peuvent déchirer les cœurs sans différence : « Maman, qu'est-ce que je vais devenir si on va fusiller mon pauvre papa ? »

Vous imaginez facilement les moments douloureux que nous traversons.

Nous vous demandons donc, Monsieur : il n'y a-t-il pas un moyen pour arrêter la fusillade des hommes innocents ?

Recevez, Monsieur, notre hommage respectueux.

Un groupe de femmes de Clichy.

Archives nationales, Paris, AJ 38/67 (Commissariat général aux questions juives), n° 2191.

NOTE

1. Le 20 février 1942, 13 juifs communistes ou sympathisants sont emmenés de Drancy à la prison du Cherche-Midi. Le 22 février, ils sont exécutés au mont Valérien comme otages, en représailles d'attentats contre l'occupant.

Jean Léon à son épouse
26 mars 1942[1]

Madame Jean Léon
4, rue Alfred-Roll
17e

Nous partons demain pour l'Allemagne[2]. Adieu ma chérie. Courage et confiance. Je suis parfaitement bien. Je t'embrasse très tendrement. J'ai reçu en adieu ton mot du 24 par H. L. Merci.

Adieu, au revoir, au revoir, au revoir.

J.

Centre de documentation juive contemporaine, Paris, coll. Léon.

NOTES

1. Sur Jean Léon, voir la lettre de Noël 1941, pp. 97-100.
2. Jean Léon est déporté de Compiègne par le premier convoi de juifs quittant la France à destination d'Auschwitz. Le convoi n° 1 quitte la gare du Bourget/Drancy le 27 mars 1942 avec 565 personnes, embarque 547 hommes à la gare de Compiègne, plus un groupe de 34 juifs yougoslaves. Dannecker, chef du service

des affaires juives de la Gestapo en France, dirige lui-même l'opération. Au 15 août 1942, 1 008 de ces premiers déportés sont déjà morts à Auschwitz. Pour la seule année 1942, 42 655 juifs sont déportés de France vers les camps nazis. En 1943 le chiffre s'élève à 17 041 et pour 1944 à 16 025. Parmi ces déportés, 6 012 ont moins de 12 ans, 13 014 de 13 à 29 ans, 8 687 plus de 60 ans. 24 000 sont de nationalité française, 26 300 sont polonais, 7 000, allemands, 4 500, russes, 3 300, roumains, 2 500, autrichiens. Au total, 75 721 déportés. Le dernier convoi part le 22 août 1944. Seuls 2 500 déportés survivront.

Jean Léon à son épouse
Vers le 27 mars 1942[1]

Madame Jean Léon
4, rue Alfred-Roll
Paris 17e

Ma très chérie,

Nous voici en route pour X. Aucune idée. Tous les tuyaux circulent, Allemagne, Pologne aussi bien que Pyrénées. On verra bien. Conditions de transport assez moches, mais le moral reste très élevé. Le camarade E., libéré miraculeusement à la dernière seconde, te donnera tous détails. H. L. et son beau-frère sont avec moi, S. L. L. aussi. On ne sera donc pas seul. Ça peut être très long, mais on reviendra. Je ne crains qu'une seule chose, c'est de vous voir nous rejoindre. Le reste n'est qu'une aventure qui doit être supportable sans gros dommage.

Au revoir, mon amour.
Je vous embrasse tous quatre très très tendrement.

J.

Centre de documentation juive contemporaine, Paris, coll. Léon.

1. Sur Jean Léon, voir la lettre de Noël 1941, pp. 97-100, et la lettre précédente.

Supplique de femmes et de mères d'internés 9 avril 1942

Transmis à toutes fins utiles par un chrétien opposé à l'emprise juive, mais écœuré de la sauvagerie humaine.

9 avril 1942

Monsieur,

Nous, les femmes et mères d'internés à Drancy et à Compiègne et dans d'autres camps de concentration, nous adressons à vous notre lettre afin de vous faire connaître notre situation, ainsi que celle de nos maris.

Nos maris et nos fils, qui ne faisaient que travailler honnêtement, sont tenus dans des conditions horribles. Par-dessus la famine et les conditions malpropres, ils vivent dans l'angoisse continuelle, si demain ils verront encore le jour, s'ils ne vont pas être fusillés comme c'était le cas le 15 décembre 1941 pour 43 qui furent passés par les armes. Il y avait parmi ceux-là des pères de familles nombreuses (un père de 10 enfants), ainsi que des jeunes gens (un de 19 ans), des anciens combattants, des mutilés de guerre, des intellectuels, des avocats et des médecins.

Le 23 février dernier, le même sort a atteint encore 14 hommes dont le seul crime, ainsi que les précédemment fusillés, était d'être nés juifs[1].

À Compiègne, on connaît déjà 36 cas mortels causés par le manque de nourriture et des épouvantables conditions d'hygiène [2].

Nous, les femmes d'internés, séparées de nos uniques soutiens, nous passons nos journées dans la misère et dans la crainte pour la vie de nos êtres chers, brutalement arrachés à leur famille.

Monsieur, nous nous adressons à vous pour vous demander votre aide qui pourrait arracher nos fils et nos maris à la mort.

Déjà trop d'enfants pleurent leurs papas fusillés. Faites connaître dans le cercle de vos relations le cruel danger qui pèse sur des êtres innocents. Adressez des lettres de protestation au Maréchal Pétain, à M. l'ambassadeur de Brinon [3], à M. Xavier Vallat [4], Commissaire général aux Questions Juives, afin d'arrêter cette hécatombe d'êtres humains innocents.

Dans l'espoir que vous prendrez en considération notre angoisse et que vous nous viendrez en aide, veuillez agréer, Monsieur, nos plus chaleureux remerciements.

Un groupe de femmes et de mères d'internés
à Drancy et à Compiègne.

Archives nationales, Paris, AJ 38/67 (Commissariat général aux questions juives), n° 27042.

NOTES

1. Voir pp. 94 et 131.
2. Sur le camp de Compiègne, voir p. 99.
3. Fernand de Brinon, délégué général du gouvernement de Vichy en zone occupée de 1940 à 1942, avec le rang d'ambassadeur.
4. Sur Xavier Vallat, voir p. 31.

Alfred Goldschmidt à son épouse
12 avril 1942

12/4/42

Ma chérie,

J'ai reçu ta carte du 7. C'est avec joie que je lis ton écriture. C'est curieux ce que cela représente, cela rapproche énormément et on en jouit d'autant plus que l'on en a été si longtemps privé. Ma santé est bonne, je mange raisonnablement et de bon appétit. Je crois que du confit d'oie se conserve bien plus longtemps, c'est à retenir pour les mois plus chauds, le lard salé aussi. Il faudrait tâcher d'ajouter un peu de conserves, sardines, thon, etc. pour terminer la semaine.

Je pèse 48,5 kg nu, cela doit représenter un amaigrissement de 7 kg environ. Je n'avais d'ailleurs plus rien à donner.

On est beaucoup suivi par les médecins qui m'ont trouvé bien, à part l'amaigrissement. Espérons que cette fois-ci, votre docteur ne se trompera pas dans son diagnostic, comme on a été habitué jusqu'à présent à le constater, et que le traitement efficace qu'il effectue se trouvera enfin le vrai et le bon[1].

J'ai renvoyé hier le colis linge sale, j'y ai mis les snow boots, le veston du pyjama d'hiver. Il est en mauvais état, tâche de le faire réparer, l'étoffe est excellente. En me renvoyant le linge, tu peux ajouter 2 ou 3 livres à lire, un pantalon de fantaisie pour aller avec le veston à chevrons. J'aimerais aussi des pantoufles en drap avec semelle de grosse lisière.

Au sujet des œufs, je les préfère frais. Si possible, envoie m'en 6. Tâche de bien les envelopper. Jusqu'à présent, il n'y en a eu qu'un de cassé encore mangeable. Ajoute du sel, de l'huile et du vinaigre mélangés ; on donne du pissenlit et il faut avoir de quoi l'assaisonner, aussi des topinambours. La soupe ici ne vaut pas celle que nous recevions à Compiègne [2], il faut surtout compter sur le colis pour vivre, continue à y mettre tous tes soins.

Les journées passent assez vite et cependant sans occupation, on pense toujours qu'un jour viendra... et cela nous maintient le moral.

Merci à Lise et Annette des quelques lignes qu'elles m'écrivent, j'aimerais tant les revoir aussi !

Envoie mes baisers à Michel, à mes chers prisonniers qui doivent s'étonner de ne plus rien recevoir de moi.

Pour vous trois, mes meilleurs tendresses et baisers.

Alfred [3]

Envoie-moi deux cravates unies pour aller avec mes chemises bleues.

Envoie-moi mon appareil. Le dernier fait par Hannet s'est en partie cassé. Il me l'avait garanti. Je crois qu'il faut l'en aviser par écrit, il me doit la réparation.

Veux-tu aller payer 200 F de ma part à M. Lévy, 77, rue de Rennes, ami de Gotchaux, qui me les a prêtés il y a quelque temps à Compiègne ?

Centre de documentation juive contemporaine, Paris, n° DCLVI-12 (6a).

NOTES

1. En insistant sur le mot « votre », Alfred Goldschmidt indique à sa famille, tout en déjouant l'attention du censeur, que le médecin de famille doit tout mettre en œuvre pour lui procurer un certificat médical attestant que son état de santé exige sa libération du camp.

2. Sur Compiègne, voir aussi la lettre du 9 mai 1942, pp. 144-147.

3. Alfred Goldschmidt est né le 21 janvier 1878 à Mulhouse. Il a été arrêté à son domicile parisien le 12 décembre 1941. Il sera déporté de Pithiviers à Auschwitz par le convoi n° 35 du 21 septembre 1942.

Un petit « Cœur Vaillant » à Pétain
21 avril 1942

21/4/42

Monsieur le Maréchal,

Comme j'ai fait ma première communion l'année dernière, je viens vous demander de lire ma lettre. J'ai deux petits amis qui sont bien tristes, ils ne veulent plus s'amuser, car il paraît que chez eux, c'est la grande misère et que leur maman pleure toute la journée, car il paraît que leur papa ne peut plus faire son métier, car il n'est pas né en France et aussi il est juif.

Mes petits amis sont nés ici et leur maman aussi. Je sais aussi que tous les soirs depuis qu'ils ont reçu le Bon Jésus, ils prient pour que leur papa le reçoive aussi bientôt.

Alors, Mon Maréchal, je viens vous supplier de faire vite vite une loi pour les Papas même qui ne sont pas nés en France, puisque maman m'a dit <u>que vous pouvez tout</u>.

Surtout, mon Maréchal, il faut pas que vous alliez en Enfer à cause que des petits enfants seraient malheureux. Je prie pour vous et je vais regarder tous les jours sur le journal pour voir si vous avez reçu ma lettre.

Je vous remercie de tout mon cœur pour avoir bien

voulu faire quelque chose pour mes petits amis, qui seront avec moi des Soldats comme vous Monsieur le Maréchal.

Votre reconnaissant, Cœur Vaillant.

Je vous envoie un morceau de mon journal *Cœurs Vaillants*[1] de 1939.

Archives nationales, Paris, AJ 38/67 (Commissariat général aux questions juives), n° 148.

NOTE

1. *Cœurs Vaillants* : journal catholique pour les enfants. L'extrait de 1939 joint à la lettre porte notamment : « LES JUIFS SONT PERSÉCUTÉS en Allemagne, et certains ont dû se réfugier en France. Il y a des gens qui les méprisent et les font souffrir. *Cela n'est pas chrétien* et les chrétiens, persécutés eux aussi, protestent contre la persécution des juifs. »

Une femme de prisonnier au CGQJ
24 avril 1942

24 avril 1942

Monsieur,

C'est une Française 100 % qui se permet de vous écrire, mon mari étant prisonnier en Allemagne, cela ne m'empêche pas de prendre part aux malheurs des Juifs, car ce sont toujours les bons qui payent pour les mauvais. Ayant plusieurs amis juifs qui sont internés depuis un an et pourtant ont toujours suivi le droit chemin, pendant que d'autres continuent de se promener, de pratiquer le marché noir.

Et en plus, je m'aperçois que chaque fois qu'il y a des sanctions contre ces malheureux juifs, ce sont toujours après les internés que l'on s'acharne, eux qui souffrent depuis des mois et des mois, ont déjà payé, je crois à mon avis, les fautes des « gros » qu'il y a longtemps ne sont plus ici.

Pourquoi ne pas changer un peu, c'est-à-dire appliquer les sanctions à ceux qui ont encore le bonheur de se promener. Je crois que ce serait plus simple, plus juste et surtout plus loyal.

Pourquoi toujours aux mêmes de payer, pendant que d'autres continuent leur train de vie sans se préoccuper de celui qui souffre.

Puisque c'est une question raciale, tous doivent rendre part aux souffrances, et non toujours les internés qui doivent payer pour eux.

Car je pourrais vous citer des noms et des noms qui, eux, mériteraient d'être internés et pourtant se promènent toujours, et on ne connaît pas les souffrances des autres qui payent pour la seule raison qu'ils sont juifs pendant que, eux, continuent leur marché noir.

J'espère, Monsieur, que si vous avez du cœur comme moi, vous ferez la part des choses justes. Vous pouvez, si vous voulez, transmettre cette humble lettre de femme de prisonnier aux Autorités Allemandes qui, je pense, comprendront comme vous la justesse de mes réflexions.

Je ne suis pour aucun parti pris, mais simplement je mets les choses au point.

Femme de Prisonnier.

Archives nationales, Paris, AJ 38/67 (Commissariat général aux questions juives), n° 30942.

Robert Lantz à son épouse Fanny 9 mai 1942[1]

9-5-42

J'ai reçu ta carte le lendemain de son départ. Le retour est donc plus rapide que l'aller. C'est pourquoi je t'envoie ce mot qui t'arrivera plus vite et te donnera quelques nouveaux détails impossibles à donner dans la carte ordinaire[2]. Comme tu vois, je prends des précautions pour qu'en cas d'accident, ce soit difficile de déterminer l'identité de l'expéditeur de cette lettre. Le malheur est que tu ne peux me donner des nouvelles par une voie analogue. Cependant, l'interné dont tu as été voir la femme récemment et qui est ami du receveur propose que tu ailles remettre un mot pour moi à sa femme, qui me le fera parvenir par l'intermédiaire de son mari. Tu pourras mettre par exemple : « pour l'ami de M. B. ». Cela te prouve que j'ai été voir cet interné, que je connais déjà depuis le jour où tu m'en avais parlé dans une de tes cartes, mais alors je croyais que c'était par Andrée B. que tu en avais entendu parler, ce qui a fait la confusion. Comme tu le sais, il ne fait partie de ma chambre que théoriquement, de même que beaucoup de gens dont tu as vu le nom sur les paquets de linge, et en particulier la personne connue par St. et Mr Biès, que je connais cependant un peu et qui n'est pas très sympathique, comme le faisait d'ailleurs prévoir une lettre qu'il avait jadis envoyée au *Temps*. Je fais progressivement connaissance des nouveaux venus de Compiègne[3]. On m'a dit que mon homonyme était parti de Compiègne en assez mauvais état. Quant à Joseph, il a été libéré, mais je ne sais rien d'autre sur lui. D'une façon générale, les nouveaux de Compiègne sont assez mal vus, probablement pour une part du fait de la jalousie causée par leur situation supérieure et pour une autre part plus justifiée, par leurs exigences plus grandes dans leurs relations avec les anciens. Ils ont d'ailleurs apporté ici une certaine vie intellectuelle : il y a actuellement une conférence par jour sur les sujets les plus variés, industriels, médicaux, etc. Ce n'est d'ailleurs pas une nouveauté. Ici, nous avons eu beaucoup de conférences au début, mais leur rythme s'était ralenti, sauf pour une série de sujets hébraïques faites par un spécialiste, conférences intéressantes, mais qui finissent par être lassantes. Je ne t'ai jamais parlé de ces choses, car les Allemands interdisent en principe toute distraction : jeu, livres, conférences, etc.

Je lis en ce moment assez souvent, je finis *Le Combat contre les ombres* de Duhamel, intéressant.

Comme je te l'avais indiqué et comme tu as pu le vérifier toi-même, il y a eu un départ assez important, près du tiers du camp. On en a exclu certaines nationalités (turcs, grecs, hongrois[4]) et les anciens combattants. Pour l'instant, tout indique qu'ils se sont arrêtés à Compiègne. J'espère qu'ils souffriront moins que leurs prédécesseurs à cet endroit. Le départ d'ici a été émouvant pour tout le monde, exécuté avec le cérémonial habituel, pénible en plusieurs points. Cela a été cependant moins dur que le 12 décembre lors d'un transport analogue.

Je t'avais indiqué dans une carte les moyens éventuels d'atteindre si besoin les autorités allemandes. J'avais surtout en vue des cas exceptionnels où une intervention urgente et au bon endroit pourrait être indispensable. En ce moment, je crois inutile d'essayer la démarche, qui, très probablement, ne pourrait être efficace.

Pour l'instant, il ne sort du camp que des isolés très peu nombreux, principalement des Turcs. Un certain nombre d'internés sont sortis pour quelques heures à Paris pour des motifs variés, il en sort un chaque jour actuellement, et évidemment il y a beaucoup d'amateurs. Les motifs sont maladie d'une part, les affaires surtout pour les commerçants, aller chercher un appareil ou produit nécessaire au camp, affaire judiciaire [5].

La demande peut être faite, soit de l'intérieur soit de l'extérieur du camp. Je vois un motif : ce serait une demande pour recouvrer les droits civils, analogue à celle faite par mon cousin, sur laquelle on pourrait calquer la manière d'opérer, Étienne pouvant par exemple me convoquer. Naturellement, il serait inutile de poursuivre l'opération après cela.

La sortie effectuée à 10 h 30 sous la conduite d'un inspecteur se termine à 18 h. Je n'envisage cela que si cela ne cause pas trop de dérangements, surtout que la réussite est aléatoire. J'espère que ton prochain anniversaire sera le seul qui se produira dans les circonstances actuelles ; je te souhaite bonne fête, je vous aurai en pensée pendant la cérémonie aux bougies.

D'après différents renseignements parvenus ici, il semble que la situation générale est bonne et que si nous ne sortons qu'à la fin des hostilités, nous n'en avons plus pour très longtemps.

En ce qui concerne les achats pour le colis, fais en sorte de ne pas en être gênée. Renseigne-toi où les autres internés font leurs achats, que la question argent ne t'arrête pas trop.

Veux-tu dire à Mme Holot, 82, avenue Parmentier, qu'à la suite des renseignements reçus le 8 au soir après avoir vu Andrée, il est inutile d'ennuyer à nouveau Casimir ou Léon pour un voyage éventuel de Benjamin. Tout semble aller bien de ce côté.

Je vous embrasse tous très tendrement. J'espère ne pas déranger les amis à qui j'envoie ce mot et qui ont la gentillesse de te le transmettre.

Robert.

En vous remerciant d'avance, je vous prie de bien vouloir transmettre ce mot. À bientôt, j'espère, le plaisir de vous revoir tous joyeux.

Centre de documentation juive contemporaine, Paris, n° DCCCXCI-1 (34) (coll. Margolin).

NOTES

1. Sur Robert Lantz, interné à Drancy, voir la lettre du 11 septembre 1941, pp. 45-47.
2. Sur le régime de la correspondance, voir pp. 64 et 199.
3. Sur Compiègne, voir aussi la lettre du 12 avril 1942, pp. 137-139.
4. Les juifs turcs, hongrois et italiens, nations neutre pour la première, et alliées du Reich pour les deux autres, sont relativement protégés. Les juifs grecs seront, pour la plupart, déportés en novembre 1942.
5. Sur le régime des permissions, voir p. 37.

Anonyme, au CGQJ
13 mai 1942

13 mai 42

Après vous avoir envoyé une lettre hier matin, j'ai lu le soir dans *Les Nouveaux Temps* un article : La Dictature des Irresponsables, par Georges Lafond, sur lequel j'attire toute votre attention, et les indications, précisions qu'il donne, situent bien la situation dans laquelle nous nous trouvons et dont vous menacez des juifs, qui n'y sont pour rien, de mesures d'exception.

Les innombrables fonctionnaires qui troublent l'existence sont une nouvelle plaie d'Égypte. Avant les guerres et celle-ci, on était, on le comprend bien et mieux maintenant, très heureux. La France était un pays de Cocagne. Aujourd'hui elle est dans la Fancine (*sic*).

Malheureusement, il faut des catastrophes pour bien s'en rendre compte.

Du reste, les gens sont tous les mêmes.

Le jour où quelque chose ne marche pas, il faut trouver un bouc émissaire.

Cette fois, c'est le juif.

Il y a cent ans, c'était le jésuite, avant, l'aristocratie et la monarchie et autres catégories de ce genre. J'ai lu un ouvrage, *Les abus de l'ancien régime*, publié sous Louis XVIII par un Mr à initiales indiquées. On ne peut pas s'imaginer les faits incroyables qu'il explique et qui malheureusement se reproduisent maintenant sous des noms et des formes nouveaux. Mais les terreurs, les menaces contre des innocents, c'est un crime odieux, asiatique.

Et les dénonciations à la police des questions juives, 8, rue de Greffulhe[1], sont une révélation. De qui proviennent-elles !

Elles cachent ces courageux citoyens. La France libérale est effondrée sous la tactique des Nazis allemands d'un cynisme inouï.

Le scandale de Drancy, va-t-il cesser ? ? ?

Archives nationales, Paris, AJ 38/67 (Commissariat général aux questions juives).

NOTE

1. La Police aux questions juives, créée le 19 octobre 1941, est l'organe policier du Commissariat général aux questions juives, bien qu'elle dépende en principe du Secrétariat général pour la police. Elle a pour tâche essentielle le repérage des juifs. Elle prend en charge à l'intérieur du camp de Drancy la fouille et le pillage des déportés. Ses inspecteurs se distinguent par leur brutalité et leur sauvagerie. Elle est supprimée le 5 juillet 1942 et remplacée par la Section d'enquête et de contrôle (SEC), du Commissariat général aux questions juives.

Mme B. à Pétain
16 mai 1942

16 mai 1942

Monsieur le Maréchal,

J'ai lu dans *L'Éclaireur de Nice* la déclaration de Monsieur Darquier de Pellepoix[1] et, étant aryenne 100 pour 100, je me permets de vous écrire.

Ce monsieur dit : « par deux fois j'ai eu à défendre le sol sacré de la patrie », pense-t-il que certains juifs ont fait comme lui lorsqu'il parle de mesures sévères ? Pour ma part, j'en connais qui, engagés volontaires en 1914 car trop jeunes pour partir, ont été gravement blessés et malgré cela sont repartis en 1939.

Que l'on prenne des mesures contre les étrangers et les naturalisés, c'est de toute justice pour le bien du pays, mais ne trouvez-vous pas, Monsieur le Maréchal, que les autres ont droit à leur petite place au soleil, à ne pas trembler comme ils le font depuis des mois et même à aider à refaire une France forte et respectée comme nous le désirons tous.

Sa Sainteté le Pape a dit hier : « Faites qu'un désir intense de paix, de justice, de modération se répande dans le cœur des hommes[2]. »

Une mesure d'exception en faveur des combattants

juifs enlèverait, je vous assure, Monsieur le Maréchal, un gros poids de la conscience des catholiques dont je fais partie.

Croyez, Monsieur le Maréchal, à tout mon respect et à mon admiration pour la tâche que vous avez entreprise.

Madame B.
Le Canadel
par le Rayol (Var).

Archives nationales, Paris, AJ 38/67 (Commissariat général aux questions juives), n° 31191.

NOTES

1. Louis Darquier, dit Darquier de Pellepoix (1897-1980), venait d'être nommé, le 6 mai 1942, à la tête du Commissariat général aux questions juives, en remplacement de Vallat, jugé trop nationaliste par les Allemands. Il sera limogé en février 1944 et s'enfuira en Espagne.

2. Pie XII garde une très prudente réserve officielle à l'égard de la persécution des juifs d'Europe. Le pape ne condamne pas le statut des juifs promulgué par Vichy et garde le silence à l'égard des rafles, tout en déclarant en privé : « Nous n'aurions jamais cru cela de la France. » Dans son message de Noël 1942, le pape évoque simplement l'injustice du peuple allemand envers les juifs. Pie XII, comme chef de l'Église, a été incapable de dénoncer fermement la persécution. Comme évêque de Rome, il a néanmoins mis en œuvre, en Italie même, une aide concrète pour la protection des juifs d'Italie, certains étant même accueillis au Vatican, comme le grand rabbin de Rome.

Renée Gruner à Jeanne Piot
25 mai 1942

25 mai 42

À Madame Piot
130, rue de Rivoli
Paris Ier

Ma chère Jeanne,

Je t'envoie ce petit mot pour te prévenir qu'une maison de fourrure doit venir prendre des renseignements à mon sujet[1]. Ils ont mon adresse. Je voudrais donc que tu dises à ma concierge que si on lui demande si j'ai une machine, qu'elle réponde affirmativement, mais qu'elle ne la donne sous aucun prétexte, même si on lui dit que je serai libérée.

Tu diras à Rosette qu'elle dise à Ginette que je donnerai la machine que lorsque je serai libre, pas avant, et j'ai aussi une procuration pour avoir une autre machine. Cela me permettra sûrement d'être libérée.

Je compte sur vous deux pour me sauver. Je n'ai plus que vous qui puissiez faire quelque chose pour moi.

As-tu reçu la lettre où je te disais d'aller chercher 1 000 F chez ma cousine ? Mon cousin y avait joint un mot également afin que l'on puisse m'envoyer des colis.

Maintenant, si tu as besoin de n'importe quelle somme d'argent, fais-le-moi comprendre sur la carte, je ferai le nécessaire pour qu'on te remette ce que tu as besoin.

Je t'embrasse bien et te remercie à l'avance.

Ton amie.
Renée

Centre de documentation juive contemporaine, Paris, n° DCI- 5.

NOTE

1. Pour résister aux rigueurs du froid russe, lors de leur campagne d'hiver en URSS, les Allemands décident de modifier l'équipement de leurs troupes : il faut des canadiennes, des moufles, des pelisses. Les Allemands libèrent donc des fourreurs juifs en les faisant travailler dans des ateliers spéciaux. Quelques centaines de prisonniers se déclarant fourreurs bénéficient de mesures de libération et quittent le camp. Mais en mars 1943, après la défaite de Stalingrad, la préfecture de police reçoit l'ordre d'interner à nouveau à Drancy 720 juifs bénéficiant d'*ausweiss* de fourreurs.

Isaac Schœnberg à sa fiancée Chana
25 mai 1942[1]

[Pithiviers], 25.5.42

Ma Khanouchi chérie, mon tout,

J'ai reçu ta lettre du 19/5, et samedi ton colis qui est arrivé en très bon état ; rien n'a été sorti, pas même le beurre que tu avais bien caché. Tous mes compliments pour le colis que tu as si bien composé, avec tant de goût ; cela me rend malade de ne pouvoir, au moins, embrasser tes petites mains adorables. Que dis-je, « au moins », quel imbécile ! Si j'avais été en possession de tes petites mains, les aurais-je lâchées ? Ne t'aurais-je pas prise dans mes bras, et tout retenu d'office ? Tu m'as fait une belle et agréable surprise, surtout avec les fraises qui étaient encore toutes fraîches quand je les ai mangées. Tu n'aurais pas pu m'envoyer de meilleur souvenir, ni de meilleur symbole du printemps et de ma Khanouchi. Tu as fait mieux encore ! Quand j'ai découvert ton gâteau (quel véritable délice que ce gâteau au beurre, je te le dis), j'ai trouvé en lui encore ce même thème symbolique… Il va de soi qu'avec ça, j'ai été encouragé à chercher encore le même thème dans le colis… J'y trouverai peut-être encore deux fraises ?… Je me suis vraiment entêté et j'ai cherché en vain, hélas, toute la journée. Au moment de me mettre au lit, mort de fatigue, je me suis endormi sur-le-champ… mais en dormant, j'ai été récompensé pour mes recherches : j'ai trouvé les deux plus belles fraises ; je les ai vues devant mes yeux et j'ai senti leur douceur, qui est la douceur du paradis, la douceur de mon petit bout de Khanouchi…

Mais ne vaut-il pas mieux abandonner le rêve et revenir à une vigilante réalité, qu'en penses-tu ? Elle est, hélas, pour le moment, pas du tout paradisiaque. Il ne faut, toutefois, pas désespérer, mon petit trésor ; nos larmes de chagrin et d'amertume se transformeront un jour de nouveau en larmes de joie et de bonheur. Il faut résister, Khanouchi, ne pas se laisser démolir par les chicanes et les humiliations que nos ennemis nous font subir. Sois certaine que ce qu'ils font ou se préparent à faire contre tous les juifs en France démontre que leur fin est proche et inévitable. Tenir bon, ma Khanouchi, il faut surtout tenir bon ! ! ! Ces morceaux de viande panée avec des œufs étaient encore une fois très appétissants, et je suis sûr que plus tard, après tous nos malheurs, auprès de ma Khanouchi, si j'en mangeais tous les jours, je prendrais vite du ventre ; je les ai tous mangés froids, même le gras qui était tendre comme du beurre, et je l'ai très bien digéré. Je regrette de ne pas t'avoir demandé 2 kg de pain azyme au lieu d'une livre, mais peut-être auras-tu la semaine prochaine la possibilité d'en mettre un paquet dans le colis d'une autre dame. Pour le moment, je ne pense pas que nous puissions recevoir de colis avant 4 semaines environ, malgré le ticket colis que je t'envoie dans une lettre autorisée, car cette semaine c'est notre tour pour le courrier[2]. Conserve ce ticket jusqu'à ce que je t'écrive à quel moment tu pourras de nouveau m'envoyer un colis. Tous les colis arrivés après le 20/5 sont déjà notés sur une liste, et comptés pour le mois ; mais comme tout le monde n'a pas encore reçu de colis après le 20, il va encore en arriver pas mal, et il te sera peut-être possible de mettre un petit quelque chose dans un paquet qu'enverra une autre dame, par exemple une livre de pain azyme, un morceau de plat cuisiné ou quelque chose d'approchant (pas de beurre, c'est trop risqué). Bien sûr, de mon côté, je cherche par tous les moyens la possibilité de m'acheter ici de quoi manger. À cause des expéditions limitées de colis, les prix sont évidemment élevés ; mais pour le moment, ça ne me gêne pas. Le principal, c'est de pouvoir se procurer quelque chose et de se débrouiller jusqu'au prochain colis.

Je suis très heureux que tu aies compris mon idée pour la ficelle ; tu pourras l'exploiter la prochaine fois, bien sûr, plus largement que la dernière fois avec ces quelques lignes qui étaient tout de même pour moi une agréable surprise. Ma Khanouchi, n'écris pas au début de la ficelle, mais au milieu seulement, tords-la bien après, afin qu'en aucune façon on ne puisse s'en apercevoir de l'extérieur ; j'ai pu observer qu'il était en effet plus pratique d'écrire sur de fines et étroites bandes de papier, et ensuite de les introduire dans la ficelle et de bien les tordre avec elle. J'aimerais bien recevoir de plus longues lettres de toi, mais il est plus prudent de limiter la longueur des bandes de papier afin de ne pas en compliquer l'exécution. Il faut éviter le moindre risque, dans la mesure du possible ; il faut surtout n'en parler à personne, car si une autre femme ne le faisait pas rigoureusement comme il faut le faire, tout risque d'être gâché. Je vais te réexpédier au plus vite l'emballage et les plats, avant que tu ne m'envoies le prochain colis, pour que tu puisses t'en servir. J'y joindrai par la même occasion le porte-plume de Nakhoumé. J'ai été dernièrement un peu gêné dans mon travail, à cause de différents troubles dans le camp, mais je me suis remis au travail et je vais surtout m'efforcer de faire au plus vite le portrait de la femme ainsi que ton porte-plume. Ensuite, je ferai un beau portrait pour toi ; vraiment, ça me contrarie de devoir sans cesse le remettre à chaque fois, mais ce n'est réellement pas de ma faute, crois-moi. J'ai souvent été sur le point de refuser tous les clients, pour avoir le temps et le calme nécessaire afin de me mettre à ce que j'ai envie de faire ; mais aussitôt la détestable raison est là, qui me chuchote intérieurement que ce travail-là ne s'enfuit pas (qui sait ?), qu'il vaut mieux profiter des biens matériels que me procurent les commandes, et remettre à plus tard le travail d'amateur. Je peux te dire que je n'ai plus ni le calme, ni la patience de repousser encore mes propres commandes, qui me tiennent plus à cœur que les commandes extérieures qui me tranquillisent peut-être matériellement, mais n'apportent pas une miette d'idéal à l'âme ; et j'ai justement, actuellement, plus besoin du réconfort de la seconde que de celui de la première ; c'est pour cette raison que je n'y surseoirai pas davantage. « Tant pis » si le bénéfice matériel s'en trouve stoppé en passant. Je jouirai plus pleinement des satisfactions de l'esprit que de celles qui sont plus terre à terre, et je suis certain qu'il en est de même pour toi, ma Khanouchi !

Encore une chose, Khanouchi, avant que je ne l'oublie : serait-il possible d'adresser à partir de la semaine prochaine, mes lettres en yiddish, ou d'autres lettres en général, au nom de Mlle Anne ou Annette ou à un nom similaire, au lieu de Zilberman ? Pourquoi ? parce que c'est plus sûr dans le cas où des lettres illégales seraient interceptées et, à part cela, on dit que dans certains cas, à la poste, on déchire les lettres adressées à des noms juifs. Je comprends que cela ne te soit pas agréable d'en parler à la concierge, mais quoi qu'il en soit, dans ta prochaine lettre, je te prie de me faire savoir si c'est possible ou non (sous le timbre). Sais-tu, Khanouchi, pour l'instant il n'est pas possible de t'envoyer, comme jusqu'à présent, des lettres en yiddish dans une enveloppe légale ; c'est dommage, car cette voie était la seule à 100 % sûre. Je suis, bien entendu, curieux de savoir si toutes les lettres arrivent ; alors, écris-moi combien de lettres tu as reçues jusqu'à présent, dans les enveloppes non oblitérées.

Dans ma dernière lettre, j'ai mis une carte que je te prie d'envoyer à Bellac, car une carte est comptée comme une lettre et, comme tu le sais, une seule lettre par mois est autorisée pour le moment. On peut de nouveau recevoir des lettres de Paris dans les enveloppes qu'ont encore les épouses, et je crois que tu dois encore en avoir, n'est-ce pas ? Ne trouves-tu pas curieux que recommencent de nouveau maintenant, avec les lettres et les colis, les mêmes difficultés qu'au début ?

J'ai dernièrement vécu des jours où je me sentais l'âme retournée exactement comme les premiers jours de mon arrivée ici ; la même insupportable oppression du côté du cœur, le même découragement et la même impuissance à travailler. Mais la crise est maintenant presque totalement passée. Il est tout de même bizarre qu'à l'intérieur et à l'extérieur, la situation se soit presque exactement reproduite, juste à un an d'écart. Tout se répète, ma Khanouchi, aujourd'hui le malheur, et demain l'agréable bonheur. J'aurais encore beaucoup à t'écrire... mille variations différentes sur ce thème : je t'... tu sais bien quoi ; si toutefois tu l'as oublié, je vais te rappeler avec plaisir que je t'aime, ma Khanouchi, très, très fort, et que je n'ai qu'un souhait et qu'un but dans ma vie : mettre en pratique par des actes tous ces jolis mots que n'importe qui peut te dire. N'oublie jamais cela, ma Khanouchi, et que cette conviction te donne assez de forces pour supporter des moments encore plus durs que nous aurons peut-être encore à vivre ; ma seule force morale aussi, c'est la radieuse certitude sans équivoque d'avoir un but, de pouvoir vivre et lutter pour une personne chère sur qui, et sur elle seule, tous mes actes, mes sentiments et mes pensées se concentrent. Rien que cela me donne matière à vivre et à ma vie sa valeur. Mais nous en resterons là pour aujourd'hui.

Porte-toi bien, sois forte, ma petite colombe. Bonjour à tous, spécialement à Nakhoumé, Idel et la famille, oncle et tante. Je t'embrasse de tout cœur,

ton éternellement fidèle, Iso.

P. S. : N'aie pas de soucis pour ton « bobo », s'il n'est pas encore complètement guéri, jusqu'à ce que je sois de retour, nous le soignerons nous-mêmes.

Isaac Schœnberg, *Lettres à Chana*, Orléans, CERCIL, 1995, pp. 143-145.

NOTES

1. Sur Isaac Schœnberg, voir la lettre du 4 septembre 1941, pp. 32-39.
2. Sur la correspondance, voir p. 64.

Gabriel Ramet à ses parents 6 juin 1942[1]

Le 6-6-42

Chers parents,

La vie ici au camp est toujours la même, c'est-à-dire que les journées sont splendides, mais terriblement longues. Il fait une très grande chaleur. Aussitôt que le travail me laisse le temps, je suis déjà presque noir comme un mulâtre. Je me promène en short et les pieds nus. Pour l'instant, il n'est plus question de notre départ, alors nous sommes bien plus tranquilles. Vendredi, le 5, j'ai vu Suzanne qui était avec une jeune fille que je n'ai pu identifier. Je n'ai pas vu Maman. Ça me chagrine, car je ne sais pas si vous pourrez venir maintenant avec votre fameux insigne[2]. Cela va beaucoup vous gêner, et il faudra faire très attention dans les rues, surtout pour papa. À ce jour, je n'ai pas encore reçu sa photo. Je vous remercie beaucoup pour le dernier colis que j'ai reçu lundi, je me suis bien régalé. Tu sais, chère petite Suzon, ici on mange des artichauts et sans faire la guerre, tu te rends compte un peu. On mange au camp tout ce qui se vend avec ticket. Comme tu as pu le remarquer, ma santé est très bonne et j'ai remarqué que la tienne aussi. Il faut dire à maman qu'elle doit venir de bonne heure, car je ne peux rester toute l'après-midi à la fenêtre, parce que tu sais très bien que je dois retourner à l'infirmerie où mon devoir m'appelle. Je vais aux douches quand il me plaît. Cette semaine, j'y suis allé trois fois, et elles sont meilleures ici qu'à Paris, car au moins, elles sont chaudes et très bonnes.

Chère petite, je suis très content que le port de l'étoile ne t'impressionne pas. Après tout on devait s'y attendre depuis bien longtemps. Il ne faut pas nous en faire et avoir beaucoup de courage. Voilà les beaux jours et mon dieu pour vous faire garder le bon moral.

Tu le sais, chère petite, tu as vraiment beaucoup de succès masculins, tout le monde peut te voir, car tu évolues comme une petite reine, tu vas, tu viens, enfin tu te montres sur toutes les faces, et je te trouve très bien, gaie, souriante, gentille, turbulente, tout pour me plaire, car c'est comme cela qu'il faut être, il ne faut pas faire voir nos défaillances, il faut rester fort, énergique, ne plier la tête devant personne. Et cette chère petite maman, que devient-elle par cette chaleur, il ne faut surtout pas vous priver pour moi maintenant, c'est l'été, et je mange beaucoup moins, et les choses ne se gardent pas. Alors, je suis obligé de manger mon colis en trois jours : il n'y a que le pain qui se garde, et encore. J'avais du pain d'avoine, et il a tout moisi, par ce temps, il n'y a rien qui se garde. Alors, ce n'est pas la peine de vous mettre en frais pour moi, c'est compris ma chère petite maman ? Je pense souvent à vous et je me demande souvent comment est-ce que vous arrivez à vivre, car la vie doit être horriblement chère, et papa ne doit pas gagner tellement d'argent. Tu m'écriras et tu viendras me voir encore par la suite, car cela va être très ennuyeux maintenant pour nous autres. Vendredi, c'était merveilleux et c'est à regret que je vous ai laissé partir, car je te voyais si bien, tu étais si fraîche, si gentille que je ne pouvais détourner les yeux de ta charmante silhouette.

Le dimanche sont organisés des jeux, des courses à pied, du football, des concerts, des combats de boxe, enfin nous passons le temps comme nous pouvons. Que fais-tu le dimanche, est-ce que tu t'amuses un peu ? Sors-tu ? Et avec qui ? As-tu reçu mes dernières lettres ? Celle dont je te parlai dans le colis de linge ? André ne m'a rien remis ni armoise ni autre. Quand tu viens me voir toute seule avec maman ou une copine quelconque, annoncée ou autre, je m'en fiche pas mal. Mais il ne faut pas venir nombreuses et de bonne heure, car à 15 h, il faut que je descende travailler. Et Simon comment se porte-t-il ? Il en revient tellement de l'hôpital en ce moment que j'ai peur de le voir revenir d'un moment à l'autre.

Et Thérèse que devient-elle à présent ? Faut-elle qu'elle soit feignante pour ne pas venir me voir et même pas m'écrire une petite lettre, enfin je la pardonne, car je la comprends, elle ne doit pas avoir beaucoup de temps à perdre, avec sa belle-sœur qui est malade et Simon qui est à l'hôpital.

Enfin, si un jour elle a le temps, dis-lui bien de m'écrire un petit bonjour sur un bout de papier que tu mettras dans mon colis de linge avec le mien. Il n'y a pas de danger, tu peux écrire aussi long que tu voudras, mais ce n'est pas la peine de mettre du coton.

Je serai très content en effet d'avoir de ses nouvelles. Et à Paris, quoi de neuf ? Qu'est-ce qu'il y a de nouveau ? La Bastille est-elle toujours à sa place ? Et la concierge, elle râle toujours et pour le terme, comment le payez-vous ? Et mon vélo, a-t-il disparu, me l'ont-ils pris, car je l'aimais bien, ce vieux vélo ? C'était un bon cheval de retour.

Donne bien le bonjour à tout le monde de ma part, embrasse bien maman, papa, Thérèse et tous et toutes les autres que je connais et que je ne connais pas.

Le temps est splendide. Je m'ennuie à mourir, mais la vie est quand même belle, et je chante dans mon plumard. Je n'ai plus de nouvelles à t'apprendre, à part qu'aujourd'hui on a mangé des pâtes, artichauts sauce et suisse, comme tu vois, à Drancy, on mange encore mieux qu'à Paris.

Donne bien le bonjour à Jacques, Adolphe. Je suis bien content qu'il soit passé en zone libre, comme cela il est bien plus tranquille. J'espère vous voir lundi, sinon tant pis et pourtant, c'est si bon quand je vous vois.

Chère maman, je t'aime et je pense à toi sans cesse. J'ai hâte d'être de retour à la maison pour vous embrasser tous. Vivement que je reçoive la photo de papa. Demande à Thérèse de m'écrire un petit mot si elle veut, sinon tant pis. Demande-lui si elle a reçu mes deux dernières petites lettres. Réponds-moi, je vous quitte en vous embrassant bien fort.

Il est 13 h juste, quel beau samedi.

Gaby.

Centre de documentation juive contemporaine, Paris, n° DCCCXCI-3 (16) (coll. Ramet).

NOTES

1. Sur Gabriel Ramet, voir la lettre du 1er septembre 1941, p. 27.

2. Le 29 mai 1942 paraît la huitième ordonnance allemande concernant « les mesures contre les juifs ». Elle rend le port de l'étoile obligatoire pour tous les juifs à partir de l'âge de six ans. Elle est en tissu jaune et porte en caractère noir l'inscription JUIF. L'ordonnance entre en application le 7 juin. Les nazis ne parviendront pas à imposer au gouvernement de Vichy le port de l'étoile pour les juifs de la zone libre. À l'intérieur des camps d'internement, l'étoile est également obligatoire. En zone occupée, à Paris, par solidarité, des jeunes gens portent des étoiles avec des mentions fantaisistes : « clown », « swing », « auvergnat ». Une dizaine d'entre eux seront arrêtés et conduits à Drancy, où ils devront porter l'étoile avec la mention « ami des juifs ». Ils seront relâchés au bout de trois mois d'internement.

Mme A. N., épouse d'interné, à Darquier de Pellepoix 12 juin 1942

Tours, le 12 juin 1942

Monsieur le commissaire aux questions juives[1]

Monsieur,

Je me permets de vous écrire pour essayer d'attirer votre attention sur le cas de mon mari, qui a été pris comme otage le 9 février ici à Tours à la suite d'un attentat. Mon mari a été arrêté comme Juif, et c'est là-dessus que je veux obtenir votre attention, oui mon mari est venu au monde de mère juive, il a eu le malheur étant petit de ne jamais la connaître, puisque sa pauvre maman est morte à 20 ans en le mettant au monde. Dans la famille depuis de nombreuses générations, ils sont tous assimilés et jamais ils ne se sont occupés de leur race, mon mari lui-même n'a jamais fréquenté aucun milieu israélite, il ne connaît rien de la langue hébraïque ni de la religion, dès la mort de sa mère, la race pour lui a été complètement éteinte. Marié avec moi à l'église catholique, nos enfants ont tous deux ma religion, pour ma part, tous mes parents sont catholiques. J'ai été élevée depuis l'âge de 3 ans jusqu'à 21 ans chez les religieuses, et ma propre sœur est sœur de Saint-Vincent-de-Paul à Paris.

Il me fait peine de voir tant de sévérité pour mon mari, étant donné qu'à la mort de ses parents, la race est complètement éteinte, et que pour lui la question juive lui est entièrement indifférente.

J'admets très bien qu'en ce moment, il faut se résigner aux lois qui nous sont faites, mais il me semble qu'un cas comme celui de mon mari pourrait être examiné de près et que l'on pourrait faire pour lui quelque chose.

Ce que je désire néanmoins, c'est que son stage au camp de Compiègne soit maintenu, c'est-à-dire lui éviter la déportation.

Avec son âge (48 ans) et son état de santé, et étant donné que durant sa vie, il n'a fait aucune activité politique et n'a appartenu à aucun mouvement.

Mon fils, engagé volontaire à l'âge de 19 ans, a fait la guerre dans les chars d'assaut et a fait son devoir en bon Français.

De plus amples renseignements pourront vous être donnés sur mon mari par la Compagnie des Câbles, 33, rue du Louvre, où il est estimé de tous.

J'espère que ma lettre ne tombera pas au rebut et que vous ferez le nécessaire pour me tranquilliser, ainsi que ma fille qui est si fière de son cher Papa.

Veuillez agréer, Monsieur, mes salutations distinguées.

A. N.[2]
9, rue de l'Alma
Tours.

Archives nationales, Paris, AJ 38/67 (Commissariat général aux questions juives), n° 3091 L.

NOTES

1. Sur Darquier de Pellepoix, voir p. 151.
2. Voir la lettre du 23 juin 1942, p. 176.

Marcel Matuszenski à ses parents
18 juin 1942

Madame Matuszenski
51, rue Étienne-Marcel
Montreuil/Seine

Drancy, le 18 juin 1942

Chers parents,

Je vous envoie ce petit mot pour vous dire ce qui se passe dans le camp. En ce moment, l'on s'attend à un départ, et cette fois-ci, je pars avec Gaston et Sztarkman, dont la mère a dû vous mettre déjà au courant[1]. Surtout, je vous demande de ne pas vous affoler, car cela n'en vaut pas la peine, surtout que nous avons un moral de fer, car j'espère que tout cela finira sous peu. Ce que je te demande, c'est de déposer, le plus tôt possible et sans même perdre un instant, un colis de linge dans lequel je voudrais la couverture, des grosses chaussettes et des mouchoirs, et sans oublier les colis alimentaires qui ne peuvent pas nous être inutiles. Le départ devrait avoir lieu cette semaine, mais si la liste est insuffisante, nous partirons que quelques jours en retard. C'est pourquoi je te demande d'aller au plus, sans oublier la montre si elle est réparée. Hier, j'ai reçu à la fois mon colis de linge et l'alimentaire qui sont toujours les bienvenus. J'ai été très surpris de voir le couteau, car depuis que je l'attendais, je ne comptais plus l'avoir. Je ne sais pas si je pourrais partir avec, car aux 2 derniers départs, tous ont été fouillés et on ne leur a même pas laissé une épingle. Ils ont peur qu'on se suicide, mais on est pas aussi fous. Je m'arrange avec certains copains qui, j'espère, arriveront avec succès à me repasser tout un petit paquet qui me serait pris à la fouille. En ce moment, je me prépare et heureusement que j'ai un sac de camping qui me sert énormément, car je partirais avec celui-ci et une petite valise. Je vois que ce vieux Henri n'a pas pu tenir sa parole, car il m'avait promis d'attendre mon retour pour se mettre la corde au cou, mais je sais qu'il y a bien des fois où l'on ne peut pas faire toujours ce que l'on veut. En tout cas, j'espère que ce n'est pas pour cela qu'il laissera tomber la famille et même sa femme. J'avais demandé s'il elle était une aryenne, car pour les départs, les maris d'aryenne et anciens combattants sont retirés des listes[2]. Je lui dis cela au cas où il se ferait arrêter, chose qui j'espère ne lui arrivera pas. En tout cas, je lui promets de l'inviter à mon mariage et moi je n'ai pas l'habitude de raconter des bobards. Si parfois les copains restant parviennent à savoir notre destination, ils vous le feront savoir, mais ce n'est pas pour ça que si un jour, j'ai l'occasion de vous donner de mes nouvelles, je ne laisserais pas laisser passer l'occasion. Je voudrais des gros clous pour mettre sous mes grosses chaussures, quand ceux qui y sont déjà seront usés et, si papa a réparé les chaussures noires, mets-les dans le colis de linge. Je le remercie d'avance et je lui promets de lui rendre tous les services possibles. Pour les colis alimentaires, les mettre sans bons si vous ne les avez pas encore reçus. Depuis aujourd'hui, nous avons le port de l'insigne[3], et pour le 1er jour, Gaston a eu le droit à une engueulade, si je peux ainsi m'exprimer. Ce matin, nous avons eu la visite du grand capitaine[4] qui s'occupe de la question juive et lorsqu'il est dans le camp, on se demande ce qu'il va nous arriver. Il est rentré dans notre bureau et il s'est aperçu que Gaston n'avait pas d'insigne sur son pull-over et lui a demandé comme[nt] cela se fait-il qu'il ne la porte pas, mais heureusement que son veston était accroché au portemanteau et ça [a] tout arrangé. Mais je peux vous dire que je ne crânais pas, car j'avais dans la main la lettre d'Henri et celle que j'avais écrite, que j'ai été obligé de jeter. En tout cas, tout c'est très bien passé. Je ne vois plus grand-chose à vous dire, recevez, chers parents et frère et sœur, les plus tendres baisers de celui qui ne vous oubliera jamais et qui espère pouvoir bientôt pouvoir vous embrasser de très près.

Marcel[5]

Bien le bonjour à la famille Speiler, Raymond Dufour, Simone et Marthe.

Centre de documentation juive contemporaine, Paris.

NOTES

1. Il s'agit du convoi n° 3 vers Auschwitz, parti de la gare du Bourget/ Drancy le 22 juin 1942. On y dénombre 435 Français sur 1 000 déportés. Il y aura 34 survivants en 1945.

2. Les internés sont loin d'avoir tous la même situation dans le camp. Certains sont au camp depuis longtemps et parviennent à y rester en raison de leur statut ou de leur fonction, d'autres ne font qu'y passer et sont rapidement déportés vers Auschwitz. Quatre groupes d'internés bénéficient d'une protection relative :

– Aryens, conjoints d'aryens et demi-juifs, en théorie non déportables ;

– Cadres du camp ;

– Ressortissants de nationalités protégées (Américains, Britanniques, Espagnols, Turcs) ;

– Femmes de prisonniers de guerre.

L'appartenance à une de ces catégories « privilégiées » ne signifie pas la certitude de ne pas être déporté, elle peut tout au plus retarder l'échéance.

3. Sur le port de l'étoile jaune, voir p. 163.

4. Le SS-Haupsturmführer Theodor Dannecker (1913-1945), chef du service des affaires juives de la Gestapo en France jusqu'à la fin de juillet 1942.

5. Marcel (Mendel) Matuszenski est né le 19 avril 1921 à Paris, XIIe arrondissement.

Gustave Ziboulsky à son épouse
20 juin 1942

Samedi 20 juin 1942

Ma chère femme adorée,

C'est aujourd'hui mon dernier jour à Drancy[1]. Aie confiance, car je pars avec courage après t'avoir aperçu avec nos deux filles. Je pars avec beaucoup d'amis, dont Macol et Cario de ma chambre. Nous partons en Allemagne. Peut-être, étant arrivé à la frontière, pourrais-je être libéré avec mes blessures, mais il ne faut pas y compter. Tu iras voir Cario, ou sa femme plutôt, qui te lira la lettre de courage, car moi je ne sais pas ce que j'écris.

Nous partons dans une ville démolie pour reconstruire et déblayer près de Cologne, mais tout n'est pas certitude. Si je peux m'évader, je rejoindrai Serge, tu recevras ma valise pleine de choses diverses, ainsi que le sac avec du linge. Je ne te donne pas l'inventaire pour une fois, car je n'ai pas la tête.

Ne pleure pas, ma chère Maggy, ainsi que nos chers enfants et parents, et ne me plaignez pas, cela me portera chance et bientôt, cette maudite guerre terminée, nous nous retrouverons tous en bonne santé.

Espoir, chérie de mon cœur, et très bientôt la fin de cet affreux cauchemar. J'ai reçu ton gros colis de conserve, ainsi que le colis de linge. Tu t'es privée pour m'envoyer ces conserves, Merci, merci, et bientôt je reviendrai et nous mangerons comme auparavant. Je termine mon unique amour en t'envoyant mes plus douces pensées qui restent toujours pour toi et notre famille. Yisso te remettra 2500 F... Courage et patience et confiance, et nous aurons encore du bonheur. Vois la cousine et la tante et soigne-toi, ainsi que les enfants.

Mille bisous, ma femme adorée de ton mari qui pensera à toi toute sa vie.

Serge – Mimi et Rosette et Maggy [2].

Centre de documentation juive contemporaine, Paris, n° DLXXI-12.

NOTES

1. Sur le convoi du 22 juin 1942, voir la lettre précédente.
2. Gustave Ziboulsky est né à Kiev le 2 avril 1902. Il est tailleur modéliste à Paris. Il a été arrêté lors de la rafle du 20 août 1941. Interné à Drancy, il est déporté à Auschwitz par le convoi n° 3 du 22 juin 1942. Il n'en revient pas.

M. Crocfer Jamard Kleber à Pétain
21 juin 1942

Le 21 juin 1942
M. Crocfer Jamard Kleber
18, rue Richard-Lenoir,
Paris 11e

L'ex-prisonnier sergent-chef Crocfer Jamard Kleber

À Monsieur le Maréchal Pétain,
Chef de l'État Français,

Permettez-moi de venir bien humblement m'adresser à votre générosité et surtout à votre bon cœur, Vous, Monsieur le Maréchal, qui savez vous pencher et venir secourir ceux qui souffrent. Je suis ancien militaire, médaillé militaire, croix de guerre du Maroc, de 39-40 – ayant servi mon pays pendant 19 ans, engagé volontaire 14-18 à 17 ans, puis au Maroc, ayant servi à la Légion étrangère, commandée avec fierté par vous-même pendant la guerre du Riff *(sic)*. Or, à ce sujet, j'ai eu un homme dénommé Nahoum, sujet turc, qui me sauva la vie devant Taoumat au 1/4 étranger, il a su se montrer brave et digne du nom de légionnaire, aussi j'ai toujours eu une reconnaissance de m'avoir à moi Français sauvé la vie. Et aujourd'hui, moi Français, je viens à mon tour lui rendre ce qu'il me fit en m'adressant à vous directement, Monsieur le Maréchal. Et vous comprendrez que moi, ancien militaire qui s'adresse à un de Mes chefs Vénéré, ce que peut être l'union, le lien de deux soldats, surtout légionnaires, qui ayant connu les mêmes souffrances, pris part aux plus rudes combats où il aurait pu me laisser à mon triste sort aux mains de l'ennemi. C'est pourquoi, je vous demanderais, Monsieur le Maréchal, à titre exceptionnel, au nom de celui qui me sauva, si vous ne pourriez pas faire quelque chose pour lui rendre son frère à son épouse, Monsieur Nahoum Avram, né le 3 mars 1897 à Nazii (Turquie), résidant en France depuis le 23 février 1924, qui fut arrêté sans motif le 20 août[1] dans le métro à la sortie et déporté depuis cette date à Drancy. Sa pauvre femme est dans la misère, puisqu'il était l'unique soutien, ayant un gentil petit garçon qui me réclame des larmes dans les yeux son papa, il est à remarquer Monsieur le Maréchal, que jamais ce monsieur n'a appartenu à un parti politique, pas plus qu'il ne s'occupait de politique, qu'il était honnête, travailleur, sérieux.

Aussi, Monsieur le Maréchal, devant cet internement qui ne peut être qu'une méprise, puisque cet homme n'a jamais fait aucun mal contre nous, notre pays, puisque engagé volontaire pour cette guerre, il était en septembre 1939, et qu'un des siens, son frère, n'a pas hésité à se sacrifier pour me sauver la vie pendant ces durs combats sur le sol marocain. Je vous demande, Monsieur le Maréchal, d'user de votre bonté, et je sais, moi bon et loyal Français, que vous ferez quelque chose pour rendre à son enfant son Papa et à sa digne épouse, son mari. Et ce sera pour moi la dette de reconnaissance payée à celui qui s'est sacrifié pour moi, d'être intervenu pour son frère auprès de vous, Monsieur le Maréchal ; à ce sujet, je tiens à venir vous rappeler la lettre émouvante et touchante adressée par le fils de ce détenu, à laquelle vous avez répondu, lui adressant un secours dont il vous remercie de son brave petit cœur d'enfant. Mais croyez bien que le plus beau secours serait celui que vous [lui] fassiez rendre son cher Papa. Et j'ose espérer, Monsieur le Maréchal, que vous ferez tout ce qu'il sera possible de faire. Voici l'adresse de Madame son Épouse, Mme Nahoum, née Jaffé, 18, rue Richard-Lenoir, Paris.

Croyez, Monsieur le Maréchal, à tout mon dévouement et j'ose croire et espérer en votre bonté pour cet homme.

Archives nationales, Paris, AJ 38/67 (Commissariat général aux questions juives).

NOTE

1. Sur la rafle des 20 et 21 août 1941, voir p. 28.

Le CGQJ à Mme A. N.
23 juin 1942[1]

23 juin 1942

Madame,

Vous avez appelé mon attention par lettre du 12 juin sur le cas de votre mari interné à Compiègne.

Je vous informe que, dans les circonstances actuelles, il ne m'est pas possible de donner suite à votre demande, les autorités allemandes ne donnant aucun renseignement sur les internés.

Recevez, Madame, mes salutations distinguées.

Madame N.
9, rue de l'Alma
Tours (Indre-et-Loire)

Archives nationales, Paris, AJ 38/67 (Commissariat général aux questions juives), n° 7901 P.

1. Voir la lettre du 12 juin 1942, pp. 164-165.

Isaac Schœnberg à sa fiancée Chana 24 juin 1942[1]

[Pithiviers], 24.6.42

Khanouchi, ma Khanouchi,

Je dois t'écrire quelques mots, car il semble que cela soit définitif et que nous quittons aujourd'hui Pithiviers.

Resteront 300 privilégiés. Parmi eux des hommes ayant une femme française, ceux qui ont beaucoup d'enfants, quelques ouvriers permanents du camp, et les malades répertoriés[2].

Où on nous envoie, on ne le sait pas exactement. On parle beaucoup de nous envoyer dans des fermes : en France ou à l'étranger, on ne le sait pas encore. Le premier tri des aptes au travail sera effectué là où on nous envoie.

Ma Khanouchi, c'est la plus dure épreuve de notre vie… Où que je sois, à des milliers de kilomètres de distance de toi, je te sentirai près, très près de moi, avec l'idée unique d'être au plus tôt de retour auprès de toi…

Veille à rester en contact avec les autres femmes de ceux qui partent.

Hier, j'ai reçu ta lettre du 22/6 dans laquelle tu me confirmes que tu as reçu le colis avec le portrait. Hier matin, j'ai envoyé un second colis avec un porte-plume pour toi[3], et une petite lettre que, j'espère, tu trouveras glissée entre le carton…

Reste en bonne santé et forte, ma Khanouchi, mon tout, mon espoir… il faut surmonter ce coup ; une lutte victorieuse sera notre récompense.

Je t'embrasse, ma Khanouchi, de tout mon cœur, de ton toujours aimant Iso qui t'aime fort, sans fin et sans frontière…

Isaac Schœnberg, *Lettres à Chana*, Orléans, CERCIL, 1995, p. 154.

NOTES

1. Dernière lettre en yiddish d'Isaac Schœnberg (sur lui, voir la lettre du 4 septembre 1941, pp. 32-39). Il est déporté de Pithiviers à Auschwitz le 25 juin 1942 par le convoi n° 4.
2. Sur Pithiviers, voir p. 32.
3. Sur le portrait et le porte-plume, voir la lettre du 25 mai 1942, pp. 156-157.

Paulette Stokfisz-Bronstein, arrêtée lors de la rafle du Vel d'Hiv, à sa sœur Nana Dachy 16 juillet 1942

Paris, le 16 juillet 1942

Ma chère sœur,

Je te fais écrire ces mots, la police est venue nous arrêter avec tous les juifs de la maison, on nous a enlevés moi et mes deux enfants, je t'écris pour te dire que nous allons être transportés au vélodrome d'hiver[1]. Je te demande d'aller chez moi au n° 1, passage du Jeu-de-Boules dans le 11e arrondissement, de te faire donner les clés par la concierge, et tu n'as qu'à emmener tout ce qu'il y a. Prends toutes mes affaires, tout ce que tu trouveras. Mon petit gars a oublié sa carte d'identité.

Si tu la trouves, apporte-nous cette carte au vélodrome d'hiver dans le 15e arrondissement, c'est sur le boulevard de Grenelle, il faut descendre à la station Dupleix. Apporte-moi quelques boîtes de conserve et apporte-moi deux jupes de rechange.

Chère Sœur, je compte sur toi.

Si tu peux, apporte-moi des confitures aussi. Viens me voir vite.

Ta sœur[2]

Je te fais écrire cette lettre mais je ne peux pas signer.

Centre de documentation juive contemporaine, Paris, n° DCCCXXIV-15 (3).

NOTES

1. La rafle du Vel d'Hiv commence le 16 juillet 1942 dès cinq heures du matin. Son objectif est d'arrêter 30 000 personnes à Paris, des juifs étrangers ou apatrides. En deux jours, 12 884 personnes sont arrêtées par la police française. Parmi eux, 3 031 hommes, 5 802 femmes, 4 051 enfants. Les familles sont internées au Vel d'Hiv avant d'être conduites à Beaune-la-Rolande ou Pithiviers, les couples sans enfants et les célibataires, conduits directement à Drancy. La rafle est suivie par d'autres en zone occupée, en Seine-et-Oise, à Rouen, en Moselle, dans le Nord, en Ille-et-Vilaine, les pays de Loire, le Loiret, le Morbihan.

2. Paulette (Perla) Stokfisz, épouse Bronstein, est née en 1894 à Chadel (Pologne). Elle habitait au 1, passage du Jeu-de-Boules, Paris, XIe arrondissement. Elle a été arrêtée avec sa fille Raymonde Belc, née le 30 novembre 1937 à Paris, et avec son fils Jacques Bronstein, né le 4 septembre 1926 à Paris. Elle sera déportée à Auschwitz par le convoi n° 16 du 7 août 1942. Max Belc était le compagnon de Paulette. Renseignements donnés par la donatrice au CDJC, Mme Brigitte Sellam.

Clara Garnek, arrêtée lors de la rafle du Vel d'Hiv, à sa famille 18 juillet 1942

Paris, le 18 juillet 42

Cher oncle, tante et cousins,

Deux mots pour vous dire que nous avons été pris jeudi à trois heures et demie, et on nous a conduits au vélodrome d'hiver[1]. Nous sommes très malheureux. À chaque instant, il y a de nouveaux malades, il y a des femmes enceintes, des aveugles... nous couchons par terre.

Hier, on nous a donné du lait pour les enfants de moins de dix ans, une tartine de pain, une tablette de chocolat, une madeleine, des pâtes. Je ne sais pas si on pourra supporter encore longtemps ceci. Maman n'en peut plus.

C'est encore plus abrutissant que toutes les femmes racontent des choses qui ne tiennent pas debout et au lieu de se remonter, elles se descendent et celles qui ont un peu de courage, elles le perdent petit à petit.

Je ne peux en écrire plus long et nous espérons vous revoir bientôt.

Jeannot pleure tout le temps parce qu'il veut retourner à la maison.

Clara[2]

Centre de documentation juive contemporaine, Paris, n° DCXIV- 17 (1).

NOTES

1. Voir la lettre précédente.
2. Clara Garnek, née le 24 janvier 1927 à Paris, sera déportée à Auschwitz avec sa mère par le convoi n° 16 du 7 août 1942. Elle y sera exterminée, ainsi que sa mère Fanny, et ses frères Henri et Jean.

Anonyme, à Pétain
18 juillet 1942

Saint-Ouen, le 18 juillet 1942

Monsieur le maréchal de France,

Ne me laissez pas prendre ma maman. Je suis un petit garçon de 10 ans, c'est aujourd'hui mon anniversaire. Je suis un Français et un catholique, les parents de ma mère étaient israélites. Je vous salue comme si j'étais votre soldat, et je vous remercie que vous m'avez donné le 4e prix.

23, rue Émile-Zola.

Archives nationales, Paris, AJ 38/67 (Commissariat général aux questions juives), n° 9672 P.

Paulette Stokfisz-Bronstein, arrêtée lors de la rafle du Vel d'Hiv, à sa sœur Nana Dachy Vers le 18 juillet 1942[1]

Vel d'Hiv

Chers beau-frère et sœur,

Je vous écris ces quelques mots pour vous donner de nos nouvelles qui sont bien tristes. La santé est bonne, mais le moral tombe. Nana, monte chez moi, prends la clé chez la concierge et prends tout ce que tu pourras. Si tu vois Max[2], prends les clés chez Max. Prends un coussin pour m'envoyer quelques blouses et des socquettes, et tâche que Lisa[3] me les apporte, on la laissera entrer, mais fais ça au plus vite, car l'on doit s'en aller d'ici pour une destination inconnue. Dépêche-toi. Apporte-moi un gros oreiller. Des fruits.

Ta sœur Paulette.

Apporte-moi le sucre et les conserves, car on nous donne rien à manger. Garde le reste pour toi.

Paulette.

Tâche de me garder mon tissu de complet.

Jacques[4]

Centre de documentation juive contemporaine, Paris, n° DCCCXXIV-15 (1).

NOTES

1. Sur Paulette Stokfisz-Bronstein et sa famille, voir la lettre du 16 juillet 1942, pp. 179-180.

2. Max Belc est le compagnon de Paulette.

3. Lisa David est la sœur de Paulette et de Nana. Voir les lettres du 12 septembre et du 3 novembre 1942, pp. 249-250 et 271.

4. Jacques Bronstein, le fils de Paulette, arrêté avec elle le 16 juillet. Voir les lettres du 31 juillet et du 12 août 1942, pp. 194-196 et 204-205.

Sura et Joseph Schlafman à leurs enfants
21 juillet 1942

Drancy, le 21-7-42

Chers enfants,

Nous sommes arrivés le 16 juillet à Drancy, à 5 heures du soir. Nous ne sommes pas très malheureux, et le moral est bon. Nous partons demain matin avec papa, ensemble, pour une destination inconnue.

Aussitôt que je pourrai, je vous écrirai. Faites attention, restez bien toutes les deux bien sages et surtout mangez bien et prenez courage. Et faites attention à votre petit frère s'il vient. Écrivez-lui toutes les semaines et occupez-vous qu'on le garde le plus longtemps possible. Je vous embrasse, ainsi que papa, bien fort.

Un bonjour à M. et Mme Célestine[1].

Centre de documentation juive contemporaine, Paris, n° DCCCXXIV-11.

1. Sura Schlafman, née en 1897 à Kichineff (Russie), et son époux Joseph, né en 1889 à Soroki (Russie), sont tous les deux internés à Drancy. Ils seront déportés à Auschwitz le 22 juillet 1942 par le convoi n° 9, formé pour la majeure partie de juifs raflés les 16 et 17 juillet (dont 569 Polonais et 242 Russes). Renseignements fournis par Mme Bachmann, née Schlafman.

Mlle Gilberte Leroy à Pétain
25 juillet 1942

25 juillet 42

Monsieur le Maréchal,

C'est une jeune Française de 18 ans qui vous écrit. Si je me permets ceci, c'est pour vous demander de faire quelque chose, qui peut-être pourrait sauver un foyer qui heureux, il y a encore quelques semaines, quelques jours mêmes se trouve malheureux et désuni.

Voilà, c'est un ménage de Polonais juifs, frappés hélas du malheur qui a atteint les juifs. Le mari, ayant reçu le mandat d'arrêt le 19 juillet, a dû aussitôt quitter sa femme, pour partir, on ne sait où, en suivant les gendarmes. Celle-ci, de peur et aussi de chagrin de se voir arrêtée, et dispersée vivement de son mari et de sa fille, en est assez gravement malade. On l'a amenée malgré cela à la gendarmerie, dans un état lamentable. De là, on l'a aussitôt hospitalisée. Ils ont une fillette de treize ans qui, actuellement à la campagne, pleure constamment d'une si brusque séparation. Si une personne charitable ne l'avait adoptée, cette enfant était enfermée « au Bon Pasteur ».

Je vous demande de penser un peu à eux. Moi aussi, j'ai une maman, et en pensant à cette pauvre enfant qui est séparée de la sienne, les larmes me viennent aux yeux.

Ne trouvez-vous pas que c'est trop de malheurs pour certaines familles ?

J'espère, Maréchal, que vous me comprenez et compatissez à leur malheur, car vous allez pouvoir constater que ces personnes, de très braves gens d'ailleurs ne méritent pas cela.

Le mari, un homme tout dévoué, est ancien combattant de la guerre de 14 à 18. Il s'est, à cette guerre actuelle, enrôlé dans l'armée polonaise en France. Il était à ce moment plein de courage et fier de combattre aux côtés de la France. Il a été comme tant d'autres prisonnier en Allemagne tant de mois. Vous pouvez constater qu'il avait fait son devoir comme chaque Français, puisqu'il avait reçu une feuille l'invitant à aller toucher sa prime de démobilisation. À son retour en France, il n'a trouvé que des ruines, car il a eu aussi le malheur d'être sinistré. Il s'est donc remis courageusement à l'œuvre, ne songeant qu'à se recréer un intérieur et puis ensuite vivre heureux. Aujourd'hui, un autre malheur le frappe, on le sépare de sa femme et de son enfant pour l'emmener où il n'a le droit de le savoir. Vous pouvez constater vous-même que, comme je vous le dis, il est dévoué. En 1940, lors de l'évacuation des hospices d'Amiens, il a lui-même à l'aide de sa camionnette évacué les vieux, les infirmes et les enfants de son plein gré, sans même vouloir accepter ni paiements ni remerciements. C'était un service qu'il rendait, disait-il, et cela lui suffisait. Vous pensez donc, Monsieur le Maréchal, à quel point cet homme est bon et obligeant. Voici encore quelque chose qui vous permettrait de le juger. Depuis qu'il est libéré, il envoie chaque fois qu'il le peut un colis de vivres et de gâteries à quelques prisonniers sans famille du stalag où lui-même a passé de longs mois (C26. 120 VAD. 82333 stalag 72.)

Il a aussi bien des fois rendu des services à des religieuses des hospices Saint-Charles et Saint-Victor qui pourraient vous le dire. J'espère, Monsieur le Maréchal, que, comme moi, vous apprécierez tous ces actes charitables, vous pourrez alors constater que cet homme mérite vraiment une considération et qu'il n'est pas un homme que l'on doive punir, mais au contraire encourager. Il a pourtant servi la France, qu'il aime comme son propre pays depuis près de dix-huit ans qu'il y habite. Et aujourd'hui, nous le voyons arrêté par les gendarmes comme s'il était un malfaiteur. J'aurais voulu que vous puissiez le voir partir vers la gendarmerie comme moi-même je l'ai vu, je vous assure que c'était terrible. Il était vêtu de ses habits de démobilisation, ce qui était encore bien plus triste. Et je suis sûre que si vous l'aviez vu aussi vous en auriez été bien triste.

Je vous en supplie, Maréchal, rendez-nous l'espoir, rendez-leur la liberté.

Pensez donc à cette enfant séparée brutalement de ses parents et ramenez-les-lui. Je vous assure que je saurai en être reconnaissante. Veuillez agréer, Monsieur le Maréchal, mes respectueux sentiments.

Une jeune fille amie de cette honorable famille.

Mlle Gilberte Leroy
110, rue des Jardins, Amiens, Somme.

Il s'agit de M. et Mme Redlich
demeurant 9, rue Cotrelle-Maisant, Amiens, Somme.
Mme Redlich est actuellement à l'Hôtel-Dieu d'Amiens.

Archives nationales, Paris, AJ 38/67 (Commissariat général aux questions juives).

Rose Ickowicz[1] à sa fille Jeannette
25 juillet 1942

Drancy, le 25-7-42

Chère madame Michèle,

Depuis jeudi, je suis avec Henri à Drancy. Nous sommes en bonne santé. Il ne faut pas vous inquiéter à notre sujet et il faut que vous mangiez. Il faut vous soigner. Il ne faut pas avoir peur et manger de tout. À Paris, j'ai eu des nouvelles de votre frère et il va aussi bien que nous. Dites à Jeannette de ne pas courir dans la rue pour qu'il ne lui arrive pas d'accident, parce qu'elle est encore une enfant. Habille-toi toujours chaudement.

Chère madame Michèle, vous seriez aimable d'aller rue Jean-Bernard, 43, et dites à ma belle-sœur Mme Ickowicz que je suis à Drancy et qu'elle s'occupe de l'enfant malade qui est au sanatorium, Ruth I., la Pignada, Liège (Gironde).

Je lui ai envoyé des colis de nourriture, car elle n'a pas assez à manger, et aussi des médicaments (calcium). Elle est très malade et sa vie doit être surveillée, il faut qu'elle mange beaucoup. Elle ne sait pas que nous ne sommes plus à la maison.

Dites à ma belle-sœur d'envoyer quelques francs pour ses besoins et dites-lui aussi d'écrire.

Ne laissez pas la petite aller chez Annette. Le manteau de la petite est resté à la maison. Je vous embrasse bien fort tous.

Henri aussi vous embrasse bien fort.

Demandez à ma belle-sœur de la nourriture pour la petite.

Rose Ickowicz

Centre de documentation juive contemporaine, Paris, n° DCCCXCI-16 (1a et 1b) (coll. Klebanovas).

NOTE

1. Rose Ickowicz, née le 6 avril 1889 à Dunaburg (Pologne), habitant 7, rue Arsène-Chéreau à Montreuil, sans profession, a été internée à Drancy avec son fils Henri, né en 1928 à Francfort. Pour rester en contact avec sa fille Jeannette, encore à Paris, elle lui envoie quatre cartes, expédiées chacune à une adresse différente, chez Mme Michèle, chez Paulette, chez Mlle E. Salari, etc., afin de brouiller les pistes d'éventuels enquêteurs. Renseignements fournis par Mme Jeannette Klebanovas, née Ickowicz. Rose est déportée de Beaune-la-Rolande à Auschwitz avec son fils par le convoi n° 19 du 14 août 1942. Selon le témoignage du SS Heinrichsohn, adjoint de Dannecker, ce convoi est le premier qui comporte des enfants. Au total, plus de 100 enfants de moins de 16 ans. À l'arrivée au camp, seuls 115 hommes furent sélectionnés pour le travail, tout le reste du convoi, 875 personnes, fut immédiatement gazé. Aucune femme, aucun enfant n'entrèrent dans le camp. Il y avait un seul survivant en 1945.

Rose Ickowicz à sa fille Jeannette
28 juillet 1942[1]

Drancy, le 28/7/42

Chère belle-sœur Paulette,

Je suis ici avec mon petit garçon, le dernier, depuis jeudi ici. Chez moi, à la maison, il n'y a personne. Je t'en prie, occupe-toi de l'enfant malade qui est au sanatorium. Voici son adresse : Mlle Ruth Ickowicz, la Pignada, Liège, Gironde. Il faut lui envoyer à manger et des médicaments qui s'appellent calcium. C'est la petite fille à la jambe malade. L'enfant ne sait pas que je suis ici et t'aurais beaucoup remercié si tu pouvais m'envoyer un colis. Françoise ne sait pas non plus que je me trouve à Drancy. Je t'en prie encore une fois, comme nous n'avons personne pour s'occuper de nous, alors pense à nous. J'espère que tu es en bonne santé, ainsi que les enfants, et que tu te trouves à la maison…

J'espère que tu te trouves à la maison et que tu as de bonnes nouvelles de ton mari, et si tu peux entendre des autres enfants, intéresse-toi pour eux aussi. Demande à Ruth comment va Françoise et n'oublie pas de leur donner ton adresse. J'ai oublié d'emporter mes chaussures, et mon garçon, son manteau et son béret. Peut-être as-tu des chaussures pointure 40 et un manteau, un béret et deux ou trois chemises pour le garçon que tu pourrais m'envoyer. Les chaussures que je porte ne sont pas réparables tellement elles sont déchirées. Je te remercie pour tout. Je vous salue et vous embrasse tous.

Prière de répondre tout de suite. Je ne suis pas sûre que Ruth ait de l'argent pour écrire des lettres et acheter de petites choses.

Rose Ickowicz.

Centre de documentation juive contemporaine, Paris, n° DCCCXCI-16 (2a et 2b) (coll. Klebanovas).

NOTE

1. Sur l'adresse, destinée à tromper les autorités, et sur la famille Ickowicz, voir la lettre précédente.

Paulette Stokfisz-Bronstein
à sa sœur Nana Dachy
31 juillet 1942[1]

Pithiviers, le 31/7/42

Chère sœur et beau frère,

J'espère que ce sera accepté.

Je vous écris ces quelques mots pour vous faire part que je vais peut-être partir pour une destination inconnue. Ma cousine Paulette est déjà partie, son fils est resté, mais il est avec moi[2]. Moi, je vais partir. Jacques et Raymonde[3] resteront tout seuls. La Croix-Rouge t'enverra peut-être une lettre te demandant si tu veux héberger Jacques et Raymonde. Je t'en prie Nana, je t'en prie Lucien, acceptez, sans ça ils seront n'importe comment séparés de moi. Jacques n'est plus un enfant à charge, il peut se débrouiller. Raymonde va à l'école. Ils ne t'embêteront pas. Acceptez !

Chère Nana, monte chez moi et prends toutes les affaires, je te les donne. Je t'envoie un colis. Dans un coussin, il y a de l'argent et mes bijoux. Garde-les. J'espère que tu verras Max. Si tu le vois, il te donnera de l'argent pour Raymonde.

Je vous en prie, ayez pitié de mes enfants. Je crois bien que c'est ma dernière lettre. On a tout pris aux gens qui sont partis. Ils n'ont plus rien. Je serai comme eux.

Tout ce que tu devais envoyer, garde-le. Je n'ai plus besoin de rien. Nana, j'envoie un colis chez la tante à Paulette. Je te donne son adresse : Mme Oukowski, 41, rue de Saintonge, Paris 3e. Monte chez elle et prend tout ce qu'il y a des affaires à Raymonde, la tante te les remettra. Retirez tout ce que vous pouvez de chez nous, ça vous rendra service autant à vous qu'à moi. Dans le colis, il y a des fourchettes et des couteaux, réclame-les à la tante. Un paquet de thé.

Je te joins une lettre pour une dame. Quand tu la recevras, envoie-la par pneumatique. C'est une question de libération.

Je vous embrasse tous bien fort.

Votre sœur Paulette.

Je t'en prie, accepte.

Dans une manche du manteau de Raymonde, il y a mille francs. Tu toucheras l'allocation pour Jacques et Raymonde.

Si tu prends Raymond et Jacques, tu pourras toucher l'allocation à la mairie.

Centre de documentation juive contemporaine, Paris, n° DCCCXXIV-15 (2a-2b).

NOTES

1. Sur Paulette Stokfisz-Bronstein et sa famille, voir la lettre du 16 juillet 1942, pp. 179-180. Les lettres de Nana semblent ne pas parvenir à Paulette (voir lettre du 12 août 1942, pp. 204-205). Paulette sera déportée à Auschwitz le 7 août par le convoi n° 16.

2. À la demande allemande d'organiser des rafles de juifs adultes, Laval a réagi en décidant de déporter les enfants, que

les Allemands ne demandaient pas. La raison invoquée était de ne pas séparer les familles. La cause réelle étant outre l'indifférence, l'absence de structures d'hébergement. Les enfants arrêtés avec leur famille les 16 et 17 juillet 1942 sont dans un premier temps envoyés avec eux aux camps de Pithiviers et de Beaune-la-Rolande. Il y a ainsi 1 800 enfants de 2 à 14 ans à Pithiviers, 1 500 à Beaune. Dès le 31 juillet, les familles sont séparées. Les parents seront déportés directement, tandis que les enfants sont transférés à Drancy à partir du 11 août, par groupes de 1 000, mêlés à 200 adultes étrangers. Ils seront déportés à Auschwitz à partir du 17 août. Cette procédure est décrite par Jean Leguay, représentant en zone occupée de René Bousquet, secrétaire général de la Police, dans une note du 3 août : « Séparation et garde des enfants. Les enfants ne doivent pas partir dans les mêmes convois que les parents ; ils seront gardés dans un camp soit à Pithiviers, soit à Beaune-la-Rolande. En attendant leur départ, pour rejoindre leurs parents, ils seront laissés aux soins de femmes choisies par les mères, les infirmières et institutrices devant elles-mêmes faire partie d'un départ. Le choix de ces femmes sera fait par nos soins à raison d'une garde pour huit enfants. D'après les renseignements donnés par les autorités allemandes, des trains d'enfants seront mis en route dans la deuxième quinzaine d'août. » (Archives nationales, F7 14887.)

3. Raymonde et Jacques sont les deux enfants de Paulette, arrêtés avec elle le 16 juillet.

Rose Goldberg à sa mère
2 août 1942

Drancy, le 2 août 1942

Ma chère Maman,

Je m'étonne de ne pas voir de tes nouvelles et je m'en inquiète beaucoup. Es-tu toujours malade ? Mon patron a-t-il payé ? Yvonne est-elle venue chercher son pull-over ? Quoi de neuf à Paris ? Chaque jour, il arrive du monde ici, et j'ai toujours peur de te voir venir, fais bien attention. Moi, je suis en bonne santé et je prendrais mon mal en patience si on me laissait à Drancy, malheureusement je m'attends à partir chaque jour. Ma tante et Paulette sont parties depuis 8 jours. J'ai vu ici M. et Mme Wajder, Hinde Dine et sa petite, Beck, Mme Andelman. As-tu des nouvelles des Angelman, peut-être pourront-ils être libérés avec un certificat de leur maison. Beaucoup de gens sont libérés avec un certificat de fourreur[1]. Si tu pouvais m'en avoir un, j'aurais essayé de courir ma chance, mais je ne vois pas où tu pourrais le prendre. As-tu reçu les 400 F que j'ai envoyés par une femme ? Il faut te débrouiller pour toucher à l'Union juive[2], ce n'est pas le moment de te gêner, et ils sont là pour ça.

Henri a-t-il écrit ? Il ne faut pas faire de frais pour m'envoyer de colis. Je ne meurs pas de faim. Je passe ma journée à éplucher des légumes et prendre des bains de soleil lorsqu'il fait beau.

J'aurais besoin de 3 soutiens-gorge et un peu de caoutchouc à trous, une ceinture de nuit, 2 savonnettes ou savon, du coton et laine à repriser, de la poudre dans une boîte ronde, mon sac de toile bleu marine, ma robe à fleurs que j'avais défaite avec la ceinture.

Je remercie Mme et M. Rosa pour ce qu'ils font pour toi. Le bonjour aux voisins et à Mme Plank.

Ma chère Maman, ne te fais pas de soucis pour moi et tâche de ne pas être malade, des temps meilleurs viendront, nous avons tous bon moral ici, les hommes qui sont là depuis 11 mois sont pleins d'espoir et ont bonne mine.

Je t'embrasse mille fois. Mon bon souvenir à M. et Mme Jacques.

Rose.

Pas de conserves à chauffer. 1 gamelle si c'est possible ou un récipient quelconque en fer pour prendre la soupe SVP. 1 combinaison. J'ai reçu le colis de vêtements, merci.

Écrivez-moi sur des cartes interzone [3], tout de suite, car je peux partir d'un jour à l'autre [4].

Centre de documentation juive contemporaine, Paris, n° DCCCXCI-4 (4) (coll. Glas).

NOTES

1. Sur les certificats de fourreur, voir p. 153.

2. Depuis le début de 1941, Dannecker, chef du service des affaires juives de la Gestapo en France, souhaite créer un *Judenrat*, c'est-à-dire un conseil d'administration de la communauté

juive, animé par des juifs, qui sera le seul interlocuteur de l'administration allemande. Malgré les résistances de multiples associations juives, l'idée fait son chemin, car la persécution semble rendre nécessaire la création d'une aide centralisée aux victimes. À la demande de Dannecker, le Consistoire central, les représentants de la communauté juive française acceptent la création le 29 novembre 1941 de l'UGIF, Union générale des israélites de France. L'UGIF jouera un rôle incontestable dans l'aide aux internés et à leurs familles, mais elle sera aussi violemment critiquée pour son action aux côtés de l'occupant et de Vichy. Tous les responsables de l'UGIF furent déportés. Dès l'été de 1942, l'assistance aux internés mobilise par ailleurs toute une série d'associations, juives ou non, qui combinent action légale et illégale pour aider les internés et sauver les enfants : l'Œuvre de secours aux enfants (OSE), les Éclaireurs israélites, le Comité Amelot, la Commission des camps (sous-commission de la Commission centrale des œuvres juives d'assistance), la Croix-Rouge, l'Amitié chrétienne, l'USC (Unitarian Service Committee), les Quakers, le Secours protestant (Cimade), le Secours social aux étrangers, le Secours suisse…

3. Dès l'été de 1940, la correspondance, étroitement surveillée, entre la zone occupée et la zone libre, se fait au moyen de cartes pré-imprimées, les cartes interzone portant quelques phrases et formules types, limitant l'échange épistolaire au minimum. La correspondance normale sera rétablie le 1er mars 1943, quelques mois après l'invasion de la zone sud.

4. Rose Goldberg est née à Sidlowice (Pologne) le 28 juillet 1913. Elle est déportée à Auschwitz par le convoi n° 22 du 21 août 1942.

Gabriel Ramet à Suzanne
Drancy – 3 août 1942[1]

Drancy, le 3-8-42

Chère Suzanne[2],

Je vous écris une petite carte pour vous remercier des colis que vous m'avez envoyés dernièrement. Il ne faut pas vous faire de mauvais sang pour les colis, car j'ai une santé magnifique et une réserve musculaire qui me ferait tenir encore très longtemps. En plus, j'ai encore des conserves, et le régime au camp est en ce moment très tenable. En ce moment, nous changeons très souvent d'adresse, c'est pour cela, quand vous m'envoyez quoi que ce soit, mettez toujours infirmerie, N° 40, comme cela, ça m'arrive tout de suite. Je vais vous donner des nouvelles de Rachel, qui était au camp ainsi que Lucienne et vos voisins qui ont été déportés, mais elles sont toutes parties avec un très grand courage et un bon moral. Elles vous ont envoyé toutes le bonjour. Simon est parti aussi. Comme il n'avait rien à se mettre, je lui ai donné un pantalon et le cuir. Alors, j'ai envoyé l'assistance sociale chez moi pour savoir des nouvelles de mes parents et pour savoir si vous pouvez m'envoyer un pantalon et mon autre cuir. Pour le linge, comme il fait beau en ce moment, je lave mon linge tout seul. D'ailleurs, je m'en tire très bien. J'ai tout ce qu'il faut pour cela. Le 6, tu m'enverras le linge propre, je vous renverrai presque rien, et ensuite vous ferez comme vous le voudrez, car c'est quand même des nouvelles de la maison. Même un simple mouchoir me fait plaisir quand je sais qu'il vient de vous. Pour l'instant, je ne crains pas de partir, car ils ne déportent plus les Français, mais on ne sait jamais, cela change tellement que je me tiens toujours prêt. Le père de Jacques Metelki est parti aussi, très courageux. Il embrasse bien sa femme et ses enfants, et vous donne bien le bonjour. Je n'ai pas reçu de gâteau, mais cela ne fait rien, car je sais très bien que c'est difficile de trouver en ce moment. Faites très attention à vous et ne sortez pas trop souvent, car avec le nouveau règlement, cela doit être difficile pour le ravitaillement. Et vous serez gentille de me dire si l'on a mis les scellés sur l'appartement de mes parents. J'ai reçu des nouvelles d'Anna par André et je sais qu'elle va partir en voyage, car elle a eu l'autorisation. La cousine à Anna, Esther, a été aussi déportée et vous envoie le bonjour. En ce moment, il y a beaucoup de gens qui arrivent et qui partent, mais très peu d'amis. Je crois que la tante Rachel et Léon étaient au Vel d'Hiv, car c'est Lucienne qui me l'a dit. À part cela, je ne vois plus rien à vous dire, sauf que si vous pouvez m'envoyer les grosses chaussettes que je vous ai envoyées, il y a longtemps déjà, sinon tant pis, je me débrouillerai. Si le père à Thérèse voulait me céder la canadienne de Léon, ça serait très bien, mais je ne pense pas qu'il le voudrait, alors n'en parlons pas. À part cela, tout va très bien pour moi et je voudrais en entendre de même de vous. Je pense souvent à vous. Et je frémis à la pensée de ce qui pourrait vous arriver, la vie est très pénible pour vous autres en ce moment, mais cela n'a qu'un temps, et après la pluie, le temps est beau. La vie doit être très triste, mais lorsqu'on est jeune et que l'on a l'espoir de vivre encore, qu'est-ce que c'est quelques années de dures épreuves auprès de toute une vie ! Allons, du courage et surtout une très bonne santé, et avec cela ils peuvent nous emmener au bout du monde s'ils le veulent.

Chère petite Suzanne, je vous embrasse de tout mon cœur, ainsi que vos parents que j'aime beaucoup. Bonjour à Thérèse et aux amis qui restent encore. Bonjour aussi à M…

Gaby Ramet.

Centre de documentation juive contemporaine, Paris, n° DCCCXCI-3 (18) (coll. Ramet).

NOTES

1. Sur Gabriel Ramet, voir la lettre du 1er septembre 1941, p. 27.
2. Il s'agit d'une autre Suzanne que sa sœur cadette citée dans les autres lettres.

Salomon Gutman à sa mère
7 août 1942

Paris, le 7/8/42

Ma petite mère chérie,

Je m'imagine facilement l'inquiétude dans laquelle tu vis depuis le jour où nous sommes partis. Calme-toi, petite mère, tout va très bien pour nous. Nous avons été arrêtés Sam et moi aujourd'hui. À l'instant où je t'écris, je suis à la gare d'Austerlitz en direction de Pithiviers. Ne crains rien petite mère, nous sommes très bien traités. Sois tranquille, nous sommes loin, même très loin de mourir de faim. Surtout, maman chérie, n'écoute pas ce que les gens peuvent te raconter ; dis-toi bien que tout est faux ; je vois Sam tous les jours, et les gardes nous apportent des fruits, alors tu vois que nous sommes bien. As-tu des nouvelles de papa ? de Régine ?

Je t'embrasse, chère petite mère, ainsi que Lisa, Michel et Denise.

Je vous donnerai des nouvelles sitôt possible.

Centre de documentation juive contemporaine, Paris, n° DCCCXCI-28 (3).

Nana Dachy à son neveu Jacques
12 août 1942[1]

Paris, le 12/8/42

Cher petit Jacquot,

Je viens de recevoir ton petit mot où je vois que ta maman est partie. Dans quel état tu dois être. Il faut avoir beaucoup de courage, bientôt tu seras aussi avec nous. J'ai fait tout le nécessaire et je pense que ça ne va plus tarder, tu resteras avec nous et tu verras mon chéri comme on te rendra heureux.

C'est bien triste tu sais et j'en souffre énormément, et cette petite Raymonde, j'espère que ça va mieux et que ce sera rien. Elle aussi on la gâtera, tu verras mon Jacquot, je remplacerai votre maman pour le moment. Et va, ça ne va pas durer : quand la moisson sera finie, elle reviendra. On dit que c'est juste pour ça.

Donc, mon trésor, beaucoup de courage. Et tu sais, on a envoyé un colis à ta mère. Si tu peux l'avoir, réclame-le. Fais ton possible pour qu'on te le rende. Sinon, écris-moi de suite et je t'en ferai parvenir un. Tu sais, je suis bien désolée, car ta mère n'a reçu aucune nouvelle de nous et pourtant je lui ai écrit deux fois en recommandé. Donc, j'ai bien peur que toi non plus tu ne reçoives pas mes lettres. Espérons que si.

Tu me dis de monter chez toi, mais on ne peut plus : le commissaire a mis les scellés, donc il n'y a plus que toi qui peux rentrer, car quand tu rentreras, on te remettra les clés. Je vais finir, mon petit Jacquot, en t'embrassant bien fort. Tout le monde se joint à moi. Si tu vois la poupée [2], embrasse-la pour moi et aie du courage. Bientôt, tu seras parmi nous.

Ta petite tante qui pense sans cesse à vous.

Nana.

À bientôt mon lapin.

Centre de documentation juive contemporaine, Paris, n° DCCCXXIV-15 (9a).

NOTES

1. Jacques et Raymonde sont les enfants de Paulette Stokfisz-Bronstein, arrêtés avec elle lors de la rafle du 16 juillet 1942 et internés à Pithiviers. Paulette a été déportée le 7 août par le convoi n° 7 (voir la lettre du 31 juillet 1942, pp. 194-195). Sur Paulette, sa sœur Nana (Chawa) Dachy et leur famille, voir la lettre du 16 juillet 1942, pp. 179-180.

2. Sa sœur Raymonde.

Salomon Gutman à sa mère
12 août 1942[1]

Le 12-8-1942

Ma chère petite mère,

Je me représente ton inquiétude depuis le jour où nous sommes partis. Petite mère, nous avons été arrêtés à la ligne de démarcation et maintenant nous sommes dans un camp d'hébergement. Nous sommes en bonne santé, et le moral ne peut plus être meilleur. Et chez vous, petite mère, comment ça va ? Et Lisa, Michel, Denise, comment vont-ils, travaillent-ils ? Que fait Denise ? Est-elle toujours aussi mignonne ? J'espère que oui. Avez-vous des nouvelles de papa et de Régine ? Montez chez Mme Gaftarnick (patronne de Sam) et passez-lui le bonjour de la part de Mme Lazer. Bonjour à Waks, Wako, Anna, à la famille Laygnes, ainsi qu'à M. et Mme Leroux. Recevez des baisers de vos enfants qui pensent à vous.

M. S. Gutman.

Centre de documentation juive contemporaine, Paris, n° DCCCXCI-28 (4).

1. Sur Salomon Gutman, voir la lettre du 7 août 1942, p. 203

Robert Lantz à son épouse Fanny
13 août 1942[1]

13/8/42

J'ai été rassuré par ta carte, car je craignais que le retard dans la réalisation de nos espérances provienne d'un accident qui aurait pu vous arriver. Je suis cependant très étonné de l'explication que tu m'as fournie : je ne puis concevoir qu'un chef de service qui ne peut que compatir à nos malheurs puisse retarder volontairement la délivrance d'un papier de cette importance, en prenant ainsi non seulement la responsabilité d'un internement supplémentaire d'une certaine durée, mais aussi peut-être, celle du maintien définitif si comme nous l'avons vu déjà, un contre-ordre venait à se produire. L'argument émis pour justifier la mesure me semble inspiré, soit par la méchanceté, soit par la mauvaise foi, car dans la 2e fournée de cartes, la plupart concernaient des durées de travail égales ou inférieures à celle que signale ton bulletin de travail. Certains ont été libérés le 5 ou 6 août pour un travail commencé le 15 juillet. Je me demande s'il n'y a pas autre chose qui arrête l'affaire. Il me semble d'ailleurs comprendre que tu n'es pas parfaitement optimiste concernant sa réussite. Le mieux est de me dire exactement ce qu'il en est ou tout au moins de me faire comprendre s'il est impossible de me l'écrire.

J'ai été bien content d'apprendre le résultat des examens, l'essentiel est que, malgré les grosses difficultés provenant des circonstances, la place restera, quels que soient les événements.

J'espère que ton nouveau métier n'est pas trop désagréable et ne te fatigue pas, d'ailleurs, si tout va bien, tu ne le pratiqueras pas longtemps. En cas de libération, je crois même revenir à la maison directement, à moins que tu me donnes un avis contraire.

J'ai été content du mot de Pierre, mais je n'ai pu le lire avec toute l'attention voulue, n'ayant eu que peu de temps à consacrer à sa lecture.

À la rigueur, tu peux m'écrire sur un papier d'emballage blanc, papier de soie par exemple, avec une solution de phénol ph interne (alcoolique)[2].

Essayer et vérifier avant usage que les marchandises qui se trouvent au contact ne donnent pas de vapeur alcoolique et n'agissent pas. À la rigueur, je pourrai faire la manœuvre inverse. D'autres méthodes pourraient également convenir.

Nous assistons actuellement à des spectacles bien pénibles de déportations. Hommes, femmes, enfants, vieillards de nationalité étrangère : Polonais de zone occupée, Allemands de zone libre passent ici un temps plus ou moins long[3].

Comme tu as pu le constater, la porte ici est légèrement entrebâillée, ce qui n'avait eu lieu depuis longtemps. Peut-être maintenant la démarche des Trossard pourrait être utile. Il faut qu'elle soit signée par la Rüstung Inspektion[4] pour être efficace.

En toute espèce de cause, ne joue pas avec ta santé, ne te fatigue pas et dors normalement.

Centre de documentation juive contemporaine, Paris, n° DCCCXCI-1 (44) (coll. Margolin).

NOTES

1. Sur Robert Lantz, interné à Drancy, voir la lettre du 11 septembre 1941, pp. 45-47.

2. Il s'agit d'un procédé de fabrication d'« encre invisible ». Robert Lantz est chimiste de formation.

3. Entre le 16 juillet 1942 et le 2 juillet 1943, Drancy a connu 40 déportations. Du 12 juillet 1943 au 17 août 1944, 19 déportations.

4. Une des *Rüstungsinspektionnen* (Inspections de l'armement) chargées de l'exploitation de l'économie française au service de l'effort de guerre allemand, et dépendant de l'État-major de l'économie de guerre et d'armement.

Victor F. à Pétain
17 août 1942

Paris, le 17 août 1942

À Monsieur le Maréchal PÉTAIN
Chef de l'État Français
Vichy

Monsieur le Maréchal,

Un volontaire de la guerre 1940, d'origine polonaise et de confession juive, médaillé militaire, croix de guerre avec palmes, blessé de guerre à 85 %, se permet humblement de vous écrire les lignes ci-après, certain que la sollicitude que vous témoignez aux enfants de France s'étend à moi aussi.

À la suite des opérations de police du 16 juillet écoulé[1], ma femme Ida F. a été internée ce jour, laissant à ma charge deux enfants en bas âge, une fillette de 6 ans et un garçonnet de 3 ans.

Amputé d'une jambe et menacé de gangrène, devant rentrer de nouveau à l'hôpital pour subir une seconde opération, je ne saurais laisser ces deux gosses sans aucun soutien et voués aux pires malheurs.

Maréchal, le signataire, votre humble serviteur, espère que ma requête peut attirer votre bienveillante attention en rendant cette mère aux pauvres enfants dont je suis le père, et diminué par ma blessure.

J'espère, Monsieur le Maréchal, que cette grâce qu'un volontaire de guerre vous sollicite, s'ajoutera à tant d'autres du père de la Nation française.

Mon dernier espoir étant accroché à votre personne, je veux croire, Monsieur le Maréchal, que ma requête sera prise en considération.

Veuillez croire, Monsieur le Maréchal et Chef de l'État, avec tout le dévouement que je dois à la France, [à] mes sentiments respectueux.

Signé F. Victor
12, bd. de la Villette
Paris.

Archives nationales, Paris, AJ 38/67 (Commissariat général aux questions juives).

NOTE

1. La rafle du Vel'd'hiv (16-17 juillet 1942) : voir p. 180.

Louise Saïm à Bill
17 août 1942

Drancy, le 17-8-42

Mon cher Bill[1],

Je suis bien heureux de pouvoir vous écrire un mot, car j'étais très fatigué et en même temps, je vais vous demander un colis pour le fils de Madame Saïm, qui est également interné à Drancy. Madame Saïm vous remercie pour le colis qu'elle a reçu, et maintenant faites demander par quelqu'un sa concierge du bd. du Temple, n° 30, qu'elle voie si la sœur de Mme Saïm est encore à Paris. Si vous pouvez le demander directement vous-même, son adresse est la suivante : Mme Cort, 23, rue du Docteur-Heulin, pour voir si Mme Cort peut lui envoyer des colis, ainsi Mme Saïm n'aura pas besoin de nous déranger pour des colis. Je serais très heureux d'avoir une réponse sur ma demande. Agréez, mes chers amis, mes sincères salutations. Moi, Mme Saïm vous remercie d'avance pour votre dérangement. Mes sincères salutations.

Mme Saïm[2]

P. S. : Vous seriez bien aimable de donner la carte-réponse à la concierge du 30, bd. du Temple, pour qu'elle me dise des nouvelles de chez moi ou tous les différents faits qui se sont déroulés. Si elle désire nous répondre, qu'elle écrive sur la carte-réponse de mon fils.

Centre de documentation juive contemporaine, Paris, n° DLXXXIV-2d (30).

NOTES

1. La lettre est écrite par une tierce personne.
2. Louise Saïm, née en 1898 à Dracent (Roumanie), et son fils Bernard, né en 1929 à Paris, sont déportés de Drancy vers Auschwitz le 14 septembre 1942, par le convoi n° 32. Il restera en 1945 environ 45 survivants sur les 1 000 juifs partis de la gare du Bourget/Drancy.

Jacques Bronstein à sa tante Nana Dachy 17 août 1942[1]

Pithiviers, le 17-8-42

Chers tante et oncle,

Je vous écris ces quelques lignes pour vous donner de mes nouvelles qui sont bien tristes. Maman a été déportée il y a dix jours vers une destination inconnue. Raymonde était à l'hôpital de Pithiviers (dans la ville) avec une angine diphtérique. Elle y est entrée le 1er août et elle vient d'en sortir vendredi soir, malheureusement pour elle et pour moi, car il y a eu encore un départ samedi et Raymonde en était[2]. Elle est sortie de l'hôpital vendredi soir et elle est partie samedi matin. J'ai à peine eu le temps de la voir.

Je crois qu'elle est partie pour Drancy.

Si vous pouvez faire quelque chose pour elle, faites-le, je vous en prie.

J'ai écrit à mon cousin, M. Apelbaum, en lui demandant qu'il aille vous voir, Nana et Lucien, allez à la Croix-Rouge française, dites que vous voulez prendre Raymonde chez vous, vous toucherez l'allocation. Parlez pour moi aussi, peut-être que l'on me libérera aussi. Je vous en prie, faites-le pour Raymonde, car elle est toute seule. Pour moi, tout ce qui arrivera, arrivera.

Il doit y avoir un départ samedi prochain, j'en serai

sûrement. Si vous pouvez envoyer quelque chose à Raymonde, faites-le à Raymonde Belc.

Si mon oncle est à Paris, dites-lui qu'il y reste, car c'est impossible de passer.

Le camp se vide. Ça fait déjà 5 départs. Mais il arrive toujours du monde de la ligne.

Si mon oncle est là, il paiera les colis pour Raymonde. Je vous ai envoyé une lettre avec mon acte de naturalisation et l'acte de naissance à M. Je vous ai déjà écrit au moins 8 lettres et vous ne m'avez envoyé aucun colis, comment cela se fait-il ? Enfin maintenant c'est inutile car je vais partir samedi et je ne les recevrai plus. Monsieur Opelbaum a beaucoup de protection et pourra faire quelque chose pour vous. Va chez lui aussitôt que tu recevras la lettre. Il peut faire beaucoup pour nous. Je vous remercie d'avance.

Mille baisers pour toute la famille et pour grand-père et la tante.

Embrasse bien mon oncle si tu le vois.

Votre neveu qui vous aime
Jacques.

Mon adresse
Jacques Bronstein
baraque 31 affectée à la 16, matricule 95, camp de Pithiviers (Loiret).

Centre de documentation juive contemporaine, Paris, n° DCCCXXIV-15 (8a et 8b).

NOTES

1. Jacques Bronstein est le fils de Paulette Stokfisz-Bronstein et le frère de Raymonde Belc. Voir les lettres du 16 juillet, du

18 juillet, du 31 juillet et du 12 août, pp. 179-180, 184-185, 194-195 et 204-205.

2. Jacques rejoindra sa sœur Raymonde à Drancy et sera déporté à Auschwitz avec elle par le convoi n° 27 du 2 septembre 1942.

Rose Goldberg à sa mère[1]
21 août 1942

21/8/42

Madame Goldberg
19, rue Barrault
Paris

Ma chère Maman,

Je suis en route pour Metz, le reste de la route est inconnu. On nous a donné des provisions pour 3 jours, et avant de partir, j'avais reçu un colis d'une camarade déportée. Ne t'en fais pas pour moi. Mille baisers.

Rose.

Centre de documentation juive contemporaine, Paris, n° DCCCXCI-4 (8) (coll Glas).

NOTE

1. Sur Rose Goldberg, voir la lettre du 2 août 1942, pp. 197-199. Le convoi n° 22 quitte la gare du Bourget/Drancy pour Auschwitz le 21 août. Il comprend 544 enfants de moins de 14 ans ; 892 des 1 000 déportés sont immédiatement gazés à leur arrivée. Le convoi compte seulement 7 survivants en 1945.

Le départ du camp de Drancy se déroule de la manière suivante : à la demande de l'autorité allemande, le bureau du camp établit une liste de déportés. Les internés concernés reçoivent par l'intermédiaire de leur chef de chambre une feuille verte indiquant le jour du départ. Le moment du départ arrivé, les internés doivent passer à la fouille organisée par la Police aux questions juives, qui confisque tout, au point même d'arracher aux petites filles leurs boucles d'oreilles. Le départ se fait le plus souvent dans des conditions dramatiques, surtout lorsqu'il s'agit de déportations d'enfants, réveillés en pleurs à l'aube, arrachés de force à leurs lits par les gendarmes. Certains détenus veulent partir avec leurs proches et les scènes de violence sont fréquentes, certains, parfaitement dignes, donnent leurs affaires à ceux qui restent ou chantent la Marseillaise. Les déportés partent en autobus ou à pied à la gare (Le Bourget ou Bobigny), où ils sont enfermés dans des wagons plombés, plongés dans l'obscurité, dans des conditions d'hygiène catastrophiques.

Adolphe Fuchs à ses parents
22 août 1942

22 août 1942

Sur le train

Chers parents,

Samedi 22 août 1942 à 1h1/2, suis sur le chemin de Paris vers Drancy, pour être peut-être libéré. Je suis dans le même train que Michelle et Jacqueline.

Je vous embrasse de tout mon cœur.

Votre fils chéri.
A. Fuchs[1]

Centre de documentation juive contemporaine.

1. Adolphe Fuchs est né le 26 février 1926 à Paris. Il habitait 92, rue La Fayette, Paris IXe arrondissement. Il quitte Paris en 1942 au moment de la rafle du Vel d'Hiv et tente de passer en zone libre. Dénoncé à la Gestapo par le passeur, il est emprisonné à Vierzon, Orléans, puis interné à Pithiviers et Drancy. Il est déporté à Auschwitz le 21 septembre 1942, par le convoi n° 35. Sur ce convoi, voir sa lettre du 20 septembre 1942, p. 251.

Lucette Z. à Pétain
22 août 1942

Monsieur le Maréchal,
Chef de l'État Français à Vichy

Paris, 22.8.1942

Monsieur le Maréchal,

J'ai l'honneur de venir exposer à votre grandeur ainsi qu'à l'humanisme les faits de ma misère, de mon angoisse et de mes pleurs, voici :

Je suis une pauvre fille âgée de 12 ans, restée seule avec un petit frère plus jeune que moi, fréquentant l'école, docile, obéissante et respectueuse, et une qualité primordiale, c'est que j'aime mon pays, ma chère France. Il n'en est pas moins de mes parents, ainsi que de mes frères et sœurs. Comme preuve, voici :

A/ J'ai un frère tué au champ de bataille, guerre 39-40.

B/ Un autre frère actuellement prisonnier en Allemagne, guerre 39-40.

C/ Un père volontaire pour la guerre, blessé et sans pension, guerre 39-40.

Par cette preuve, il n'y a pas de doute sur notre patriotisme, mais par une erreur flagrante, la police a interné ma pauvre et gentille mère si vaillante. D'abord malade par les soucis de la guerre, celle-ci se trouve à l'heure actuelle au camp de Drancy jusqu'à nouvel ordre.

C'est dans ces conditions que je fais appel à votre bienveillante sagesse, Monsieur le Maréchal, d'intervenir énergiquement et humainement en faveur de ma gentille mère, et auprès du préfet de police pour prévenir cette erreur et libérer ma mère avant qu'elle soit déportée pour une destination inconnue. J'ose espérer, Monsieur le Maréchal, que ma requête sera prise en considération, et que vous prendrez à cœur l'angoisse et les pleurs de deux enfants et un prisonnier qui désirent leur mère.

Croyez, Monsieur le Maréchal, en mes respectueux et humbles respects.

Mademoiselle Lucette Z.
22, rue des Écouffes
Paris IVe.

Archives nationales, Paris, AJ 38/67 (Commissariat général aux questions juives), n° 11214 P.

Ruth Kahn à Jeannette Klebanovas
Août 1942

Ma chère petite Jeannette,

Un petit mot pour vous dire au revoir. Ne pleurez pas après moi ; c'est mon tour après tant d'autres. Je plains ma mère qui, je le crains, ne sera pas encore à l'hôpital pour cette nuit et qui a bien du mal. On m'a promis de la mettre à l'hôpital Rothschild[1]. Je me fais beaucoup de soucis pour vous et votre santé, et je regrette de ne plus pouvoir m'occuper de vous, et surtout de n'avoir pas fait plus pour vous jusqu'à présent. Merci pour tous les services que vous m'avez rendus. Mme Dupont vous donnera ce que je vous dois.

Au revoir, je vous embrasse.

Ruth[2]

Centre de documentation juive contemporaine, Paris, n° DCCCXCI-16 (1c).

NOTES

1. Les juifs malades, ainsi qu'un certain nombre de vieillards et les femmes enceintes, sont amenés à l'hôpital Rothschild. Il s'agit d'une véritable prison : les malades y sont considérés comme détachés des camps et internés. Ils sont gardés par la police française, elle-même contrôlée par la Feldgendarmerie. Des « droit commun » et des résistants torturés par la Gestapo y sont également soignés. Les SS y effectuent de fréquentes visites afin de rafler des juifs « déportables ». Le 5 juillet 1943, Aloïs Brunner se rend à l'hôpital, en renvoie les policiers français et ordonne le transfert immédiat à Drancy des juifs étrangers et de la majorité des juifs français hospitalisés.

2. Lettre d'adieu adressée par Ruth Kahn à son amie Jeannette Klebanovas, au moment de son arrestation à son domicile, 41, rue Notre-Dame-de-Lorette, Paris. Sur Jeannette Klebanovas, fille de Ruth Ickowicz, voir la lettre du 25 juillet 1942, pp. 190-191. Ruth Kahn, née en 1923 à Dorsek, sera déportée à Auschwitz le 9 septembre 1942, par le convoi n° 30.

Jeanne L. à Pétain
24 août 1942

Paris, le 24/8/42

Monsieur le Maréchal Pétain
Paris

Monsieur le Maréchal,

Je suis mère de cinq enfants dont 4 fils. L'aîné, Charles L., était sous vos ordres à Verdun. Il a été tué. Croix de guerre, deux citations, médaille militaire, légion d'honneur. Il était officier. Les deux derniers ont fait la guerre de 39. L'un a été blessé sérieusement et défiguré. Il est trépané et fait partie des gueules cassées. C'est de ce pauvre enfant dont je veux vous entretenir et vous supplier d'intervenir en sa faveur. Mes enfants sont d'un premier mariage avec M. L., dont la mère était catholique. De mon côté, tous les actes de baptême de mes parents prouvent qu'ils sont non juifs. Malheureusement, le dossier de mes enfants, qui a été remis à la préfecture voilà bientôt deux mois, n'a pas encore reçu la suite qu'il comporte. De ce fait, mes enfants ont dû et doivent encore porter l'étoile bien que non juifs, tous mariés à des catholiques et les enfants baptisés, les actes de baptême en font foi.

Donc, mon pauvre enfant a été arrêté voici un mois, parce qu'il ne portait pas l'étoile, et mis dans le camp de Drancy.

Je viens d'apprendre à l'instant qu'il a eu une syncope, sa blessure suppure, et il a été transporté à l'infirmerie où je ne peux même pas le voir.

Monsieur le Maréchal, je m'adresse à votre cœur de soldat pour rendre justice à cet acte arbitraire, d'enfermer ainsi un pauvre blessé qui, malheureusement, n'est plus responsable de ses actes parce qu'il a fait son devoir de soldat français.

Ayez pitié de mon pauvre petit, de sa mère, de ses deux enfants et de sa femme. Faites libérer mon enfant, et la femme que je suis n'oubliera jamais et vous bénira du fond de son cœur de mère.

Recevez, Monsieur le Maréchal, ma considération très distinguée.

Jeanne L.
21, avenue Félix Faure
Paris XV

Interné Léon L.
matricule 15143 bloc V
escalier 19 chambre 8 – actuellement à l'infirmerie
camp de Drancy
Seine
examiné par la commission de réforme le 19/9/41.

Archives nationales, Paris, AJ 38/67 (Commissariat général aux questions juives), n° 10471 L.

B. I. à Pétain
24 août 1942

Paris, le 24/8/42

Monsieur le Maréchal,

Lors de la rafle des femmes israélites, on m'a enlevé ma mère. Je suis seul et sans ressources, n'ayant pas encore quinze ans. Mon père, ancien légionnaire, est porté disparu à cette guerre. Pour ses services dans la légion étrangère, le président Doumer lui a attribué la nationalité française. De plus, il était sergent-chef à cette guerre. Je suis seul avec ma tante, dont le mari est interné à Drancy depuis un an. Je fais appel, Monsieur le Maréchal, à votre pitié pour faire libérer Maman, qui était internée à Drancy et qui est partie pour une destination inconnue.

C'est dans l'espoir d'avoir satisfaction, Monsieur le Maréchal, que je vous écris ces quelques lignes pour vous résumer ma situation.

À toutes fins utiles, Monsieur le Maréchal, je vous donne le nom de ma mère : Mme I., née H. Ma mère, Monsieur le Maréchal, a divorcé avec M. I., puis elle a fait la connaissance de mon père qui m'a reconnu. En vous remerciant d'avance, Monsieur le Maréchal, je vous prie d'agréer mes sentiments distingués.

Votre serviteur.
B.

Archives nationales, Paris, AJ 38/67 (Commissariat général aux questions juives), n° 104742.

Simon à Paulette Robec
28 août 1942

Le 28-8-42

Mme Paulette Robec
3, bd. Victor
Paris XVe

Tu seras gentille de mettre ce mot à l'adresse indiquée Blanchet[1]

Chère Paulette,

Je suis dans un wagon à bestiaux vers la déportation. Je suis parti mardi pour Drancy, et ce matin à 3 heures, nous sommes partis[2]. Le train est parti à 9 heures et maintenant il est 5 heures du soir. On nous a donné à manger pour 3 jours. Nous devons passer par Metz. Il paraît qu'il y aura un triage. J'espère retrouver Maman. On nous a fouillés hier. On m'a pris l'argent et le nécessaire pour écrire, et tout ce qui coupe. Je n'ai rien pu faire pour rester. Dans deux jours, nous irons à Metz. Je suis avec M. Sacuer et sa fille. Je n'ai aucune nouvelle de Paris et je n'ai qu'un colis. Vous embrasserez bien mon frère. Vous lui direz que j'ai beaucoup de courage. Vous embrasserez Dorka aussi. J'espère qu'on se reverra bientôt. J'ai écrit ça en quelques minutes et je n'ai pas le temps ni la place de continuer. Je vous embrasse de tout mon cœur et très fort.

Simon [3]

Je remercie beaucoup celui qui remettra ce mot et me rendra un grand service.

Centre de documentation juive contemporaine, Paris, n° XXXLX-264.

NOTES

1. La mention soulignée est d'une autre écriture que celle de Simon, d'un certain Blanchet, probablement celui qui a trouvé le mot jeté du train et qui demande à une amie de le faire porter à l'adresse indiquée.

2. Il s'agit du convoi n° 25, parti de Pithiviers pour Auschwitz le 28 août 1942. 929 des 1 000 déportés sont gazés dès leur arrivée à Auschwitz. Il y aura 8 survivants en 1945.

3. Simon peut être Simon Vilenstein, né le 6 février 1927, ou Simon Wajean, né le 23 mars 1927.

Hinda Mileschberg à sa sœur Malka Fiszman 29 août 1942

Drancy, 29 août 1942

Chère Malka,

Ne sois pas surprise de recevoir cette lettre de Paris. Je me suis fait prendre à Saint-Étienne mercredi. Un millier de personnes sont arrivées avec moi à Drancy, presque toutes de Saint-Étienne[1]. On est venu chercher Golde[2]. Elle s'est cachée et je n'ai pu en faire autant. Malka, je t'en prie, ne sois pas bouleversée. J'espère que je vais survivre à tout cela et que rien ne va m'arriver. Je suis en bonne santé. Je suis bronzée, noire. J'ai un bon moral. Je veux seulement que tu ne t'affoles pas inutilement à force de penser que je n'ai pas de chance.

Je dois rester à Drancy. Arke[3] et sa femme n'ont pas été arrêtés, car ils ont un carnet français. Malka, je t'en prie encore une fois de ne pas pleurer et de ne pas t'en faire à mort. Cela ne m'aidera en rien. Je ne suis pas la seule. Nous sommes un millier. Tous venus de Saint-Étienne. La même chose serait arrivée à Paris. Je pense que tu vas venir me voir à Drancy. Peut-être cela sera-t-il possible.

Ma très chère sœur, mes salutations à tous.

De moi Hinde[4]

Coll. Weibel.

NOTES

1. En août 1942, la Gestapo multiplie les pressions pour obtenir du gouvernement de Vichy le transfert en zone occupée de 10 000 juifs de zone libre. Bousquet, secrétaire général de la police, avec l'appui de Laval, autorise le transfert depuis les camps d'internement de la zone sud (camps des Mille, Gurs, Noé, Récébédou, Le Vernet, Rivesaltes). 4 650 personnes sont ainsi déportées. Le 26 août, une grande rafle est organisée dans tous les départements du Sud : 6 584 juifs sont arrêtés.

2. Une cousine.

3. Un cousin.

4. Hinda Mileschberg s'est réfugiée à Saint-Étienne, en zone libre, au cours du printemps 1942, chez des cousins. Elle écrit à sa sœur Malka Fiszman, chez laquelle elle vivait à Paris avant son départ pour Saint-Étienne. Elle avait 26 ans et n'est pas revenue de déportation. Cette lettre a été traduite du yiddish par sa nièce Colette Weibel, ainsi que celle du 7 septembre, pp. 245-246.

Françoise D. à Pétain
30 août 1942

Saint-Girons (Ariège), le 30 août 1942

Monsieur le Maréchal,

Nous venons respectueusement vous prier d'entendre l'écho de la douleur provoquée chez nous par l'événement dont notre petite ville a été le théâtre le 26 au matin[1].

Nous attendions l'autobus pour Foix qui part vers huit heures ; l'autobus ne venait pas, et nous l'avons attendu jusqu'à 10 heures et demie ; mais 10 autobus sont passés, chargés de gendarmes qui emmenaient des israélites étrangers domiciliés dans la région, qu'on était allé prendre dans leur lit, sans avertissement, et sans bagage. Là, nous reconnaissions une femme enceinte avec un petit enfant ; une famille charmante installée à la campagne et qui avait cultivé avec acharnement un petit terrain pour s'assurer des légumes cet hiver ; des enfants qui avaient joué avec nos enfants.

Ces dix cars, c'étaient des charrettes de condamnés. Tous ceux qui ont vu cette scène en ont été bouleversés de honte et de pitié ; même ceux qui braillent le plus « à bas, à mort les Juifs ! » étaient émus jusqu'aux larmes.

Mais ce que tous sentaient, c'est que la FRANCE s'est

condamnée elle-même et déshonorée en appliquant un traitement aussi indigne et cruel à des hommes qui avaient cru trouver un asile dans notre pays. On a honte d'être Français, d'être chrétien, d'être homme ; et la vénération qui entoure la personne du Maréchal en est ébranlée, si ce n'est balayée.

Nous espérons cependant que l'esprit de charité et de justice se réveillera sous votre impulsion, dans un pays qui fut le pays de la chevalerie et la fille aînée de l'Église, et nous mettons ici tous notre respect pour vous, Monsieur le Maréchal, Chef de l'État français.

Françoise D.

Archives nationales, Paris, AJ 38/67 (Commissariat général aux questions juives), n° 48388.

NOTE

1. Sur la rafle du 26 août 1942, voir la lettre précédente. Le port de l'étoile et les rafles de l'été de 1942 ont suscité la réprobation de l'opinion publique. Au sein du clergé catholique, les prises de position les plus fermes sont celle de Mgr Théas, évêque de Montauban, et celle de Mgr Saliège, archevêque de Toulouse. Dans une lettre pastorale du 23 août 1942, il affirme : « ... Les juifs sont des hommes, les juives sont des femmes... Tout n'est pas permis contre ces hommes, contre ces femmes... Ils sont nos frères comme tant d'autres. Un chrétien ne peut l'oublier... »

Malka Goldblum à Gisèle Goldblum
31 août 1942

[Drancy], 31/8/42

Ma chère Gisèle,

Cette carte pour t'annoncer notre départ vers l'inconnu. Surtout, n'envoie pas de colis. Dis à la belle Régine qu'elle ne parte pas. Nous avons reçu les colis précédents. Nous sommes avec Baby Ernest, la femme à Maurice. Sois courageuse. Baby part ce matin avec nous. Ne pleure pas. Ici, nous sommes tous courageux. Surtout, que la belle Régine ne parte pas. Ne pleure pas. Sois courageuse. N'envoie plus de colis. Je t'envoie cette carte en t'embrassant très fort.

Je pars ce matin.

Mille baisers.

Malka Goldblum [1]
Camp d'internement, Drancy.

À madame Missakoff
30, rue de la Folie-Méricourt

Centre de documentation juive contemporaine, Paris, n° DCCCXXIV-8 (1) (coll. Szenker).

NOTE

1. Malka Goldblum, de son nom de jeune fille Malka Ptasznik, est née le 25 mai 1897 à Lodz (Pologne). Internée à Drancy, elle est déportée à Auschwitz, où elle meurt, par le convoi n° 26, parti de la gare du Bourget/Drancy le 31 août 1942. Régine (Sarah) Zajackowski-Goldblum est née le 10 septembre 1921 à Lodz (Pologne). En 1941, son mari Jacques Zajaczowski a été interné à Beaune-la-Rolande avant d'être déporté. Elle-même est arrêtée en octobre 1942 en tentant de passer en zone libre. Internée à Beaune-la-Rolande, puis à Drancy, elle est déportée à Auschwitz par le convoi n° 46, parti de la gare du Bourget/Drancy le 9 février 1943.

Louise Jacobson à ses camarades
Septembre 1942

Prison de Fresnes, septembre 1942

Mes chères petites camarades,

Il était une fois une pauvre petite fille. Je vais vous raconter une histoire triste, mes chères vieilles. D'abord, je dois vous remercier d'être vite allées prendre de mes nouvelles chez mon père. Ça m'a fait un immense plaisir. Depuis lundi 31 août que je suis séparée du monde normal, depuis vendredi 4 septembre que je suis séparée de maman, vous ne pouvez vous imaginer comme j'ai envie de vous voir et d'être libre même à la condition de crever de faim et de froid. Je serre pour ne pas trop user de papier car je n'en ai pas beaucoup. Excusez-moi. Ma pauvre Ada, dire que mon bachot est dans l'eau et que nous ne serons pas dans la même classe. Je ne peux même pas compter redoubler car je serai encore en prison vraisemblablement. Je peux vous le dire à vous, mais ne le répétez pas, ma vie ici est un enfer. Nous sommes toutes mélangées ici et (je vais vous dire quelque chose qui va vous faire rougir) je suis la seule pucelle ici et la seule détenue politique (! ! !). Les autres sont ici pour vol, prostitution, vagabondage. Jeudi, mon père est venu me voir ; en attendant l'heure de la visite, on l'avait mis dans une salle dont la porte était ouverte sur la cour. Une fille s'est approchée et lui a dit : « Eh, dis, donne-moi une cigarette, dis. » Voilà ce qu'on m'a rapporté et c'est vrai, il n'y a pas l'ombre d'un doute.

Il y a ici plusieurs syphilitiques et je meurs de peur, vous m'entendez, je crève de peur de l'attraper. C'est une peur qui me prend au ventre, me donne des bourdonnements dans les oreilles et me fait trembler les mains. Le vocabulaire est ici très particulier et « merde » est comme pour nous « zut » ou « crotte ». Et puis, elles ont une manière de dire le mot d'un air canaille et en appuyant sur la dernière syllabe !

La nourriture est très variée : du chou, du chou, du chou et… encore du chou. Heureusement, il y a la cantine (je viens de m'interrompre pour entrer en possession d'immondes bouchées à 4 F pièce) et les colis. Papa va sans doute m'en apporter assez souvent en venant me voir chaque jeudi (une demi-heure d'entrevue).

Tiens, pour la première fois depuis vendredi, nous avons du dessert ; nous avons mangé notre chou à 10 h et il est midi à présent. C'est un petit-suisse. Il est bon. je l'ai mangé avec le reste de mon pain car on nous donne une demi-boule de pain chaque matin pour toute la journée ; cette boule varie de 250 à 300 g (plutôt 250). Tant pis, j'aurai faim ce soir. Peut-être que je n'aurai pas faim car j'ai un appétit tout ce qu'il y a de médiocre. Et je donne toujours une bonne partie de mon pain à deux camarades assez gentilles et qui le mangent toujours dès qu'on le leur donne.

Voici mon emploi du temps, comme cela quand vous penserez à moi vous saurez ce que je fais à peu près.

7h1/2-8 h : lever, toilette (en commun !), lit.

8 h-8 h l/2 gymnastique (! ! ! on a même des tuniques ! ! !) on monte, on a un quart de café (?) toujours presque froid, ce qui est pire que s'il était complètement froid ; la boule de pain. Puis on travaille : tricot, couture ou ravau-

dage. À dix heures, on a le chou et le jus qui est plus ou moins de l'eau de vaisselle selon que ladite vaisselle était grasse ou pas. Puis travail jusqu'à 12 h. Là on arrête, on reste dans l'atelier-réfectoire jusqu'à 13 h à faire ce que l'on veut. Les filles se sont fabriqué des cartes à jouer et j'ai appris à jouer à la belote. Il y a ici une pauvre fille toujours seule dont j'ai pitié. Je la prenais toujours avec les deux filles assez gentilles, mais je sais depuis hier qu'elle est syphilitique et je continue à avoir pitié d'elle, j'ai même encore plus pitié, mais elle me fait peur, elle me fait peur et je voudrais l'éviter ; dire que nous mangeons dans des gamelles qui ont passé entre ses mains.

Les gamelles que nous avons sont des récipients de cette forme :

avec des petits plats :

en fer, la plupart du temps rouillés et surtout puant le chou pourri car nous lavons toujours nos gamelles à l'eau froide (quand nous pouvons les laver car les surveillantes sont plus ou moins gentilles et de bonne humeur).

Je ne sais pas si ce que je vous dis vous intéresse mais ça me soulage de vous écrire. Je m'évade un peu de cette atmosphère qui m'humilie et me met en rage. Bon dieu, qu'ai-je donc fait ?

Ah ! je n'ai pas fini de vous donner mon emploi du temps. Je continue : de 13 h à 14 h on descend dans la cour, on remonte et, jusqu'à 16 h, on travaille, puis c'est le chou et l'eau (parfois, quelle trouvaille ! en cherchant bien on trouve un petit bout de pomme de terre, parfois on trouve une souris, parfois un gros morceau de bois où le toutou de la surveillante en chef a fait un petit pipi). Jusqu'à 18 h on travaille, de 18 h à 19 h on ne fait rien, c'est-à-dire qu'on joue à la belote ou qu'on se fait tirer les cartes ou qu'on écrit. Quel dommage que je ne puisse vous écrire ni recevoir de vos nouvelles. Ça me ferait un bien fou. Mes chères vieilles, profitez de votre liberté même relative, vous ne savez pas comme c'est bon.

Je pense à vous toutes, Monique, Ada, Thérèse, Michelle et toutes celles que j'aime, mais parfois une terreur me prend à la pensée que j'ai changé, que j'ai vu et entendu trop de choses ignobles et dégoûtantes pour être restée la même. Pensez qu'il n'y a rien de beau ici, tout est sale, tout est laid, tout est mesquin. Ma vie est fichue. Quelle fille je suis, je m'écarte tout le temps de mon emploi du temps. Je continue encore : de 19 à 20 h, on descend « sur cour » puis nous remontons nous coucher, on fait notre toilette, notre lit, on bavarde, on chiale tout ce qu'on peut à l'idée que maman souffre et qu'elle est toute seule à la Petite Roquette pour n'avoir rien fait et donné sa vie à ses enfants. Dire qu'elle commençait à peine à avoir un petit peu de bonheur et si peu ! Comme elle doit souffrir ! Si elle n'était pas enfermée aussi, je crois que je ne souffrirais 5 fois comme je souffre, mais savoir qu'elle a 55 ans, qu'elle est si bonne, si honnête, si innocente et qu'il a suffi d'une personne méchante pour lui faire tous ces ennuis et à moi aussi, quelle rage ! Et je sais que je ne saurai pas prendre ma revanche.

J'ai ici des camarades qui m'adoucissent un peu la vie ; l'une est là pour escroquerie, l'autre pour vagabondage. La première est Belge, elle est très gentille, elle va bientôt être libérée ; l'autre est Espagnole, elle est là pour vagabondage et complicité de vol, c'est une fille que je trouve jolie et qui est une fasciste pur sang : elle a la croix gammée tatouée sur un poignet. Elle avait pour amant un marin allemand et a été prise avec des *ausweis (sic)* dans sa poche. Il y en a une troisième qui est aussi sympathique. Elle est là pour marché noir, est assez intelligente et est enceinte de trois mois Il y a une autre future mère ici. Derrière notre bâtiment, il y a une prison pour Allemands et les filles risquent le cachot pour les voir. On descend dans la cour. À tout à l'heure.

Chic, mon père est là, quelle chance ! Je voulais encore vous dire beaucoup, beaucoup de choses mais j'espère avoir bonne mémoire et je vous les raconterai de vive-voix. Le soleil est chaud. Je suis dans la cour en ce moment et l'odeur des w.c. qui sont de l'autre côté de la cour pourtant.

Ce qu'il est gentil papa ! Il va sûrement me donner de vos nouvelles. Pauvre homme ! Lui aussi est malheureux de me savoir enfermée.

Au revoir, mes chères vieilles. La surveillante crie en ce moment car il y a des filles qui regardent les Allemands. Si vous voyiez comme elles font ! Elles leur envoient des baisers, elles leur font signe de venir. Quelle abomination !

Je vous serre les mains très, très affectueusement.

Votre vieille copine Louise[1].

Les Lettres de Louise Jacobson et de ses proches, présentées par sa sœur Nadia Kaluski-Jacobson, sont parues aux Éditions Robert Laffont, en 1997, avec une préface de Serge Klarsfeld.

Les Lettres de Louise Jacobson et de ses proches, Robert Laffont, 1997, pp. 47-48.

NOTE

1. Louise Jacobson est née le 24 décembre 1924 à Paris. Ses parents venus de Lettonie avaient obtenu la nationalité française

l'année de sa naissance. En 1942, Louise est lycéenne, elle habite à Paris dans le XIe arrondissement et prépare le bac au lycée Hélène-Boucher. Le 31 août 1942, elle est arrêtée avec sa mère à leur domicile par des inspecteurs des Renseignements généraux, à la suite d'une dénonciation anonyme, pour « détention illicite de brochures communistes » et, pour Louise, « non-port de l'insigne juif ». Les voisins, interrogés par la police, confirment que Louise sort souvent sans son étoile. Quant aux brochures, elles sont trouvées dans une malle, à la cave. Louise, séparée de sa mère, est internée à la prison de Fresnes, puis à Drancy. Elle est déportée à Auschwitz le 13 février 1943. Elle y meurt, dans les chambres à gaz, à une date inconnue. Sa mère Olga, née en 1889, est d'abord envoyée à la prison de la Petite-Roquette ; elle sera elle aussi déportée et assassinée à Auschwitz, le 20 novembre 1943, par le convoi n° 62.

Gabriel Ramet à ses parents
3 septembre 1942[1]

[Drancy]. Le 3/9/42

Chers parents,

Je vous écris cette présente pour vous remercier de tout ce que vous faites pour moi. Les colis sont très bien et je vous remercie encore. J'ai fait le riz avec du sucre, du chocolat et du lait. Je puis te dire que je me suis régalé ! Je mange à ma faim, ma santé est très bonne, et mon seul souci, c'est de savoir si vous êtes en bonne santé, si vous vous nourrissez bien, car je sais qu'à Paris le ravitaillement est très pénible. Les Français qui sont internés à Drancy partent pour Pithiviers, mais moi, je fais partie des cadres, alors je reste ici et tous les étrangers sont déportés[2]. Je préfère rester à Drancy, car j'y suis très bien et il ne me manque de rien, surtout que j'attends ta carte de légitimation[3] avec impatience, mais tu sais, chère petite sœur, je doute que cela soit valable pour un frère, alors renseigne-toi et spécifie bien mon nom sur ta carte comme habitant chez toi et passant sous ta protection. Ha ! si papa pouvait m'envoyer un certificat de fourreur[4] que son patron irait faire légaliser à l'hôtel Astoriat *(sic)*, là, je serai sûr d'être libéré dans les 48 heures.

Tu te rends compte un peu[5]. Car comme tu dois comprendre, j'en ai assez de voir toujours les mêmes murs et je voudrais tant revoir ta petite frimousse. Il paraît que tu es très belle. Je voudrais m'en rendre compte. Il arrive en ce moment beaucoup de gens de zone libre qui sont immédiatement déportés. J'ai peur de voir arriver Thérèse et ses parents. Ils ne prennent que les étrangers, les Français sont tranquilles pour le moment. Je suis très content que vous ayez reçu des colis de la mémère, cela vous soutiendra toujours un peu. Ainsi, chère petite, tu es contente de ton travail, eh bien tant mieux, cela me fait plaisir. Et cette chère petite maman, comment se porte-t-elle ? J'espère qu'elle n'a pas perdu son sourire, car lorsque je reviendrai, il faudra qu'elle me sourie. Je vais te renvoyer les chemises que tu m'as envoyées dernièrement, car je n'en ai pas besoin, songe que je reste toute la journée en short ! Et je me suis fait une petite bavette pour me protéger la poitrine, et c'est tout pour ainsi dire. Ici, il fait chaud, j'économise le linge et le savon. Hein, tu n'aurais jamais cru que ton frérot serait si économe, mais qu'est-ce que tu veux, avec le temps, on change un peu. Et puis, dans un mois je vais avoir 22 ans, tu te rends compte un peu, l'âge de la raison !

Envoie-moi, je te prie, un peu de sel fin, car j'en manque. Et surtout du pain dans les colis, le reste, je m'en fiche. Je vous embrasse tous bien fort. Je pense souvent à vous, à bientôt je l'espère et je reste toujours à Drancy.

Votre fils et frère qui vous adore.

Gaby.

Centre de documentation juive contemporaine, Paris, n° DCCCXCI-3 (19) (coll. Ramet).

NOTES

1. Sur Gabriel Ramet, voir la lettre du 1er septembre 1941, p. 27.

2. Sur les catégories de déportés, voir pp. 169-170.

3. Juste avant la rafle du Vel d'Hiv, les Allemands ont distribué aux membres de l'UGIF des cartes de légitimation, qui leur permettent d'échapper et de faire échapper leur famille à la rafle.

4. Sur les certificats de fourreur, voir p. 153.

5. Gaby s'adresse à sa sœur Suzanne.

Hinda Mileschberg à sa sœur Malka Fiszman 7 septembre 1942[1]

Drancy, 7 septembre 1942

Très chère Malka,

Comme j'en ai l'occasion, je t'écris encore quelques mots. Cela fait dix jours que je suis à Drancy. Je t'ai déjà écrit deux fois. Cette lettre est la troisième. Je suis certaine que tu as reçu quelque chose. Chère Malka, je t'en prie, ne te fais pas de soucis. Je vais tout surmonter.

On me fait partir d'ici mercredi. Je sais qu'on m'envoie à Metz. Si j'en ai la possibilité, je t'écrirai dès mon arrivée.

Je t'en prie, Malka, ne te fais pas de soucis. Je suis en bonne santé. Je suis nourrie. Je suis entourée de compagnons très gentils. On ne me laisse pas tomber. Je t'ai envoyé 1 000 F. Si tu les as reçus, j'en suis très contente.

Chère Malka, écris à Arke[2] pour lui faire savoir où on m'a envoyée. Écris également quelques mots aux..., ils ont beaucoup fait pour moi. Arke m'a pourvu en tout. Il s'est occupé de moi comme un frère. Je t'en prie. Tiens-toi, ne pleure pas. Prends bien soin de toi, ma chère J'espère que nous nous retrouverons comme autrefois. Je suis très préoccupée parce que je te connais. Aussi, je te supplie de ne pas t'affoler. Sois contente de savoir que mon moral est bon.

Ma très chère sœur, je te souhaite une bonne santé et t'embrasse.

Mes amitiés à toutes nos connaissances. Envoie le bonjour à Avrom Abe [3]. Peut-être vais-je le voir là-bas. Si j'en ai la possibilité, je t'écrirai.

Bonne journée. Je t'embrasse

Hinde.

Mme Fiszman
153, rue de Crimée 153
Paris (19e)

Coll. Weibel.

NOTES

1. Sur Hinda Mileschberg, voir la lettre du 29 août 1942, p. 230.
2. Un cousin.
3. Le mari de Malka, prisonnier de guerre en Allemagne.

Le camp de Drancy à Malka Fiszman
10 septembre 1942[1]

Madame Fiszman
153, rue de Crimée
Paris (19e)

Drancy, le 10 septembre 1942

Madame,

En réponse à votre lettre du 3 courant, je vous informe que l'internée Hida Milechberg *(sic)* est inconnue au Camp de Drancy.

Recevez, Madame, mes salutations sincères.

Le Commissaire de Police
Commandant le camp d'internement de Drancy[2].

Coll. Weibel.

NOTES

1. Voir les lettres du 29 août et du 7 septembre 1942, pp. 230 et 245-246.

2. Le registre du camp, la liste des convois ne portent pas de trace d'Hinda Mileschberg. Celle-ci a pourtant bien été déportée, peut-être enregistrée sous un autre nom. Mais, plus généralement, cette lacune des archives renseigne clairement sur les conditions de la déportation de masse : appel dans la terreur, scènes déchirantes de familles ou d'amis séparés, désignation ou remplacement à la dernière minute, nom écrit à la va-vite au crayon, sur un double qui n'a pas été conservé, tout cela explique que certains déportés, conformément au dessein nazi, aient véritablement disparu dans la nuit et le brouillard.

Lisa David à sa sœur Nana Dachy 12 septembre 1942[1]

Encore une bise.
Vite une réponse, je t'en prie.

Le 12 septembre 42

Chère petite sœur,

Je viens de recevoir ta carte qui m'a fait beaucoup de peine à propos de Paulette, mais que veux-tu, il y en a beaucoup dans son cas, et espérons que va finira bientôt. Pour moi, c'est toujours pareil, la santé est bonne et je travaille toujours, mais je me sens bien seule ici. Que je voudrais que tu sois auprès de moi, car tu sais, à part toi, je n'ai pas grand-chose qui me tient à cœur.

Comment vas-tu, ma chérie, ainsi que les enfants, est-ce que Lucien[2] travaille toujours ? Est-il toujours aussi gueulard ? En ces moments, je ne sais si je vais rester longtemps ici, car les gens étrangers qui ne possèdent plus que 100 000 F, on les interne pour travailler, remarque que moi, ça m'est égal, vu que rien me retient ici. Car il ne faut pas croire que je suis avec Willy, car le pauvre, il est parti tu sais où, et je suis sans nouvelles de lui, et sa femme est partie chez un beau-frère à Toulouse. Tu vois, je suis toute seule. As-tu des nouvelles de papa ? Comment va-t-il ? Est-il toujours à Limoges ? Réponds-moi de suite, Nana, ça me fait plaisir d'avoir des nouvelles de toi. Je vais t'envoyer un petit paquet, j'espère qu'il te fera plaisir. Je vais faire ce que je vais pouvoir, car j'ai mal au cœur de savoir que tu n'as rien à manger. Ici, le ravitaillement n'est pas trop mauvais. À bientôt de te lire en attendant de te revoir, embrasse les enfants ainsi que Lulu. Vite, une réponse, et dis-moi si tu as le paquet.

Ta petite sœur qui t'aime,
Lisa.

Centre de documentation juive contemporaine, Paris, n° DCCCXXIV-15 (11a).

NOTES

1. Lisa David est la sœur de Paulette Bronstein, déportée en août (voir la lettre du 31 juillet, pp. 194-195) et de Nana (Chawa) Dachy. Elle est déjà citée dans la lettre de Paulette le 18 juillet 1942 (pp. 184-185). Elle sera ensuite internée à Nexon (voir la lettre du 3 novembre 1942, pp. 271-272). Sur Paulette Bronstein et sa famille, voir la lettre du 16 juillet 1942, pp. 179-180.

2. Lucien Dachy, le mari de Nana.

Adolphe Fuchs à ses parents
20 septembre 1942[1]

Le 20 septembre

Mes chers parents,

On m'amène vers l'Est. Ne vous inquiétez pas, car on se reverra bientôt. J'espère que Maman s'est tout à fait rétablie.

La santé est excellente ainsi que mon moral.

À bientôt. Bonjour pour tous.

Bons baisers.

Adolphe.

Une dame de Bar-le-Duc qui a ramassé carte au passage à niveau du train[2]

Centre de documentation juive contemporaine, Paris.

NOTES

1. Sur Adolphe Fuchs, voir la lettre du 22 août 1942, p. 219. Adolphe, transféré de Pithiviers à Drancy, est ramené à Pithiviers avant sa déportation. Le convoi n° 35 part de Pithiviers

vers Auschwitz le 21 septembre 1942. Il comprend 173 enfants et adolescents, presque tous nés en France. Arrivé à Kosel, à 40 km d'Auschwitz, le train s'arrête, les SS font descendre 200 hommes âgés de 16 à 20 ans. Fuchs qui a d'abord été refusé, se faufile dans le groupe des travailleurs. Le convoi arrivé à Auschwitz n'aura pratiquement pas de survivants. Fuchs est envoyé à Blechammer, un complexe chimique où travaillent 40 000 ouvriers. On y meurt de froid, de faim, d'épuisement. Évacué par les SS en 1945, il fait à pied 250 km en 12 jours avant d'être enfin libéré. Il fait partie des 29 survivants du convoi n° 35.

2. Autre écriture.

Régine Goldblum à sa sœur Gisèle
Vers le 11 octobre 1942[1]

Ma chère petite Gisèle,

Voici quelques mots dont j'ignore s'ils t'arriveront. Tout de même, je t'écris. Tout d'abord, où es-tu ? Que deviens-tu ?

As-tu reçu le colis, car dedans il y avait tout ce que je possédais ? Maintenant, voici de mes nouvelles.

Le 1er octobre, on a voulu aller te rejoindre. Le passeur m'a fait une carte de française authentique, car à la gare d'Austerlitz j'ai été arrêtée et on m'a demandé les papiers. J'ai donc montré ma carte nouvelle. Il nous a conduits à Orléans où l'on devait prendre le train en wagon poste jusqu'à Bordeaux, ensuite passer la ligne en ambulance. À Orléans, il nous a fait attendre dans une chambre d'hôtel. Il est parti chercher ma carte d'alimentation au nom de Rolande Plissoneau, car j'étais d'Orléans, mais au lieu de cela, il nous a envoyé la Gestapo. J'ai été fouillée jusque dans mes chaussures, j'ai été déshabillée, entièrement nue. On m'a tout pris, argent, papier, photos, enfin tout. J'ai fait dix jours de prison gardée par les Allemands. Maintenant, je suis où était Jacques. 13/16B.

Je t'ai envoyé en fraude une carte[2], tu peux me répondre autant que tu voudras. Donne-moi bien vite de tes nouvelles, car je suis inquiète. Fais des recherches pour les colis, les reçus étant dans mon porte-monnaie, donc, c'est Hans (il est le chef de la Gestapo) qui les a. Où es-tu ? Chez l'oncle ? Dis-leur bonjour. Tu aurais mieux fait de rester à Vatan [Indre], tu aurais au moins eu de quoi prouver tes moyens d'existence. Écris à Gisèle [3] qu'elle t'envoie une parure rose que j'ai payée à Mlle F. Que te dire encore ? Ici, je suis plus que malheureuse, car la nourriture laisse à désirer et je n'ai personne pour m'envoyer un colis. Gisèle m'envoie un petit colis de rien du tout, alors elle croit me rendre heureuse. Tout ce qui est contingenté est interdit. Autorisé par exemple : poulet, lapin, œufs, fruits, tomates, oignons, un petit peu de sucre, pommes de terres cuites, légumes cuits, crottes de chocolat, etc.

Je termine ces mots en t'embrassant bien affectueusement.

Je ne sais pas comment tu feras sans argent, j'en suis malade pour toi. Adieu donc ma petite Gisèle, sois courageuse. Je ne sais pas si nous nous reverrons. Tâche de te débrouiller par n'importe quel moyen pour rester en France, qu'au moins toi tu sois sauvée, tu n'es plus une gamine et aie confiance en toi, tâche autant que possible de rester sérieuse.

Ta sœur Régine.

Mlle Gisèle Goldblum,
chez Mme Gendreau,
Hôtel de la Promenade,
14, rue de la République à Vatan, Indre.

Prière de mettre sur l'enveloppe :
En cas d'absence, prière de faire suivre.

Centre de documentation juive contemporaine, Paris, n° DCCCXXIV-8 (12) (coll. Szenker).

NOTES

1. Sur la famille Goldblum, voir la lettre du 31 août 1942, p. 234. Régine est internée à Beaune-la-Rolande le 10 octobre 1942.

2. Sur le courrier, voir p. 64.

3. Une autre Gisèle.

Louise Jacobson à ses camarades 11 et 13 octobre 1942[1]

[Prison de Fresnes], dimanche 11 octobre 1942

Mes bien-aimés,

Je suis libérée, mes chers. Je vous annonce cela peut-être un peu brutalement. Peut-être ne sortirai-je pas encore aujourd'hui, je ne sais pas. Je suis quand même bien malheureuse car je ne sais pas si maman est libérée aussi. Pourvu que oui ! Cela fait 6 semaines aujourd'hui que j'ai perdu ma liberté et je la retrouve enfin. Ne nous réjouissons pas trop, je risque de la reperdre, et bientôt. Mais n'en parlons pas. J'espère pouvoir bientôt vous embrasser avec maman. Pourvu qu'elle soit libérée elle aussi.

Tu vois, ma très chère Paulette, je ne me suis presque pas trompée quand je t'ai écrit que c'était la dernière carte de Fresnes. Tu verras, j'ai le ferme espoir que ta mère et ta sœur subiront le même sort que moi dans très peu de temps. Seulement, je sais bien que cela doit être assez dur surtout au début et surtout pour ta maman.

Courage et espoir et à bientôt.

J'ai un mal de tête carabiné. Je vous embrasse mille billiards de fois.

Louise.

Mardi 13,

J'avais deviné. Je vais direction DRANCY.

Courage mes bien-aimés.

Chère Paulette, je verrai ta maman et ta sœur.

Je ne sais rien pour maman. Elle doit être encore à la Roquette. Qu'elle y reste le plus longtemps possible ! Je suis au dépôt. J'ai extrêmement bon moral. J'écris avec mon stylo. Je me suis fait une copine. Tout va bien.

Les Lettres de Louise Jacobson et de ses proches, Robert Laffont, 1997, pp. 97-98.

NOTE

1. Sur Louise Jacobson et sa mère, voir la lettre de septembre 1942, p. 239.

Moïse Kahan à son épouse
14 octobre 1942

Drancy, le 14 octobre 1942

Ma chère femme,

Je n'ai pas encore de tes nouvelles. J'espère que tu es en bonne santé et que ton moral est aussi bon que le mien. Ma santé est très bonne. La seule chose qui me soit nécessaire en ce moment, c'est du ravitaillement. Tu vas recevoir avec cette carte deux nouveaux bons de colis[1]. Envoie-moi surtout du gros pain, des œufs durs, du sel, 12 oignons, une tête d'ail, un paquet de biscottes, confiture, fromage et viande si possible ; un peu de beurre si tu en trouves.

Tu trouveras sous la table dans l'atelier une boîte métallique. Joins-la au colis. Ajoute toutes les conserves que tu pourras trouver. Envoie-moi des pommes de terre en robe de chambre avec la pelure. Si tu peux, envoie-moi également des haricots en salade.

Tu sauras bien d'ailleurs tout ce qui peut me faire plaisir et surtout me nourrir le mieux. N'oublie pas une bonne quantité de sucre et de café moulu. Je sais combien il est difficile de réunir les éléments d'un colis. Un voyage à Gargan[2] te facilitera probablement cette tâche. Envoie-moi des cubes de poule au pot qui sont sur la cheminée dans la boutique à côté d'une boîte à craie. Ajoute si possible un paquet d'Eleska et du chocolat.

As-tu des nouvelles des enfants ? de Maxime ?

Le travail qui était resté en route est-il fini ?

Ne t'ennuie pas trop. Sois courageuse. Soigne-toi bien afin de te conserver en bonne santé pour mon retour que j'espère prochain. Mes seules pensées vont vers toi et les enfants. C'est ce qui me donne le courage nécessaire et la patience qui me permettront de tenir jusqu'au revoir.

J'ai rencontré ici Madame Waintropp avec sa fille. Elles te font leurs amitiés. Elles m'ont dit qu'elles t'avaient rencontrée vendredi au métro. Nous avons parlé longuement et cela m'a fait plaisir.

Ici, j'ai de bons camarades. Grâce à eux, je me sens moins seul.

Je ne t'écrirai plus maintenant que le 30 octobre. Mais j'espère bien avoir deux cartes de toi d'ici là.

Dis le bonjour à notre fille Germaine, à Manuel, à sa famille.

Mes amitiés pour Mlle Cochereau qui doit prendre patience jusqu'au retour.

Je t'embrasse de tout mon cœur.

À bientôt le retour.

Moïse [3]

Bonjour à Madame Tillandier et à Adèle.

Centre de documentation juive contemporaine, Paris, n° DCCXXXIIb-1 (8).

NOTES

1. Sur les colis, voir p. 83.
2. Aujourd'hui Livry-Gargan (Seine-Saint-Denis).
3. Moïse Kahan, né en 1892 à Salbuk (Russie), habitant à Paris, 94, rue Damrémont, arrive à Drancy le 8 octobre 1942. Il est déporté vers Auschwitz le 13 février 1943 par le convoi n° 48.

Marcel S. à Laval
30 octobre 1942

Lyon, le 30/10/42

Monsieur le Président du conseil,
Pierre Laval,

Je vous prie de m'excuser, mais je fais appel à votre bonté, que je sais très grande par une très vieille amie de mes parents, Madame C., concierge de la mairie de votre circonscription d'Aubervilliers.

Je suis citoyen français, né le 17 octobre 1923, à Paris III; mes parents nés respectivement en 1895 et 1894 à Lubarteur, Pologne, venus régulièrement en France en 1920, mon père engagé volontaire en 1939 à l'âge de 45 ans, ayant combattu sur la ligne Weygand sur Somme, fait prisonnier le 6 juin 40, rapatrié comme ancien combattant en juillet 1941. Ma mère a été arrêtée à Paris le 16 juillet 1942[1] en son domicile, 88, boulevard Magenta, Paris X, internée à Drancy, puis déportée à Metz et depuis sans nouvelles. Vous connaissez les souffrances d'un fils séparé de sa pauvre mère malade des bronches.

Je viens solliciter de votre haute bienveillance, Monsieur le Président du conseil, une grâce en la faveur de ma pauvre maman. Je m'excuse de vous troubler dans la grande tâche que vous avez entreprise de faire, mais je connais votre bonté et crois en son pouvoir de me rendre ma mère, dont le seul péché fut d'être israélite.

Je vous prierai de faire l'impossible, car je crois qu'il n'y ait pas de plus grandes souffrances morales que la séparation, ne fût-ce que d'une famille ou d'une nation, et me sentant à bout de résistance, je m'en remets au suprême espoir, votre grâce, Monsieur le Président.

Croyant en votre puissance, je vous prie de croire, Monsieur le Président du conseil, en l'expression de ma considération distinguée.

Marcel S.
65, cours Vitton
Lyon VIe.

Voici le nom de ma mère :
Madame Elki S.
née G., le 27 mai 1894, à Lubarteur, Pologne.

Archives nationales, Paris, AJ 38/67 (Commissariat général aux questions juives).

NOTE

1. Lors de la rafle du Vel d'Hiv : voir p. 180.

Sarah Kurtz à son frère Jean
31 octobre 1942

Drancy, le 31-10-42

Cher frère, sœur et nièce,

J'espère que tu as reçu, Jean, les deux lettres de Valenton. Je suis à Drancy depuis trois jours avec Raymond. J'ai été ramassée chez moi lundi matin, comme tous dans la Seine-et-Oise, mais j'ai bon moral et je suis très courageuse. Je veux, cher Jean et Nina, si cela ne vous ennuie pas, que vous m'envoyez un peu de pain pour Raymond, quelques pommes de terre cuites en robe de chambre, un peu de viande bien cuite ou des œufs pour mon petit bonhomme, un morceau de toile blanche. Tu sais que tu es père, tu comprendras qu'en frère aîné, ton devoir est de demander à la famille, non pas pour moi mais toi, occupe-t'en, rien que pour Raymond, je te rendrai un jour tout ça. Toi et Nina, vous avez Betty, tu la gâtes, alors pense un peu à Raymond. Je sais que tu as bon cœur et que tu le feras. Dis à Bikelle qu'elle aille chercher mon sac rouge à réparer, que j'ai donné 4, rue Sainte-Croix de la Bretonnerie à Paris, ainsi que mes affaires chez Lacasne ; qu'elle fasse un tour à Viry. Je me renseigne pour Marcel, avertissez Léonie, Oscar et Fanny, s'ils peuvent m'envoyer un colis chez moi, et toi, tu me l'enverras à ton tour.

As-tu, Jean, des nouvelles pour moi ? Ne refuse pas, mon cher frère, ce que je te demande, car tu es le seul de la famille sur qui je peux compter. Tu vois ma chance, mon mari, moi et mon fils. Mais je veux supporter pour mon gosse, qu'on ne le sépare pas de moi. Jean, alors, pour mon petit bonhomme.

J'ai le droit à une lettre tous les quinze jours, mais attendez la lettre pour la réponse.

Bons baisers.

Sarah[1]

Centre de documentation juive contemporaine, Paris.

NOTE

1. Sarah Kurtz, née le 15 décembre 1899 à Odessa (Russie), habitant Viry-Châtillon (Seine-et-Oise) est victime de la rafle déclenchée les 9 et 10 octobre 1942 en zone occupée. Elle a été internée à Drancy le 28 octobre 1942, en compagnie de son fils Raymond, né le 26 juin 1930 à Paris. Tous deux sont déportés à Auschwitz par le convoi n° 44 du 9 novembre 1942, qui comptera, en 1945, 15 survivants sur environ 1 200 déportés. Ces derniers comprenaient, outre des juifs d'Île-de-France, environ 800 juifs grecs arrêtés le 5 novembre précédent.

Jacques Finkelstein au directeur de la Colonie scolaire 31 octobre 1942

Drancy, le 31.10.42

Cher Monsieur[1],

C'est un pauvre enfant juif qui vous écrit. Je me nomme Finkelstein Jacques, j'ai 12 ans. Je suis actuellement interné à Drancy. J'ai à ma charge 3 jeunes enfants qui sont mes frères et sœurs : Léon, 11 ans, Marcelle, 10 ans et Henri, 6 ans. Nos parents, des juifs polonais, sont déportés depuis 3 mois, ainsi que mon grand frère et ma grande sœur. Je ne vois absolument personne à qui je puisse adresser mes bons de colis[2], c'est donc en vous que je confie mes derniers espoirs. Je vous en supplie, faites quelque chose pour mes petits frères et sœurs. C'est un vrai déchirement pour moi que de leur refuser le pain, le pain qu'ils demandent et que je n'ai pas. Je me prive journellement pour eux, mais c'est insuffisant, car je n'ai aucune provision, tout me manque, et le pain et les chocolats et tout. J'habitais Sainte-Menehould, dans la Marne, et il ne me reste aucun parent. D'avance, je vous remercie pour les petits et crois de tout cœur en votre générosité.

Jacques Finkelstein[3]

P. S. : Je joins aux enveloppes des petits les bons de colis.

Centre de documentation juive contemporaine, Paris, n° DLXXXIV-2 (18).

NOTES

1. Sur la Colonie scolaire, voir la lettre du 30 juin 1943, p. 335.

2. Sur les colis, voir p. 83.

3. Jacques Finkelstein, né le 26 mars 1928 à Paris, est interné à Drancy avec ses trois frères et sœurs plus jeunes que lui. Tous les quatre sont déportés à Auschwitz le 4 novembre 1942, trois mois après leurs parents, par le convoi n° 40, qui comprendra 4 survivants en 1945.

Max Jacob à Eugène Guillevic
1er novembre 1942

Lundi 1er novembre 42
Saint-Benoît-sur-Loire

Mon cher Guillevic,

J'suis l'bouquet
J'suis l'bouquet
J'suis l'bouc émissaire.

Pas tant que ça ! Que serait-ce si je n'étais pas protégé au point névralgique, je n'en sais rien mais je le suis et aussi en hauts lieux, plus haut que je ne saurai dire. Quant à mon bouquet, il est bien fané. Que je le compare à celui que vous tenez, les jeunes ! Et qui dépasse en odeur toutes les fleurs épanouies sur la terre depuis des siècles. Quelle époque de poèmes ! un peu trop sages, peut-être. J'ai eu le numéro de *Goéland*[1] que vous connaissez qui contient trois résultats d'un concours, 4 pages format de journal et bourrées d'alexandrins magnifiques. Pas de folie ! pas de fantaisie. L'invention n'atteint pas la vôtre bien sûr mais excellente moyenne et tenue… !

Quant au bouc émissaire lui-même ! il a été inquiété, accusé de complot parce qu'il recevait des visites quotidiennes cet été ! accusé de ne pas porter l'étoile jaune.

Mais prévenu par une population sympathique. Espérons que ça continuera. Merci de penser à moi et croyez-moi votre ami.

Max Jacob [2]

NOTES

1. Le journal littéraire *Le Goéland*, « Feuille de poésie et d'art », fondé en 1936 par Théophile Briant et édité à Paramé.

2. Max Jacob est né à Quimper en 1876. Poète, peintre, ami de Picasso, il fréquente jusqu'en 1921 la bohème montmartroise et se lie avec la plupart des écrivains et artistes de l'époque. De 1921 à 1928, il s'installe à Saint-Benoît-sur-Loire, où il demeure de nouveau à partir de 1935, et jusqu'à son arrestation en 1944. En 1943, son frère Gaston, puis en janvier 1944, sa sœur Myrté-Léa sont déportés à Auschwitz, où ils sont exterminés. Max Jacob est arrêté le 24 février 1944, incarcéré à la prison d'Orléans, puis transféré quatre jours plus tard au camp de Drancy d'où partaient les convois vers l'Allemagne. Il y meurt d'une pneumonie le 5 mars 1944.

Moïse Kahan à son épouse 1er novembre 1942[1]

Camp de Drancy
Dimanche 1er novembre 1942

Ma chère petite femme,

Je suis en excellente santé et j'espère qu'il en est de même pour toi et pour Germaine. J'ai bien reçu les deux cartes et les 3 colis, et celui des vêtements. Ils m'ont fait beaucoup de plaisir. Je sais tout le mal que tu te donnes et je t'en suis très reconnaissant. J'espère d'ailleurs que cela ne durera pas longtemps. Mon moral et ma santé sont très bons et je ne doute pas que ton courage est aussi grand que le mien. Je vais te retourner la grande paire de ciseaux, qui n'est pas acceptée ici, dans le prochain colis de linge. Envoie-moi aussitôt que possible un canif. Lorsque je suis arrivé ici, j'ai été obligé de déposer 20 F que j'avais sur moi. Cette somme va te parvenir bientôt.

La vie est ici monotone, et la seule joie est de recevoir des nouvelles et des colis. Ne mets plus d'ail ni d'oignon ni sel, mets deux pains au lieu d'un et pour le reste, fais pour le mieux. Je t'adresserai ainsi le colis de linge que tu trouveras 6, rue Chaumont.

Je ne me sens pas seul. J'ai de nombreux camarades, dont l'un est ami de Mme Escovitch, M. Kemler, que tu as vu un dimanche.

J'ai rencontré aussi Hélène et son mari, tous deux de Gargan. Dis-le à Germaine. Le certificat de ma maison n'a pas de valeur aux yeux des autorités d'ici. Comme j'ai travaillé dans la fourrure, envoie-moi un certificat de l'employeur le plus vite possible[2]. Il faut le faire signer à la Kommandantur, Hôtel Astoria, Champs-Élysées. Adresse ensuite ce certificat à Monsieur le Commandant du camp de Drancy, en indiquant qu'il est destiné à Kahan Moïse, bloc V, escalier 20 – chambre 11 – n° de matricule 16904.

Fais bien attention à ta santé, ainsi qu'à celle de Germaine qui, je l'espère, va bien aussi.

En tant que Français et ayant plus de 60 ans, je crois pouvoir compter sur une libération prochaine[3]. J'ai pu te renvoyer la carte de tabac de Maxime. Envoie-moi 50 F, pas plus. Je te renvoie dans le colis de linge des chaussures à arranger, mais ne me les renvoie pas tout de suite.

En défaisant ton colis, l'employé a fait tomber la brosse à dents. Elle est cassée. Envoie-moi une autre. (Prends-la dans le petit tiroir à l'entrée de l'atelier.) Prends également un tube de pâte dentifrice. Dans le paquet de linge, tu trouveras une chemise usée. Ne me la renvoie pas et fais-en des chiffons. N'oublie pas de me retourner le grand chiffon blanc qu'on m'a prêté. J'ai été content de savoir que tu as vu Gouret et je pense que tu as eu de bonnes nouvelles de là-bas.

Dans le colis de linge, joins ma vieille couverture en coton.

Donne le bonjour à M. Manuel et à sa femme Elsie ainsi qu'à Claudine. J'espère qu'ils sont tous trois en bonne santé. Remercie-le bien pour le service rendu. Je ne les oublie pas.

Mes bons souvenirs à Mademoiselle Cauchereau ainsi qu'à Adèle. J'espère que tu as de bonnes nouvelles de ta mère ainsi que de la famille. Quand tu leur écriras, adresse-leur mes pensées affectueuses.

Dis-moi, ma chère femme, si Germaine a eu des nouvelles de Désiré.

Peux-tu m'envoyer un pyjama chaud et un petit drap.

En attendant la grande joie de te lire, je t'embrasse de toute mon affection et de toute ma tendresse.

Embrasse Germaine aussi pour moi.

Courage, patience et espoir. Nous nous reverrons bientôt !

Bonjour à Madame Tillandier et à M. et Mme Suard (layette).

Ne m'envoie ni thé ni café.

Merci.

Moïse Kahan.

J'écrirai à nouveau dans 15 jours. Bonjour à Madame Soufflu.

Bonjour à la famille Weintropp.

Centre de documentation juive contemporaine, Paris, n° DCCXXXIIb-1 (9).

NOTES

1. Sur Moïse Kahan, voir la lettre du 14 octobre 1942, pp. 258-259.

2. Sur les certificats de fourreur, voir p. 153. Voir également la lettre du 14 novembre 1942, pp. 273-274.

3. Au début de l'été de 1942, on ne déporte pas de Drancy les personnes âgées de plus de soixante ans, non plus que les enfants en bas âge. Vers la fin du mois d'août, la limite d'âge est reculée à 70 ans ; plus tard, elle n'existera plus du tout. Il y eut des vieillards centenaires déportés. De temps en temps, on obtenait l'autorisation d'envoyer un certain nombre de vieillards à l'asile de l'hôpital Rothschild.

Lisa David à sa sœur Nana Dachy
3 novembre 1942[1]

Bonjour à Lucien[2] et aux enfants.
Embrasse-les bien fort.

Le 3 novembre 1942

Chère petite sœur,

Je t'envoie cette carte pour te donner de mes nouvelles qui ne sont pas très fameuses. En ce moment, comme tu le sais déjà, je me trouve internée dans un camp à Nexon[3], et avant-hier, on y a amené papa. Si tu savais comme il est triste, il se fait du mauvais sang, heureusement que je suis là pour lui remonter le moral. Aussi, ma petite sœur, il faut que tu fasses quelque chose pour nous. Car ici, qui a des attaches françaises, est libéré, alors il faut des preuves que je te prie de marquer sur une carte interzone[4], comme quoi tu te nommes Gelibter, femme Dachy, de nationalité française, avec ta date de naissance, puis ta date de mariage, que tu feras légaliser par le commissariat et que tu nous feras parvenir. Fais-nous ça, ma petite Nana, pour nous sauver. Si seulement Pierrot voulait en faire autant. Enfin, je compte sur toi au plus vite. Ta petite sœur et ton père qui t'embrasse bien fort.

Lisa.

Centre de documentation juive contemporaine, Paris, n° DCCCXXIV-15 (12a).

NOTES

1. Sur Lisa David, sœur de Paulette Bronstein et de Nana Dachy, voir la lettre du 12 septembre 1942, pp. 249-250.
2. Le mari de Nana.
3. Nexon : camp d'internement en Haute-Vienne. Le 29 août 1942, 450 juifs, dont 68 enfants, habitant la région de Limoges sont arrêtés à leur domicile par la police française. Rassemblés au camp de Nexon, ils seront tous déportés à Auschwitz.
4. Sur les cartes interzone, voir p. 199.

Moïse Kahan à son épouse
14 novembre 1942[1]

Camp de Drancy, 14-11-1942

Ma chère petite femme,

J'ai votre carte du 9 novembre qui m'a fait grand plaisir. Merci pour tout le mal que vous vous donnez pour la confection des colis alimentaires si indispensables ici. Grâce à ces petites corvées, nous avons le plaisir, les internés, de constater à l'aide de ces contacts extérieurs que les nôtres pensent toujours à nous. Le colis de linge est également bien arrivé. Je remettrai mon linge sale.

Dans votre prochain colis, mettez-moi un peu plus de sucre et si possible du thé à défaut du tilleul, ce qui me fera beaucoup plaisir.

Soyez tous très courageux. Je ne tarderai pas à vous rejoindre, si Dieu veut.

Mon moral et ma santé sont bons. Couche au-dessus de moi un voisin, M. Lévy Albert, demeurant 154, rue Ordener. Bonjour à sa concierge, Mme Veyssure. Nous faisons très bon ménage.

Vous serez également interprète auprès de tous les amis, particulièrement près de nos enfants.

Remercie Maurice pour les bonnes choses envoyées.

Dis-lui combien je lui suis reconnaissant. Si vous avez des difficultés pour avoir le certificat demandé[2], que Germaine demande à son patron de vous faire une lettre destinée au commandant du camp dans laquelle vous solliciterez ma libération en faisant ressortir que je suis âgé de 61 ans, père de 6 enfants dont un prisonnier en Allemagne ; que mon état de santé n'est pas brillant et que, de plus, je suis de nationalité française. Qu'à l'extérieur, il me sera possible de travailler comme apiéceur à la maison Lallemand et ce, afin de vous aider à vivre. Claire fera ressortir qu'elle est une ancienne veuve de guerre de 1914.

Ma chère femme, prends grand soin de ta santé. Attends avec patience la fin de cette dure épreuve. Nous aurons encore ensemble de bons jours à vivre.

Remercie Madame Pessantier pour son bon pain d'épices qui m'a fait plaisir. N'oubliez pas Emmanuel et sa famille.

Joindre bonbons pour la toux ou bonbons simplement.

J'embrasse bien tendrement Germaine. Affection toute à toi

Moïse.

Centre de documentation juive contemporaine, Paris, n° DCCXXXIIb-1 (10).

NOTES

1. Sur Moïse Kahan, voir la lettre du 14 octobre 1942, pp. 258-259.

2. Voir la lettre du 1er novembre 1942, pp. 268-270. Sur les certificats de fourreur, voir p. 153.

Régine Goldblum à sa sœur Gisèle
1er décembre 1942[1]

[Beaune-la-Rolande]. Le 1-12-42

Ma chère petite sœur,

J'ai enfin reçu ta carte du 24 et celle du 11, j'étais inquiète à ton sujet. J'étais à table lorsqu'on me l'a remis. Tu ne me dis pas ce que tu fais, si tu travailles et quels sont tes moyens d'existence. Peux-tu de temps en temps m'envoyer une longue lettre, car je suis curieuse de ce qui se passe chez toi. Es-tu bien équipée pour l'hiver ? Car je présume qu'il doit faire très froid. Maintenant, ma petite Gisèle, tu es la seule de la famille encore libre ; tu n'es plus une enfant comme avant, les circonstances ont dû te mûrir, je crois aussi.

Je m'adresse à toi comme à une grande personne. Tu as chez toi tout ce que nous possédons (comme crème et cosmétique). Il faut que tu gardes cela plus précieusement que tout, arrange-toi comme tu pourras. Je ne crois pas que l'oncle ne t'aidera pas un peu, mais surtout évite de vendre cette crème, ce sont des grands souvenirs pour nous et tu n'en tireras pas le prix fort. Tu écriras aux B., tu leur diras que tu as besoin d'argent et qu'ils t'en envoient, ils en doivent assez à mon mari et ce serait juste qu'ils m'en donnent, donc à toi. Ce qui est possible, et s'ils peuvent, en effet, qu'ils m'envoient un colis avec des choses non contingentées comme lapin, poulet, fruits, choses cuites au beurre ; mais cache sous les légumes des gâteaux faits à la maison avec de la farine sombre. À toi, je ne demande pas de colis puisque tu ne peux pas m'en envoyer, mais qu'ils ne m'envoient pas des choses contingentées.

J'ai reçu une carte aussi du 27, tu peux m'écrire tant que tu voudras, mais pour moi ce sera plus difficile, car nous n'avons droit soit à une enveloppe, soit une carte par semaine. Tu sais certainement toutes les circonstances qui m'ont conduite ici, inutile de le redire. Depuis le 10 octobre, je suis ici, la vie est intenable, nous sommes 80 dans une pièce et 168 en tout, lorsque nous serons 1 000, nous rejoindrons Maman. Il y a tous les jours de nouvelles arrivées, femmes, enfants, hommes, je ne te décrirai pas notre vie, c'est trop attristant. En effet, j'ai eu un phlegmon ou plutôt un commencement de phlegmon sur l'index droit, j'ai eu des médicaments très forts, j'ai manqué de mourir, mais grâce à ces médicaments mon phlegmon s'est tourné en panari d'un côté, furoncle de l'autre. Je peux dire que ma main revient de loin, car il était question de la couper. Mon doigt est affreusement déformé. J'aurai toujours une cicatrice. J'espère pouvoir plus tard m'en servir. Tu vois, j'ai été bien servie, c'est en épluchant que j'ai attrapé ça, je suis une victime du devoir.

Plusieurs personnes ont été libérées, car ils travaillaient dans la fourrure [2]. Je ne sais pas si on peut faire quelque chose pour moi.

Je voudrais que tu m'envoies un soutien-gorge bleu ; ma culotte en caoutchouc, ma ceinture noire et aussi mon alliance, mais la mauvaise. Dis-moi si la peinture n'était pas abîmée.

Quant à Gisèle [3], elle n'est pas trop enchantée de m'envoyer des colis. Le dernier, c'est Mme Hodac qui me l'a envoyé, une cliente à Gisèle.

Écris-moi plus longuement et plus serré surtout.

Gisèle t'a-t-elle envoyé une parure rose que j'ai payée à Mlle F. ? Si tu veux, fais-toi envoyer ma robe cyclamen. Comment sont l'oncle et la tante avec toi, est-ce comme tante Louise ? Écris-moi ce que tu fais toute la journée, et comment va le docteur et le cousin.

Nous avons droit à 2 colis par moi, de poids illimité.

Il est 11 h 1/2 du soir, je t'écris ; dans la journée, c'est impossible, il y a tellement de bruit que c'est une véritable maison de fous.

Si un jour nous nous revoyons, tu ne retrouveras pas la sœur du temps jadis, mais une neurasthénique. Je n'ai aucune nouvelle de notre famille. On vient de me faire les cartes, elles sont merveilleuses, nous nous reverrons tous bientôt. Avant, nous nous disputions continuellement maintenant, je ne sais pas ce que je donnerai pour te revoir, mais pas avec moi ici. Tu sais, je t'aime quand même. Heureusement, j'ai trouvé ici une petite amie, Elly, elle a 17 ans 1/2, elle est si gentille que je la considère absolument comme ma sœur, je l'aime beaucoup, elle a eu une blessure à la jambe et est donc à l'infirmerie, 2 jours plus tard, c'est mon tour d'y rentrer, elle a eu une rechute, le lendemain j'avais mal au ventre. Ainsi je me sens moins seule et moins abandonnée ; nous avons continuellement le cafard et nous nous consolons mutuellement. Je n'ai jamais vu tant d'antisémitisme qu'ici, parmi nos pensionnaires. Quant à ma santé, je vais mieux, j'ai terriblement maigri pendant ma maladie, maintenant ce sont les organes qui me tracassent ; je me soigne ma chère comme je ne me suis jamais soignée.

Comme nourriture, ce sont soupes aux choux ou carottes, rutabaga, le dimanche un minuscule morceau de viande gros comme un dé ; la soupe m'a enflée et je me sens malade. J'ai toujours un cafard fou, c'est dur d'être séparé des siens. Il ne fait pas chaud non plus ici, et mes engelures commencent déjà. Nous avons toujours des nouvelles de mon oncle, il est plus que malade, j'écris mal, mais je suis contente de pouvoir le faire ainsi.

Je voudrais que les B. m'envoient un colis avec une lettre, mais bien cachée, tu sais, comme je faisais avec les colis de Jacques. Fais attention aussi à mes bas, car je n'en ai pas d'autres. As-tu bien reçu le ravitaillement ? Tu pourrais en vider quelques boîtes de sardines dans un bocal, que les B. m'enverront. Que te dire encore, je bavarde, il est tard, je vais essayer de dormir. Embrasse bien fort toute la famille pour moi.

Il y a 8 jours, nous avons eu la visite des Allemands ; imagine ma tête en apercevant le chef de SS, celui qui m'a fouillée [4], je ne te décrirai pas la fouille, j'ai été traitée par tous les noms, enfin tout cela n'est rien du tout, j'en vois et en verrais sûrement d'autres encore. Je vais envoyer aussi une lettre à Gisèle. La nuit suivant cette visite, je ne sais pas si c'est par erreur, mais nous avons été mitraillés, heureusement rien de grave, aucun blessé, mais j'avoue que j'ai eu peur, oh, pas pour moi, mais je voudrais encore un jour vous revoir, ensuite mourir me serait égal. Donc, ma petite Gisèle, je ferme cette lettre, espérant qu'elle t'arrivera bien. Ma petite sœur te propose ses amitiés, par le fait, tu es un peu aussi sa sœur.

Écris-moi si tu as reçu cette lettre. Écris à Maurice et aux enfants, qu'ils m'écrivent de temps de temps [en temps], ça me ferait plaisir.

Je t'embrasse bien affectueusement en attendant d'avoir de tes bonnes nouvelles et ensuite te revoir bientôt

Ta grande sœur,
Régine.

Centre de documentation juive contemporaine, Paris, n° DCCCXXIV-8 (4 et 5) (coll. Szenker).

NOTES

1. Sur la famille Goldblum, voir la lettre du 31 août 1942, p. 234. Régine est internée à Beaune-la-Rolande depuis le 10 octobre 1942 (voir la lettre du 11 octobre 1942, pp. 253-255).

2. Voir p. 270.

3. Une autre Gisèle.

4. Lors de son arrestation à Orléans, le 1er octobre 1942 : voir la lettre du 11 octobre 1942, p. 253.

Charles Hirschfeld à son épouse Anna
9 décembre 1942

9-12-42

Ma chère petite femme,

Comme tu as vu, la destinée a voulu que je sois ici. J'espère que tu as appris la nouvelle avec courage et que malgré tout tu te portes bien, car je me fais beaucoup plus de mauvais sang pour toi et ta santé que pour moi-même. J'ai reçu la valise au commissariat et ce matin, je t'ai fait envoyer un message par le bureau du camp pour te donner de mes nouvelles et ensuite pour t'envoyer les feuilles de livraison, les quittances et un chèque barré que tu remettras à Mme Tanguy avec les 1 000 F que j'avais déjà encaissés et qui sont dans le tiroir de l'armoire pour que Mme Tanguy remette le tout de ma part à M. Mayer qui fera mes comptes. J'ai laissé 93 guides à 4 F qui font 372 F, plus de 250 de téléphone, 374,50 que Mme Tanguy pourra toucher pour toi ; tu la remercieras pour moi. Je t'ai fait envoyer les clés de la maison. Peux-tu m'envoyer un petit peu de nourriture, du pain et ce que tu pourras, car on ne peut pas vivre sans colis. Nous avons droit à un colis de 3 kg 800 par [...], et qui nous arrive en deux jours par l'intermédiaire de l'Union

G[énérale] Israélite de France[1] où il faut apporter l'adresse de la feuille adjointe. Comme je te l'ai dit, du pain et au besoin des pâtes que j'essaierai de faire cuire, et tout ce que tu pourras. Merci pour le chocolat et le sucre ; mais il fallait quand même garder le chocolat pour Jacqueline. Comment va-t-elle ? Ainsi que toi-même, René, Marinette et la petite. J'espère que tous vont bien. Moi, pour l'instant, le moral est bon, je prends mon mal en patience. Nous pouvons écrire tous les 15 jours et toi aussi pour moi. Cette nuit j'ai dormi, car la nuit de lundi, j'étais au dépôt dans une cellule où nous étions sept et impossible de dormir. Ici, nous avons des lits en bois, l'un sur l'autre comme en bateau avec une paillasse en plumes. Je te quitte, ma chère Annette, en t'embrassant très fort ainsi que Jacqueline, René, Marinette, Monique. Bonjour à Jacques (son cousin est ici), Arlette, M. et Mme Tanguy.

Je vous embrasse

Charles[2]

NOTES

1. Sur l'UGIF, voir pp. 198-199.

2. Charles Hirschfeld est né à Vienne le 9 octobre 1879. Directeur de théâtre à Paris, il habitait à Paris, 98, boulevard de Clichy, dans le XVIIIe arrondissement. Arrêté au début du mois de décembre 1942 au métro Belleville, interné à Drancy, il est déporté le 13 février 1943 par le convoi n° 48 à Auschwitz, où il mourra.

Régine Goldblum à sa sœur Gisèle et à une autre Régine 25 décembre 1942[1]

Ma chère petite Gisèle,

J'ai reçu hier ta carte tant attendue depuis celle datée du 3, je n'avais de toi aucune nouvelle. J'étais follement inquiète, je ne savais plus que penser surtout, ta dernière carte était si désespérée, et que tu voulais partir. Pourquoi ne m'écris-tu plus aussi souvent ? Pour moi, c'est un tel plaisir de recevoir du courrier chaque jour qui passe où il n'y a rien pour moi, tu ne peux pas savoir à quel point ça me rend cafardeuse, après cela j'espère avoir plus souvent de tes nouvelles. Je t'ai aussi écrit une lettre avec quelques mots pour l'oncle, l'as-tu reçue ? Je peux te dire que hier, j'ai reçu un colis de Renée qui m'a fait énormément plaisir, heureusement que pour la Noël c'était moins sévère, sinon il ne me serait arrivé que les pommes et oignons, son colis était superbe et était le bienvenu, je vais lui écrire une lettre aussi pour la remercier.

Ton colis avec la bande velpeau ne m'est pas encore parvenu, je crains qu'il ne m'arrivera jamais. Maintenant, voici ce que je te conseille de faire : ne te gêne pas pour demander de l'argent aux B., c'est le mien après tout, ils en doivent assez à Jacques, ce qui est pareil, aussi il est naturel de leur en réclamer. Écris-leur en leur disant que je t'ai avertie, te conseillant de leur demander de l'argent, vu qu'ils en devaient à mon mari, que c'est moi qui leur réclame. Quant au colis promis, je ne l'ai pas encore reçu, qu'ils ne m'envoient pas de choses contingentées ou alors plus que bien cachées, car c'est horriblement fouillé et je voudrais bien avoir mon alliance en chromé, car ce n'est pas bien de ne pas la porter[2].

Il ne faut pas envoyer la crème à Mlle F., sous aucun prétexte, je n'ai pas tellement confiance, elle a fait une chose qu'elle n'aurait pas dû faire, elle a vendu du tissu pour le 1/3 de sa valeur, tu comprends. Je ne fais que te consulter, et tu fais bien de me consulter à ce sujet. Peut-être pourras-tu l'enterrer quelque part dans un jardin, chez Gendreau si tu as confiance, mais confiance absolue. Je vais m'en occuper par la Croix-Rouge. Je te tiendrai au courant. Lui ai expliqué ton cas, et peut-être pourrait-elle faire quelque chose pour toi. En tout cas, ne fais en ce cas rien sans que je te le dise. Maintenant, tu as de Maman du papier hygiénique, 150 à 200 mètres par pièce, tu peux le vendre et auras ainsi un peu d'argent.

Comment as-tu passé ton Noël ? Pour moi, je peux te dire qu'il ne serait pas vilain si j'étais avec ma famille libre. Nous avons fait entre nous des pièces qui, ma foi, étaient assez réussies, des chœurs, etc., c'était pas mal du tout. Seulement, ça m'a foutu le cafard en pensant que l'année dernière, j'ai été voir Jacques et que cette année, je suis à sa place, mais ce n'est pas encore ça, c'est pour maman que j'ai eu beaucoup de cafard. Sur le *Pariser Zeitung* du 22, il y a un article de ces personnes-là, je crois qu'ils sont moins malheureux qu'on ne le croyait, tant mieux[3].

Je suis inquiète que tu souffres du ventre, qu'as-tu ? Explique-moi un peu plus clairement, je te prie, donc je te souhaite une année clémente, que soit exaucé tout ce que tu souhaites, que tu sois bientôt de retour chez toi parmi ta famille, une bonne santé. Je souhaite la même chose pour l'oncle et la tante, cousins et cousines, je les remercie pour la gentillesse qu'ils déploient pour toi.

Je voudrais avoir des nouvelles du cousin, est-il très méchant, que fait-il. J'ai appris par Gisèle qu'à Paris, l'oncle était plus que jamais nerveux. Ici il y a quelque temps, 6 semaines peut-être, les Merdaisse sont venus nous voir, justement. M. Merdaisse, celui qui m'a si bien soigné, était là aussi, ils ont inspecté, et sont aussitôt repartis, mais j'avais une drôle de tête. Nous avons parmi nous une cartomancienne réputée, elle m'a fait les cartes, m'a dit que dans 2 mois, je sortirai de là, car on s'occupera de moi fin février ou mars, nous serons tous réunis à la maison, qu'elle me voyait maman, dès le retour de Jacques, d'un petit garçon, et toi tu partais avec un jeune homme qui serait ton futur mari, mais ne fais pas cette blague. Je vais m'arranger et t'expliquer comment tu pourrais m'écrire une lettre, mais je ne sais pas encore l'adresse, je te la donnerai sur une carte, tu comprendras, tu mettras sur la lettre, pour Eléonore, dans une enveloppe avec 1 F, tu marqueras dessus Mme Poulain, le tout dans une enveloppe avec le nom et l'adresse que je t'enverrai. Tu pourrais m'écrire de temps en temps en plus des cartes. J'ai donné à la Croix-Rouge ton adresse, peut -être pourrait-elle faire quelque chose pour toi.

Aujourd'hui, le 26, j'ai reçu ton colis du 2, mais tu m'as envoyé des choses dont je n'avais pas du tout besoin, je vais te les renvoyer. Merci pour les photos, Régine et Paul sont très sympa *(sic)*, et toi, tu fais une drôle de tête. Je voudrais encore des photos de toute la famille, au maximum. D'abord, je ne connais pas la famille et ensuite j'aurai moins le cafard, ça m'occupera. Ma petite Gisèle, il faut déballer surtout la peinture, sinon elle s'abîmera. De tout prends bien soin, mais je peux te conseiller de vendre les dollars, en papier, le cours est de 180 ou 250 F la pièce, je ne sais pas combien il y en a ; en or, c'est de 700 à 750, et il y en a 30, mais ne les vends pas tout de suite !

À Paris, il y a des rafles formidables de femmes et d'enfants de prisonniers aryens. Gisèle m'a envoyé hier un colis avec une lettre, naturellement elle est étonnée que tu ne lui écrives pas et croit que tu es fâchée. Pour la Noël, j'ai été gâtée par Gisèle et René, et ta photo m'a fait vraiment plaisir. Te reste-t-il du ravitaillement ou tout est-il employé ? Sinon, tu peux vider quelques boîtes de sardines dans un petit bocal que tu m'enverras dans le colis des B. Écris-leur de ma part que j'ai du mal à écrire, ce qui est vrai, mais que tu as reçu de mes nouvelles et que je leur souhaite d'abord une bonne année et le bonjour, etc. J'espère que tu as trouvé toutes les lettres, tu avoueras qu'il faut être débrouillarde pour pouvoir envoyer des lettres d'un camp en zone nono[4], les colis sont fouillés dans tous les coins possibles et imaginables, aussi il faut que tout soit bien caché. Nous avons tous les jours des nouvelles qui sont du reste très rassurantes, j'ai beaucoup d'espoir. Fais-en autant, et surtout ne te fais pas prendre, ce qui serait absolument idiot ; ne sois pas cafardeuse, prends ton mal en patience, supporte tout avec courage et avec le sourire, tu verras que tout sera bientôt fini et que nous nous retrouverons tous. Ne tombe pas malade. Maman compte sur nous, il ne faut pas la contrarier. Quant à moi, il n'est pas du tout question de déporter, peut-être plus tard, mais d'ici là tu sais... Même si cela était, je compte sur toi, comme Maman aussi, tu sais ce qui te reste à faire, tu n'es plus un bébé.

Au camp, c'est toujours pareil, j'en suis écœurée et lorsque j'en sortirai, je serai une véritable antisémite, imagine-toi que ces dames ne veulent pas avouer qu'elles sont juives, elles sont françaises avant tout, et critiquent les étrangers. Nous avons un curé et pas de rabbin ; à

Noël, nous avons voulu faire un chœur, chanter en hébreu et juif, nous avons été critiqués, le chant juif était banni, c'est tout juste si on n'a pas chanté le minuit chrétien ; la langue juive est une langue infecte, voici leurs avis et elles rouspètent lorsqu'on la parle, aussi tu peux imaginer comment je la parle toute la journée, j'ai même appris au docteur juif qui ne connaît pas un mot à dire *Ai voy Ainon* et *voy voy*, pour dire oui oui, et à Elly[5]. Ces dames m'assomment ; une est convertie, le père, la mère, le mari sont juifs, elle est mariée religieusement, lorsqu'elle s'est convertie, son mari a divorcé, tu parles ! Une autre, qui aussi est juive à 50 %, est devenue catholique au camp. Tu parles comment je leur cause : elles ne peuvent pas me sentir. Au moment où je t'écris, une femme a accouché d'un petit garçon depuis un mois, et il y a deux garçons et une fille de plus, et une femme qui doit accoucher dans peu de temps. Tu vois que la race se maintient !

Que te dire encore, je suis en bonne santé et espère qu'il en est de même pour toi. Je vais te quitter pour aujourd'hui. Une carte suit, je t'ai écrit ainsi qu'à Régine et Maurice, chacun une carte et espère que tout arrivera. Donc, ma petite Gisèle, je termine ma lettre en t'embrassant plus qu'affectueusement ; j'ai fait la commission à Elly, elle te remercie et me prie d'en faire autant. À bientôt à Paris. Bons baisers pour toute la famille, ta sœur qui t'aime beaucoup

Ma chère petite Régine[6],

Quelques mots par cette occasion pour te souhaiter une bonne et heureuse année, beaucoup de bonheur avec Paul et beaucoup de petits enfants dont je serai, je l'espère, la marraine du premier. Souhaite pour moi la bonne année à tes parents, que cette année qui se termine voie la fin de tous nos maux, et que celle qui vient nous réunisse tous en bons termes, et dans de bonnes conditions. Je te remercie beaucoup pour la photo, vous êtes tous les deux mignons tout plein ; si ce n'est pas abuser, j'en voudrais d'autres, n'importe lesquelles, de toute la famille également. Toi, Régine, tu peux m'écrire très souvent, j'ai beaucoup de plaisir à te lire. Quant à moi, c'est beaucoup plus difficile et surtout plus coûteux, tu dois comprendre que dans un camp nous avons peu d'argent et c'est surtout très strict, je fais ce que je peux. J'espère que vous êtes tous en parfaite santé, je te remercie, ainsi que toute la famille, d'être pour Gisèle aussi gentille, elle m'écrit que vous faites tout pour qu'elle oublie son triste sort et lui servir de famille, nous n'oublierons jamais ce que vous faites pour elle. Mes journées passent assez vite, j'ai toujours quelque chose à faire et j'écris le soir ou le matin au lit : j'ai plus d'inspiration, et c'est surtout les moments les plus calmes, car autrement c'est pire qu'une foire, c'est à qui fera le plus de bruit ; l'une crie, l'autre pique une crise de nerfs et une autre chante, c'est difficile de vivre en communauté. J'ai deux voisines, la mère et la fille, l'une plus piquée que l'autre, qui se mangent le nez avec des mots doux !

Alors, ma petite Régine, je te quitte, en t'embrassant ainsi que toute la famille. Écris-moi et peut-être à bientôt.

Régine.

Centre de documentation juive contemporaine, Paris, n° DCCCXXIV-8 (8 et 9) (coll. Szenker).

NOTES

1. Sur la famille Goldblum, voir la lettre du 31 août 1942, p. 186. Régine est internée à Beaune-la-Rolande depuis le 10 octobre 1942 (voir la lettre du 11 octobre 1942, pp. 200-201).

2. Sur l'alliance, voir la lettre du 1er décembre 1942, p. 219.

3. Georges Wellers, dans *De Drancy à Auschwitz* (Paris, Éditions du Centre, 1946), raconte la lecture à Drancy, en 1942, d'un long article illustré de photos dans la *Pariser Zeitung*, relatant avec beaucoup de détails les conditions très satisfaisantes dans lesquelles vivaient les juifs déportés. L'article se terminait par des interviews des habitants juifs de ces camps, dont celle d'un jeune garçon parti de Drancy et souhaitant l'arrivée de tous les juifs français dans ce lieu non précisé, disant qu'ils y étaient tous intelligemment occupés. Tout en considérant l'article comme de la propagande, les internés de Drancy voulaient y voir cependant une petite part de vérité.

4. La zone sud.

5. Sur Elly, voir la lettre du 1er décembre 1942, p. 220.

6. Une autre Régine.

Louise Jacobson à son père
29 décembre 1942[1]

Drancy, mardi 29 décembre 1942

Mon Cher Papa,

Je te préviens, prends une bonne loupe. Tout d'abord je te souhaite, mon cher papa, une bonne année (elle n'aura pas de peine à être meilleure), une bonne santé et tout ce que tu peux désirer. J'ai reçu ta carte avec un immense plaisir.

Ça y est, j'ai 18 ans ! Moi aussi, j'espérais les passer près de toi, mais tant pis. Le pyjama est splendide et me sied épatamment. Lorsque je l'ai mis, on m'a déclaré la plus élégante de la chambre. Je n'y touche pas. Je le mettrai lorsque je serai libre. J'ai réveillonné, tu sais. À six nous avons fait un très bon dîner et nous nous sommes quittés à 11 heures. Nous sommes une bonne bande de copains qui nous entendons très bien.

Je te remercie aussi pour le médicament, pour la crème, enfin pour tout ce que tu m'as envoyé. Je suis très bien montée en affaires. Non, je n'ai pas besoin de mon corsage blanc. Ici tout se salit à une vitesse effrayante. D'où vient ce corsage en coton grenat et blanc ? Il me semble que c'est un corsage à Thérèse.

Tous ces jours-ci j'ai mangé épatamment et, tout dernièrement encore, mon professeur de latin-français[2] qui est un monsieur très généreux m'a invitée ainsi qu'une camarade à déjeuner ! Pantagruélique ce repas, et délicieux. Je te dirai le menu quand je serai libre. Le 25, il y a eu fête pour les enfants. Il y a eu un goûter, arbre de Noël et jouets jusqu'à 18 ans. J'ai été désignée avec des camarades pour aider. J'ai décoré l'arbre de Noël, j'ai distribué les gâteaux et les jouets et, pour ma part, j'ai reçu un superbe ping-pong sans le filet. J'ai été emballée par l'effort fourni pour faire plaisir aux gosses de Drancy.

Chaque matin, en plus du jus habituel, je bois un verre de chocolat exquis. À propos de nourriture, puisque tu me le demandes, je peux bien te le dire : je préfère que tu m'envoies des pommes de terre cuites car, s'il est permis de faire cuire haricots, pâtes, etc., ils ne prennent pas les pommes de terre. Excuse-moi du souci que je te donne. Merci pour l'infusion. J'ai découvert que la menthe est une boisson excellente, meilleure que le thé, et qui doit facilement se trouver. Tu peux donc m'en mettre un peu dans chaque colis. Quelque chose qui m'a fait plaisir aussi, c'est que tu aies eu l'idée de faire parvenir les cartes à Nadia[3]. Je voulais justement te le suggérer. Puisque tu les envoies, je vais leur écrire un mot à tous les trois. J'ai reçu de Nadia une adorable carte avec quelques mots de Charles et de Paulette. Je suis bien contente que Gilbert soit reconnu sanitaire. Sans doute va-t-il être bientôt libéré ?

Mon cher papa, tu as l'air de douter que j'aie une grande activité ici. Tu peux me croire. Hier, j'ai été encore écouter une conférence sur Pasteur. Le conférencier est un vieux Monsieur de 76 ans qui a connu Pasteur lorsqu'il était tout jeune. C'était extrêmement intéressant, je t'assure. En plus des conférences, nous avons des cours de diction que nous donne une artiste. C'est épatant et assez difficile, pourtant il paraît que j'ai du talent. On va même préparer une pièce de théâtre (je suis désolée d'avoir fait cette horrible tache).

Je reprends ma carte ce soir car j'ai été appelée pour aller chercher le colis de Nadia et de Charlot. Comme je suis contente ! Tout est délicieux. Le miel est délicieux et le paquet de bonbons avec la faveur rose m'a donné les larmes aux yeux. En rentrant, j'ai écrit une carte pour Thérèse et une carte pour ma cousine Fanny. Il faut que je me dépêche car je dois rendre la carte demain après l'appel.

Alors je me dépêche et j'écris pendant la conférence sur Pasteur qui se termine ce soir.

Papa, je voudrais te demander quelques petites choses : des lacets de cuir, des clous pour mes chaussures de soldat, un gobelet ou un verre car mon amie Frida a claqué mon verre en y versant de la menthe bouillante. Tu pourras aussi m'envoyer un cahier par colis de linge. Envoie-m'en 2 ou 3. Cette même Frida m'a arrangé la jupe-culotte de Nadia que tu m'as envoyée dans le 1er colis vestimentaire. Elle me va bien maintenant et est très chaude. Je ne t'ai pas envoyé de linge sale cette fois-ci mais je t'en enverrai la prochaine fois en même temps qu'un drap de ma tante qu'elle ne veut pas laver elle-même et qu'elle ne veut pas envoyer à Fanny, n'ayant que ça.

Je serais curieuse de savoir comment se sont passées les fêtes de Noël et du Jour de l'an à Paris. As-tu réveillonné mon cher papa ? Pour moi, je serai sage demain, je me contenterai de faire un bon repas d'autant plus que j'aurai tes colis et puis je bavarderai et puis j'irai me coucher en rêvant de vous tous.

Comble de bonheur ! J'ai reçu une carte de Nadia du 25 décembre. Tellement gentille, tellement pleine de tendresse que je suis confondue en pensant à l'affection que vous me portez. Je suis tellement touchée et ça me fait un bien que tu ne peux imaginer. Papa, je réserve le verso à Nadia, Paulette et Charlot. Je veux leur écrire un peu directement.

Je t'embrasse très, très tendrement.

Ta fille, Louise.

En effet, je n'ai pas de chaussures pour ma libération. Tu peux m'envoyer les miennes et aussi mes 1/2 bas s'il te plaît.

Les Lettres de Louise Jacobson et de ses proches, Robert Laffont, 1997, pp. 113-116.

NOTES

1. Sur Louise Jacobson et sa mère, voir les lettres de septembre 1942 et des 11-13 octobre 1942, pp. 236-241 et 256-257.

2. La présence d'un grand nombre d'enfants provoqua au mois d'août 1942 la création d'un réfectoire. Les enfants y prenaient des repas améliorés ainsi qu'un goûter à 16 heures. Entre les repas, on les occupait dans la cour sous la conduite de monitrices volontaires. À partir d'octobre 1942, on organise une véritable école avec des classes régulières et des enseignants souvent de métier. En janvier 1943 l'école est supprimée. Elle est autorisée à nouveau quelques semaines plus tard. L'effectif des enfants variait de 400 en période de calme à 30 en temps de déportation.

3. La sœur aînée de Louise.

M. à Darquier de Pellepoix[1]
26 janvier 1943

26 janvier 1943

Monsieur le commissaire général,

Vos intentions concernant les juifs sont inefficaces. Je suis cheminot et je vois tous les jours des juifs prendre le train en gare de Montauban pour Toulouse sans permis. Pourquoi ne pas exiger la carte d'identité à la délivrance d'un billet de chemin de fer. Vous frapperiez juste et pour embêter ceux nombreux qui ont une carte d'un ami (surtout chez les femmes juives) pour voyager, exigez la carte d'alimentation. Interdire aussi ceux qui au guichet prennent plusieurs cartes à la fois en montrant la leur seulement. Ou le mari non juif qui a épousé une juive et qui ne montre que ses papiers à lui, cas assez fréquent par ici (la femme se promène avec une croix autour du cou, c'est une consigne de la tribu, sans doute).

Ici le juif, inconnu autrefois (surtout le juif étranger, et il y en a ! ! que vous devez protéger peut-être ?), apôtre de la critique de tous vos actes, fait le marché noir, trompe tout le monde et menace pour l'après-guerre.

Sans aucune cruauté inutile, on demande l'épuration.

Merci d'avance

et croyez, Monsieur le commissaire, à notre considération.

M.

Archives nationales, Paris, AJ 38/67 (Commissariat général aux questions juives), n° 72571.

NOTE

1. Sur Darquier de Pellepoix, voir p. 151.

Paulina Brytenichsky à sa sœur Olga
29 janvier 1943

Drancy, le 29-01-43

Ma chère Olga,

J'ai bien reçu les deux colis à toi, pour lesquels je te remercie ; c'était vraiment des choses pas nécessaires pour moi, mais j'étais quand même contente. Je sais que ce n'est pas de ta faute, car tu ne peux pas trouver grand-chose. Ici, nous pouvons recevoir tout, mais pour moi le principal : du pain et du beurre. Maintenant, pour le colis, il y a un changement, après le 20 février, nous ne pourrons pas recevoir de colis de deux endroits, alors comme tu ne pourras pas m'envoyer tout la semaine à colis, alors il ne faut plus m'envoyer, car ils vont me confisquer tout. J'écris à Pierre de te demander des choses pour moi, et jusqu'à présent, je n'ai aucune réponse. Je ne comprends pas ce qui se passe chez Pierre, car je n'ai pas de nouvelles de chez lui. Si tu peux m'envoyer une jupe, un pull-over, une brosse à dents, des sabots en fourrure si tu n'en as pas besoin et une bouteille de vinaigre pour laver les cheveux. Si tu peux me mettre des pâtes, des légumes secs, crus, si tu as des conserves et un tablier de cuisine, et tu feras un colis marqué sur le colis (linge) vêtement. Écris-moi la vérité sur Pierre, car j'ai besoin de savoir. J'ai envoyé de l'argent à l'adresse de ce monsieur qui m'envoie des colis et aussi la deuxième fois à l'adresse de Pierre[1]. Si tu as quelque chose, envoie-le chez ce monsieur qui me l'enverra, car il ne m'envoie pas grand-chose, même très peu. Je vous embrasse[2].

Centre de documentation juive contemporaine, Paris, DCCCXLIX-17 (4a).

NOTES

1. Le frère de Pauline et d'Olga.

2. Paulina Brytenichsky, née à Vilnius le 14 mai 1902, habitait 19, rue des Partants, à Paris, dans le XXe arrondissement. Internée à Drancy, elle est déportée à Auschwitz le 9 février 1943, par le convoi n° 46. Renseignements fournis par son neveu, M. Alexandre Kaczerginski, le fils d'Olga.

Simone Weill à ses parents
4 février 1943

[Drancy], jeudi 4 février 1943.

Mes très chers,

Nous voici arrivés ici tous les cinq, hier vers midi, cueillis par deux autobus à la descente du train. Les enfants étaient émerveillées du peu de Paris qu'elles ont vu ! Elles l'ont été moins à l'arrivée ici sûrement, car c'est inimaginable : tout ce qu'on a pu vous en dire est encore au-dessous de la vérité ! *Écrouves est un paradis à côté*[1].

Comme la petite est malade, avant notre installation dans une chambrée (60 par couchettes superposées par 2), le docteur l'a examinée et on nous a mises toutes deux, elle et moi, à l'infirmerie. C'est-à-dire qu'on est un peu moins mal : nous sommes sept femmes et sept enfants de moins de deux ans dans une petite chambre, les mères couchent avec leur enfant dans le même lit étroit. Moi, le docteur a permis de monter la voiture pour coucher la petite. Une infirmière donne les soins prescrits matin et soir.

Au point de vue santé, c'est parfait ; si tout le reste était pareil, ce serait bien. Le docteur visite, ausculte, etc., les enfants tous les matins ; il revient vers 5 heures, après la prise de température. Il y a des spécialistes au dispensaire. Sitôt arrivés, le spécialiste pour les oreilles a soigné l'otite de la petite. À 3 heures, j'y suis retournée aujourd'hui, demain aussi. Il a dit que c'est déjà mieux qu'hier, et que, dans quatre ou cinq jours, ce serait fini. Elle a encore 38° ce soir. On soigne aussi Monique qui a de l'impétigo, et Arlette a une écorchure au poignet qui s'est infectée.

Albert est dans un bâtiment proche. Arlette et Monique qui ne peuvent être avec moi à l'infirmerie sont dans la salle où nous devions être toutes quatre. Je crois que c'est celle où est Cécile Lehmann, que j'ai vue à l'arrivée.

Plus que jamais, ici, on préférerait que vous les ayez, surtout Francine. Si vous voyiez le manque d'hygiène ! On n'a pas d'eau chaude et il n'est pas question de bouillir même une tétine, ni un biberon ! Pour faire les bouillies de peut-être cinquante bébés, il y a un seul petit réchaud électrique et un seul feu ! C'est inouï !

Question colis, on n'a droit qu'à un par semaine. N'envoyez que par la gare. Pour Francine et moi, je crois qu'on a droit à 5 kg. Je ne sais pas pour Albert et les deux petites combien on aura droit. N'envoyez rien de cru, on ne peut rien faire cuire, réchauffer est déjà difficile. On s'est régalés des haricots et saucisses. C'était délicieux. On mangera du pâté de lapin ce soir. Il embaume.

Arlette et Monique jouent dehors avec les autres enfants venus d'Écrouves avec nous. Les enfants ne mangent pas dans les chambres, mais au réfectoire. Le matin, on leur donne du cacao, à 4 heures du lait et tartine. Midi et soir, la soupe comme nous. Elles viennent vers moi après, manger le supplément. Albert aussi. Il vient presque tout l'après-midi, et le soir après la soupe. Il a retrouvé ici ses cousins de Strasbourg, réfugiés à Plombières, puis Versailles. Je crois qu'on trouvera beaucoup de connaissances.

Je n'ai pas encore vu la famille d'Yvonne, ne sortant que pour conduire Francine chez le spécialiste et la remontant aussitôt. Je n'ai même pas eu le temps de laver son linge, c'est Mme Maier, de Remiremont, qui était venue me voir, qui l'a lavé ! On lave à l'eau froide, sans cuire, et on suspend sur des ficelles, le long du mur au-dessus de son lit ! Pas de place pour rien loger : ce qu'on peut, sous le lit. Les valises, trop hautes pour y entrer, debout entre deux lits ! On n'a ni drap ni sac de couchage, ni couverture. On m'en a donné une, hier soir. Une jeune fille qui en avait deux en a prêté une aux petites, qui couchent ensemble dans une couchette. Albert n'en avait pas. Il vient d'aller à l'assistance sociale pour en avoir une. Quelle existence ! On n'a le droit d'écrire qu'une fois par semaine chacun, Albert et moi, pas les enfants. Celles-ci iront à l'école demain. Je ne sais qui fait la classe, trois heures chaque jour, je crois. Elles perdront moins et cela les occupera[2].

C'est l'heure du biberon, je vais cesser et aller voir si je peux faire chauffer le lait. Je n'en touche que trois quarts de litre, ce n'est pas assez, et dois compléter avec du lait condensé reçu à Écrouves. Je vous embrasse de tout cœur comme toujours pour tous.

Votre Simone.

Avez-vous reçu mes deux dernières cartes ? Je l'espère.

Envoyez les colis par l'entremise de l'UGIF[3] *Colis alimentaires :* 120, Bd de Belleville, 20e. *Colis vestimentaires* : 6, rue de Chaumont, 19e [4].

Les lettres de Simone Weill à ses parents Léon et Renée Baumann, présentées par sa sœur Denise Baumann, sont parues en 1985 aux Éditions Albin Michel, dans la collection Présence du Judaïsme, sous le titre *Une famille comme les autres*.

Denise Baumann, *Une famille comme les autres*, Albin Michel, coll. Présence du Judaïsme, 2e éd., 1985, pp. 62-64.

NOTES

1. À partir d'août 1941, le fort d'Écrouves (Meurthe-et-Moselle) sert de camp d'internement pour les juifs de Nancy et de sa région avant leur transfert à Drancy.
2. Sur l'école à Drancy, voir p. 292.
3. Sur l'UGIF, voir pp. 198-199.
4. En 1943, Simone Weill (1907-1943) vit avec son mari et ses trois filles à Remiremont dans les Vosges. La famille est arrêtée le 11 janvier 1943, internée d'abord au camp d'Écrouves près de Nancy, puis à Drancy, elle passe 3 mois à Beaune-la-Rolande avant d'être à nouveau conduite à Drancy, en juin 1943. Elle est déportée à Auschwitz par le convoi n° 63 du 17 décembre 1943. Simone et ses trois filles sont immédiatement gazées. Son mari, Albert, disparaîtra en 1944.

Charles Hirschfeld à son épouse Anna
6 février 1943 [1]

Drancy le 6/2/43

Ma chère petite femme adorée,

Je t'envoie cette lettre pour te dire que les déportations recommencent. Les premiers départs sont deux d'étrangers et un de français qui aura lieu le samedi 13 courant. On ignore encore qui doit partir mais à tout hasard, je voudrais que tu m'envoies le deuxième colis, le jeudi 11 courant pour le cas où le sort m'aurait désigné pour partir, que je puisse au moins avoir de quoi manger pour le voyage et l'arrivée, destination inconnue.

Dans le linge sale que je t'enverrai lundi, je te renverrai le linge propre que j'ai en trop. Ma valise est trop pleine et en cas de départ, je ne saurai comment faire. Si la chance me favorise et que je ne pars pas, je t'écrirai et tu le renverras. Je t'envoie également le drap propre. Il paraît que c'est la préfecture qui est chargée de ces départs. Est-ce que René ne pourrait rien faire pour me [...] Si cette lettre t'arrive avant lundi, mets-moi dans le colis de lundi une petite carotte et je saurai que tu as reçu cette lettre. Ne te fais pas de mauvais sang, car l'envoi des Français est pour compléter le chiffre des 3 000 étrangers. S'il y avait le nombre d'étrangers, les Français ne partiraient pas, mais il faut quand même prendre ses précautions. Que veux-tu ma chérie, il faut avoir du courage et j'en ai, dans l'espoir que tous nos malheurs ne dureront plus longtemps et que nous aurons la chance de nous revoir tous réunis. Embrasse bien fort ma petite Jacqueline, Monique, René et Marinette.

Reçois mille baisers de ton petit pépère qui t'aime bien.

Papa.

NOTE

1. Sur Charles Hirschfeld, voir la lettre du 9 décembre 1942, pp. 280-281. Trois convois (46, 47 et 48) partent pour Auschwitz les 9, 11 et 13 février. Charles Hirschfeld fera partie de ce dernier.

Paulina Brytenichsky à sa sœur Olga
8 février 1943[1]

Drancy, le 8-II-43

Chère Olga et Loulou,

Je pars aujourd'hui vers une destination inconnue. La seule chose que je regrette, c'est que je n'ai pas reçu de nouvelle de toi. Je pars avec beaucoup de courage et bon moral, car j'espère que nous nous reverrons bientôt. Il ne faut plus rien m'envoyer. Ne t'inquiète pas pour moi ; surtout, je t'en prie d'écrire à Monsieur N., 9, avenue 20e Corps, Nancy, et remercie-le pour les colis et demande-lui s'il a reçu 2 700 F de Drancy de ma part. Je te quitte avec l'espoir de nous revoir bientôt. Je vous embrasse bien fort. Garde bien ta santé.

P. S. : Tous mes papiers, mon passeport sont restés chez moi. Passe bien le bonjour à tous mes amis, bonjour à Pierre.

Paulette.

Centre de documentation juive contemporaine, Paris, DCCCXLIX-17 (3b).

1. Sur Paulina Brytenichsky, voir la lettre du 29 janvier 1943, pp. 295-296. Il s'agit du convoi n° 46 du 9 février 1943 à destination d'Auschwitz.

Louise Jacobson à ses camarades 8 février 1943[1]

Drancy, 8.2.43

Quel bonheur mes bien-aimés ! Je ne me gêne guère et je fais de grandes déclarations à mon amie à qui je dois ma veine. J'ai bien reçu votre colis et je suis en train de grignoter sans arrêt toutes les sucreries. Ma Nadia tant aimée[2], le gâteau était formidable mais je dois avouer que bien que la truffe était exquise, la pâte m'a semblé encore meilleure. Je suis désolée de ne pas me rappeler qui est Gisèle mais je l'aime bien et l'embrasse fort. Salut à Hans et merci. Le chocolat est fameux et je ne le mange que chaque soir en me promenant dans la cour avec mon amie et en parlant de toi. Les photos m'ont fait pleurer de joie. Charlot et Paulette vous êtes beaux comme toujours et, Nadia, ta photo de buste est saisissante et tout le monde s'acharne à trouver que nous nous ressemblons beaucoup. Weissleib à qui je l'ai montrée a trouvé que tu es très belle et toujours la même.

Excusez-moi, j'ai réussi à avoir de l'eau chaude et je dois laver du linge (quelle barbe). À tout à l'heure !

Voilà, j'ai mis 3 h, j'ai entendu une cinquantaine de « Pas encore fini, Louisette ? » mais il est drôlement propre et je suis fière. Ma Nadiouchka, tu ne me trouveras pas changée du tout. Ma figure a repris ses rondeurs qu'elle avait quelque peu perdues, si bien que je fais de la gymnastique 3 fois par semaine avant l'école[3]. Je suis les cours très assidûment. M. Adda est un professeur de latin-français excellent et un ami marrant comme tout. Nous sommes une bande de copains très unis, Daniel, Philippe, Roland, Emmanuel puis Monique, Claire, Ruth et moi. Nous 4 filles formons le quadrilatère ou le triumvirat ou les 3 Mousquetaires. C'est nous qui travaillons le mieux, sommes les plus jolies, les plus intelligentes. Je crois que dimanche prochain nous organiserons un goûter chez moi avec Adda et Daniel et nous 4. Ça va être bien. J'aime beaucoup mon professeur de math et j'ai eu 18 en algèbre à la compo. C'est bien, n'est-ce pas ? Mais j'ai eu 0 en géométrie. Weissleib est un assez bon prof de math, mais a un drôle de caractère. Très gentil quand même, demande souvent de tes nouvelles.

Ma Nadia, je pense à maman. Que fait-elle en ce moment ? C'est si peu, des nouvelles indirectes, maman chérie ! J'espère bien la revoir bientôt et vous verrez que ça ne tardera guère. Je pense souvent aussi à Gilbert. Ma grande sœur aimée, écris-lui que je l'embrasse avec toute ma tendresse.

La vie que je mène me trempe et m'oblige à me débrouiller seule. Malgré quelques « inconvénients » tout ne sera pas perdu et j'aurai appris certaines choses. Je vois tant de gens différents et il m'arrive tant d'histoires qui sont si chargées d'émotions que je pourrai vous garder 1 000 et une nuits à vous raconter tout.

Vous savez, j'ai reçu encore une magnifique photo de papa. Il est très bien dessus et, maintenant, j'ai toute la famille que je trimballe dans mon grand sac sans arrêt. Il m'envoie toujours de beaux colis et... des tranches de jambon cru ou fumé avec le lard duquel je me fais de ces plats ! Je ne vous dis que ça.

Je jouis d'une considération qui flatte ma petite vanité ; d'une part parce que le lycée forme une sorte de petite aristocratie, 2°) parce qu'on trouve que je me dépatouille assez bien. Tout le monde, sans exception, est charmant avec moi, jusqu'au fils d'une dame, un type calé (il fait sciences po, a été 1er au concours général, je crois même que c'est le Jean Laurent de la T. S. F.) qui m'a proposé de lui-même de me faire faire de la physique. Vous pensez bien si j'ai accepté ! J'espère que cette carte vous atteindra. Je serais terriblement déçue si elle se perdait. Maintenant vous ne pourrez plus m'envoyer de colis. J'en suis heureuse. J'ai été folle d'en réclamer quand vous aviez à vous occuper et de maman et de Gilbert. Je m'étais laissée influencer. Seulement je ne pourrai plus, non plus, recevoir de cartes. Un nouveau système est organisé. C'est comme pour les prisonniers, avec carte-réponse et tampon. Mais, rassurez-vous, je pense pouvoir vous écrire quand même et, du coup, je vous écrirai plus que vous ne m'écrirez. Tout cela grâce à mon amie. Je ne vous parle pas beaucoup d'elle mais pas parce que je n'ai rien à en dire. Je l'aime énormément. Elle est polonaise, belle mais pas fardée et peignée à la diable, une volonté de fer. Elle adore son mari (Bruno qui est sympa et drôle aussi) et a maigri de 8 kg parce qu'elle lui donne tout. Elle est terrible. Elle est très, très, très intelligente, a un grand sens de la justice (elle est sous-chef de chambre) et je suis très flattée d'avoir obtenu son amitié. Nadia, je relis ta carte et Hossegor me fait penser que Philippe est un cousin de Mme G.-B. (Griinebaum-Ballin). Il a une cousine à qui Albert a donné des leçons de math autrefois.

Je vois ma tante Rachel le plus souvent que je peux. Je l'aime beaucoup car elle est très, très gentille, elle est même si gentille qu'elle me crispe car ce n'est pas de mise ici. Pauvre femme !

Ma Nadia chérie, je suis très courageuse, Mais je ne pense pas être philosophe comme Gilbert, au contraire. Je suis très attachée aux vanités terrestres, suis très coquette, me cherche 36 coiffures, m'habille bien (enfin le mieux que je peux). Figure-toi que je me coiffe les cheveux relevés tu sais, une sorte de chignon avec des peignes. La 1/2 m'aime mieux avec le chignon, la 1/2 les cheveux baissés. Les garçons aiment mieux les cheveux relevés et Mallina et moi, aussi. Tu sais, ma Nadia chérie, j'ai terminé la « Physiologie de l'instinct et de l'intelligence[4] ». Je l'ai lu avec Mallina et nous avons ensemble appris par cœur les parties du cerveau, ce qui était un peu délicat. Il est épatant ce bouquin et j'attends le 2e avec impatience. Je garde précieusement toutes les cartes que tu m'envoies. C'est mon petit trésor avec les photos et les lettres de mes amies pendant le mois de septembre. J'en ai fait lire une à Mallina. Elle a été si touchée par la tendresse que tu y as mise qu'elle en pleurait. Tu vois moi, d'ici. La chef de chambre, gentille mais bête comme ses pieds, est en train de me barber. Mes amis vont bientôt venir grimper sur mon poulailler. L'autre soir, j'ai offert un verre de menthe à 10. On avait envahi la chambre…

Mes aimés, répondez-moi très vite. Peut-être recevrai-je votre carte et…

Les Lettres de Louise Jacobson et de ses proches, Robert Laffont, 1997, pp. 133-137.

NOTES

1. Sur Louise Jacobson et sa mère, voir la lettre de septembre 1942, pp. 236-241.
2. La sœur aînée de Louise.
3. Sur l'école, voir p. 292.
4. Du Dr Gh. Roger, Flammarion, 1941.

Maurice Landfisz à sa famille
10 février 1943

Drancy, le 10-2-1943

Chère Anna et Jacquot,

J'ai reçu lundi un paquet et mardi, et mercredi. En tout, j'ai reçu 5 colis alimentaires. J'étais très content et j'ai pleuré de joie de savoir que tu ne m'oublies pas. J'ai eu une crise de foie et le docteur m'a fait une piqûre. Je pars pour une destination inconnue. Anna, fais bien attention à Jacquot. Chère Charlotte, fais attention aux enfants, car ils n'ont plus de père et de mère. M. Nice, attention aux enfants. M. et Mme Florence, soyez le père et la mère de mes enfants.

Un bonjour à Raymonde et j'embrasse Robert très fort.

Un bonjour à Mme Laugal et à Mme Horon, Camia et le petit Robert, pour la concierge et M. Brillant et Mme Brillant.

J'embrasse Anna fort et qu'elle soit la mère de mes enfants.

Je pars jeudi à 4 h du matin.

Landfisz [1]

Un bonjour pour les contremaîtres.

Centre de documentation juive contemporaine, Paris, DCCCXXIV- 9 (2a).

NOTE

1. Maurice (Moszek) Landfisz est né en 1890 à Varsovie. Il a été arrêté par la police française le 5 janvier 1943 à Paris, à son domicile du 16, rue Sainte-Marthe, X[e] arrondissement. Interné à Drancy le 7 janvier, il est déporté le 11 février 1943, par le convoi n° 47, qui comptera 14 survivants en 1945. Renseignements fournis au CDJC par sa fille, Mme Nisak.

Louise Jacobson à son père
12 février 1943[1]

[Drancy]

Mon cher petit papa,

Triste nouvelle mon cher papa. Après ma tante c'est mon tour de partir. Mais ça ne fait rien. J'ai un moral excellent, comme tout le monde d'ailleurs. Il ne faut pas te faire de bile papa. D'abord, je pars dans d'excellentes conditions. Je me suis très très bien nourrie cette semaine. J'ai eu deux colis par procuration, l'un d'une camarade déportée, l'autre de ma tante et maintenant ton colis qui est arrivé juste pile.

Je vois d'ici ta tête mon cher papa et justement je voudrais que tu aies autant de courage que moi, je sentirais j'en suis sûre que tu supportes bien cette nouvelle tuile. Écris cette nouvelle en zone libre avec des ménagements. Quant à maman, il vaudrait peut-être mieux qu'elle ne sache rien. C'est absolument inutile qu'elle se fasse du mauvais sang surtout que je peux très bien revenir avant qu'elle ne sorte de prison.

C'est demain matin que nous partons. Je suis avec des amis car il y en a beaucoup qui partent. J'ai confié ma montre et le reste de mes affaires à d'honnêtes gens de ma chambre.

Mon papa, je t'embrasse cent mille fois de toutes mes forces.

Bon courage et à bientôt.

Ta fille, Louise.

NOTE

1. Reçu le 16 février 1943 à 6 heures du soir. Louise Jacobson est déportée le 13 février 1943 par le convoi n° 48. Sa mère est déportée le 20 novembre 1943 par le convoi n° 62 et est assassinée à Auschwitz. Sur Louise Jacobson et sa mère, voir la lettre de septembre 1942, pp. 236-241.

José Sala à ses parents
12 février 1943

Expéditeur : José Sala
escalier 21, 3e étage
Matricule 16872
Camp de Drancy

Drancy le 12/02/43

Mes parents chéris et adorés,

C'est avec une grande peine que je vous annonce que ce que je craignais est arrivé. Nous changeons de camp, donc vous resterez sans nouvelles de nous pendant quelque temps, ne vous faites pas de mauvais sang pour moi, je suis en bonne santé et j'espère nous revoir tous très bientôt comme avant. Dès que possible, je vous enverrai de mes nouvelles, en attendant je ne cesse de penser à vous et ma pensée est toujours vers vous. Donc, soyez sans crainte, nous nous portons tous très bien et nous partons avec tous nos camarades.

Nous avons bien reçu tous vos colis, et je suis très content et en même temps très peiné pour tout le mal que vous vous êtes donné pour les colis. Ils nous ont sauvés et nous rendent bien service. Notre moral est épatant. Ayez confiance, mes parents chéris et tantes et tout le monde, dans peu de temps nous nous serrerons tous dans nos bras.

Un camarade qui reste au camp te renverra ma petite valise avec ma montre et mes affaires. Encore une fois, ne vous faites pas de mauvais sang. Nous faisons bien attention à notre santé. Ne doutez jamais de Dieu qui nous réunira, je l'espère, dans peu de temps.

Donc, encore une fois, faites attention à vous, car pour moi je ne vous ai jamais quittés.

Je vous embrasse mille et mille fois de tout mon cœur qui… jusqu'à la fin[1]…

Centre de documentation juive contemporaine, Paris, n° DCCCXL-VIII- 12 (10).

NOTE

1. José Sala est né à Paris le 18 avril 1923. Interné avec sa cousine Roberte, il est déporté à Auschwitz par le convoi n° 48, parti de la gare du Bourget/Drancy le 13 février 1943. Le convoi n° 48 comprenait 150 enfants et adolescents sur 1 000 déportés, tous de nationalité française et domiciliés en région parisienne. On comptait 17 survivants en 1945.

Charles Hirschfeld à son épouse Anna 13 février 1943[1]

Drancy, le 13/2/43

Ma chère petite femme adorée,

Quand tu recevras cette carte, je serai déjà déporté. Prends cela avec courage comme je le prends moi-même. Que veux-tu, le sort l'a voulu aussi je t'écris avant de partir et nous partirons demain matin à 5 heures du matin à destination inconnue. Tu recevras un paquet de linge et divers objets que je ne pourrais pas emporter faute de place et surtout défendu. Ne m'envoie plus de colis puisque je pars. J'ai reçu ta carte, les 50 F qui ont été [...]; ton cassoulet a été excellent, prends tout cela en patience avec l'espoir que l'on se reverra un jour; prends beaucoup de courage, moi j'en prendrai. Mes engelures et crevasses vont mieux. Bonjour à tous les amis avec l'espoir de les revoir un jour. Embrasse Jacqueline, Monique, René, Marinette, mes tantes...

1. Sur Charles Hirschfeld, voir la lettre du 9 décembre 1942, pp. 280-281. Sur le convoi n° 48 du 13 février, voir la lettre précédente.

Maurice Touche à Maurice
2 mars 1943

[Train de Gurs à Drancy]. Le 2/3

Maurice,

Tu vas peut-être trouver drôle que je t'écrive, car c'est moi, Maurice Touche, qui suis dans un fourgon à bestiaux depuis 48 h, enfermé avec des autres, car j'ai été ramassé à Pau avec tous les travailleurs de ma compagnie et envoyé à Gurs [1] dans des baraques consignées. Il y avait le frère de Nathan dans la baraque. Donc, trois jours après, sans nourriture, on nous a réveillés à 10 h du soir, et en route dans les fourgons. Nous sommes 1 000, et trois jours avant, il y en avait autant au camp, et au camp il y a eu des suicides, donc inutile de te dire notre souffrance morale qui pour moi n'est rien à côté de ce que je dois encore voir. Donc, Maurice, je sais que tu me rendras encore une fois ce service, car je te connais. Mes patrons, je sais qu'ils s'occupent de moi, mais ils croient que je suis encore à Gurs. Dis-leur. Ils ont une fabrique de maroquinerie, 33, rue Blanche, la maison Dunal. Il faudra demander après madame de Ducla car elle travaille pour les Allemands. D'ailleurs, la fabrique est à Pau. Si ce n'est pas au 33, c'est à côté. C'est une grande fabrique et surtout fais vite, car je vais sûrement voir ma mère à la clinique Albert. Donc Maurice, je t'en prie, fais ce que tu peux. Si tu le fais pas pour moi, fais-le pour Renée. Je termine aujourd'hui, car il y a les gendarmes avec nous et il fait noir, car tout est fermé. Embrasse bien les enfants pour moi, ainsi que Clara et la famille David.

Surtout, que mon frère ne sache rien de cela et écrivez de suite une carte à Renée en disant que vous avez de mes nouvelles. Fais vite pour aller voir madame de Ducla. Dans l'espoir de vous revoir bientôt, recevez mes amitiés les plus sincères.

Maurice [2].

Tachez de m'avoir du tabac à n'importe quel prix.

Centre de documentation juive contemporaine, Paris, n° DCCCXCI-11 (6a et 6b) (coll. Benaroya).

NOTES

1. Situé dans les Basses-Pyrénées, dans la vallée du gave d'Oloron, le camp de Gurs est construit en 1939 pour interner les Républicains espagnols vaincus par le franquisme. En 1940, le camp de Gurs sert au régime de Vichy pour interner les prisonniers politiques et les juifs. Avec une capacité d'internement de 18 500 personnes, c'est le plus grand camp du sud de la France. Dès octobre 1940 y sont internés près de 6 500 juifs allemands expulsés du Pays de Bade, de Palatinat et de Sarre. D'autres juifs étrangers les rejoignent par la suite. Les conditions d'hygiène, la malnutrition y causent une forte mortalité. D'août 1942 à mars 1943, six convois déportent 3 907 juifs, hommes et femmes, de Gurs pour Drancy, vers Auschwitz où ils sont exterminés. Le 1er novembre 1943, le camp est dissous, mais il garde jusqu'à la Libération 229 internés (gitans, prisonniers politiques ou « droit commun »).

2. Moïse, dit Maurice Touche, né le 1er juin 1889 à Slodchid (Russie), habitant 14, rue Louis-Bonnet à Paris, était fourreur de profession. Pris dans une rafle de représailles, il est envoyé à Gurs et, de là, à Drancy, puis à Maïdanek. Voir la lettre suivante sur ces événements.

Maurice Touche à son épouse
5 mars 1943[1]

Madame Touche
9, rue du Maréchal-Joffre
Pau

[Drancy]. Le 5-3-43

Ma chérie,

Comme tu le vois, je suis ici, mais crois-moi, je ne suis pas démoralisé pour cela, au contraire, je suis très courageux. J'ai fait un bon voyage et même bien ravitaillé par la Croix-Rouge. Nous partons demain matin, mais c'est pour travailler, donc chérie, ne te fais pas de mauvais sang, car tu verras que tout changera et nous serons bientôt tous réunis comme par le passé. Ici, j'ai beaucoup de copains et j'ai vu la sœur à Monsieur Vilar, elle se porte bien. Et maintenant, chérie, causons un peu de toi et de mon fils chéri. Je voudrais que lorsqu'Henri aura sa convalescence, qu'il parte à la campagne, ainsi que toi car ça te fera du bien. Tu n'auras qu'à aller voir madame Betty, et je crois que tu devrais y aller maintenant, car je sais que tu es nerveuse, mais rien que pour moi, tu devrais le faire, car pour moi tu es toute ma vie, et rien que pour cela.

Je suis courageux, et surtout, dis à Henri de ne pas se frapper, et crois-moi, chérie, je pars avec un bon moral.

Ton Maurice pour la vie.

Centre de documentation juive contemporaine, Paris, DCCCXCI- 11 (2a et 2b) (coll. Benaroya).

NOTE

1. Voir la lettre précédente. Suite à un attentat contre deux officiers allemands à Paris, le 13 février, 1 745 juifs sont internés au camp de Gurs et, de là, transférés à Drancy, en deux convois (26 février et 2-3 mars). Les effectifs sont « complétés » en cours de route. Deux convois (50 et 51) partent de la gare du Bourget/Drancy les 4 et 6 mars 1943, vers le camp de Maïdanek. Maurice Touche fait partie du second.

Simone Weill à ses parents
28 mars 1943[1]

[Beaune-la-Rolande], Dimanche 28 mars 1943

Mes très chers,

Tout d'abord, merci mille fois pour les deux colis d'Arlette et Monique, reçus hier ensemble. Le pâté de patates et sardines était délicieux, on l'a dégusté hier soir et à midi. Les enfants sont heureuses des gâteaux et pommes. Les œufs sont bien arrivés, tout était bien régulier dans les colis, qui n'ont pas été retournés à fond. Je pense que vous avez bien reçu nos dernières cartes. Désormais, on écrit chaque semaine sur cette feuille, et vous répondez sur la feuille attenante. On ne vous envoie plus les étiquettes à colis. Vous devrez envoyer les colis sans étiquettes, et c'est nous qui donnons les étiquettes comme contrôle en recevant les colis. Vous pouvez nous envoyer chacun un colis par quinzaine, soit 10 par mois pour nous, 5 à partir du 1er avril. Ceci pour éviter la perte ou le vol des étiquettes. Si vous avez des difficultés à faire les colis, n'en envoyez pas tant, ou vous pouvez en faire envoyer par d'autres qui vous en feraient l'offre, puisque cela ira sans l'envoi d'étiquettes.

La confiture est la bienvenue et les Vichy aussi. Ces

jours-ci les enfants ont touché de la confiture, car les colis arrivés pour ceux qui ont quitté le camp mardi [2] ont été répartis dans toutes les baraques. Elles ont reçu ainsi gâteaux, friandises, etc. de quoi goûter quelques jours.

Comment allez-vous ? Ici, cela va à peu près. Francine avait encore 39° 9 hier soir, mais c'est retombé à 37° 5 ce matin et 37° tantôt. Cela vient des dents, pense le docteur. Elle perce une molaire, sa neuvième dent. Elle tousse encore un peu. Arlette a un peu de bronchite (sans fièvre) et ne sort pas. Elle réclame des bonbons « à rhume », s'il en existe encore chez vous ! Albert et moi allons bien. On va engraisser ! L'ordinaire est bon maintenant, et assez copieux. Avant le départ des 700, on était trop nombreux, maintenant, on voit la différence. On a eu, à la cantine, de la laitue superbe et des radis, du jus de raisin, savonnettes, etc. Si les visites sont permises par la suite, ton ami, mon cher papa, pourra venir nous voir et nous apporter de vos bonnes nouvelles (verbales).

Je me demande si nous ne verrons pas arriver Lucien Frey. On dit que les conjoints d'aryens restant à Drancy vont venir ici [3].

Je réponds à votre lettre : non, les casse-croûte ne sont pas autorisés. Les carottes crues peuvent arriver. Envoyez sacs de couchage de Gérardmer, linge, etc. dans le panier « vestimentaire ». Inutile envoyer les couvertures de Gérard, avons assez. Avons chacun notre lit, l'un à côté de l'autre, sans étages maintenant. Tu ne m'avais jamais parlé « des petites couvertures d'Esther ». De quoi s'agit-il ? Couvertures lit, voiture ou quoi ? Pain d'épice, défendu aussi. En avons reçu chacun un gros carré de 100 grammes par l'U. G. I. F. [4], le jour de Pourim. Les gosses se sont régalées !

De temps en temps, dans les colis, n'oubliez pas un peu de savon, si vous en avez assez. Avez-vous de bonnes nouvelles de Salomon ? Je l'espère. Que font les enfants ? Et Denise ? Je lui écrirai la semaine prochaine. J'espère qu'elle sera titularisée bientôt, et ainsi protégée, par l'U. G. I. F., et vous aussi. Parlez-lui-en. Je ne pense pas que la protection s'étende à nous.

Je vous embrasse tous bien bien fort affectueusement pour tous.

Simone.

Denise Baumann, *Une famille comme les autres*, Albin Michel, coll. Présence du Judaïsme, 2e éd., 1985, pp. 92-93.

NOTES

1. Sur Simone Weill, voir la lettre du 4 février 1943, pp. 297-300.
2. Les 23 et 25 mars, deux convois (n° 52 et 53) étaient partis de la gare du Bourget/Drancy vers le camp d'extermination de Sobibor. Ils comprenaient notamment les juifs de la région marseillaise arrêtés du 22 au 24 janvier 1943, et devaient compter 2 survivants en 1945.
3. Sur les catégories d'internés, voir pp. 169-170.
4. Sur l'UGIF, voir pp. 198-199.

M. au CCGJ
Juin 1943

[Drancy]. Juin 43

Monsieur,

Habitant dans le camp même de Drancy, les femmes et les hommes comme vous le savez vivent ensemble une vraie vie de débauche. Nous entendons, moi et mes enfants, des choses que j'aimerais que mes enfants n'en soient pas témoins.

Ne pourrait-on pas mettre les femmes d'un côté, les hommes de l'autre ? Beaucoup d'entre elles sont enceintes, prétextant que, comme cela, on ne les déportera pas. À nos pauvres prisonniers, l'on ne donne pas leurs femmes à eux ! Ces femmes pourraient aussi être utiles à quelque chose, pourquoi les laisser vivre dans la paresse, l'on se figurerait dans une ville de garnison avec leurs figures maquillées, vraiment je n'aurais pas cru que l'on pourrait laisser presque au public une telle vision. Le camp est grand, les bâtiments conséquents. L'on pourrait aménager un côté homme, un côté femme. Nombreuses aussi sont les femmes qui se sont laissées prendre pour être avec leurs maris, mais comme cela leur vie s'écoule normalement.

Étudiez cela, Monsieur, et vous verrez que cela est très

possible ; la nuit, femmes et hommes se retrouvent dans les locaux vides et l'on entend leurs conversations.

Au nom de nos enfants, séparez les hommes et les femmes, car nous sommes un peu écœurés.

M. L. Drancy camp[1].

Archives nationales, Paris, AJ 38/67 (Commissariat général aux questions juives), n° 61842.

NOTE

1. Oisiveté, promiscuité, détresse sexuelle sont la règle dans les camps. L'accusation de débauche de la part des internés relève pour une bonne part du fantasme. L'administration s'est peu intéressée à cette question, sauf un document publié à Drancy : « Instructions relatives à l'application de la note de service du 31 mai [1943] sur les rapports entre hommes et femmes dans le camp ». La répression des atteintes à « la bonne moralité du camp » revient au M. S. (service de surveillance effectué par des détenus) chargé de s'assurer de la bonne tenue des chambres.

Simone Weill à ses parents 21 juin 1943[1]

[Drancy], le lundi 21 juin

Mes très chers deux,

Comme nous le prévoyions, nous voici de retour ici. Partis en confortables wagons à bestiaux samedi après-midi[2] (à 1 heure du camp, et 5 heures de la gare). Nous sommes arrivés ici dimanche matin vers 7 heures en gare. Nous n'étions que 113. Dans notre wagon nous étions 29, y compris les enfants, cela pouvait aller. Albert était avec nous. Mme Gaby nous attendait à l'arrivée. Les enfants ont bien supporté le voyage que Francine a fait dans sa voiture.

Nous avons réintégré l'infirmerie des nourrissons[3], mais à cause de la coqueluche, occupons une chambre seule, où nous sommes trois mères avec leurs cinq coquelucheux. Les grands enfants coquelucheux sont aux contagieux.

Le camp est en effervescence, il se prépare de nouveaux départs, paraît-il. Espérons que nous passerons entre les gouttes encore. Avons retrouvé un cousin d'Albert, un des fils de la tante de Gérardmer qui habitait Paris. Tous les Halbronn sont là. Il y a eu une arrivée d'Écrouves[4] ces jours-ci.

Votre bonne lettre de mercredi nous a été donnée samedi avant le départ. Le colis annoncé sera arrivé aujourd'hui. Je ne sais pas s'il suivra, ou si un ami qui a la procuration nous le renverra par le prochain courrier de l'UGIF[5].

Avons vu Mme Marx en bonne santé, M. Jacobi a demandé après Salomon. Nous espérons que ce dernier va mieux et marche maintenant. Comment allez-vous tous ? Ici cela va. Francine a encore de fortes quintes. À l'instant, Mme Gaby nous crie par la fenêtre qu'ils partent, spécialement désignés. Je me demande pourquoi ? Quand aurons-nous fini de vivre ce cauchemar ? Espérons que ce sera bientôt la fin.

Avez-vous de bonnes nouvelles de Denise ? Je l'espère, ainsi que de toute la famille.

Pour les colis, les étiquettes sont jointes aux lettres comme autrefois. Vous pourrez refaire les anciens colis, ici tout est permis[6]. Ce sont de nouveau les colis hebdomadaires, les enfants groupés avec les parents. Arlette et Monique sont à l'escalier 4, Albee à l'escalier 5.

Avons retrouvé les Franck, d'Épinal, Lévy, de Gérardmer, etc. Regrettons notre séjour à Beaune, surtout pour les enfants, l'air y était meilleur que la poussière de charbon d'ici, et surtout pour la nourriture. C'est meilleur que quand nous y étions, mais peu copieux. À midi, très bonnes pâtes à la tomate et viande. Le matin, ce n'est plus du chocolat, mais du café, pas mauvais. Les enfants ont du café au lait, ou bien du chocolat. Regrettons de ne plus pouvoir cuisiner, n'envoyez plus de légumes crus, sauf pommes de terre pour Francine.

Nous ne pourrons vous écrire que tous les quinze jours, comme autrefois, et Albert en même temps que moi, puisque c'est à dates fixes. C'est moins pratique qu'à Beaune.

Vous donnerez de nos nouvelles à toute la famille, et embrassez-les tous pour nous. Avez-vous de bonnes nouvelles de Bandol ? Je leur avais écrit de Beaune.

Je vous embrasse tous les deux, très très fort pour nous tous, sans oublier Sal.

Simone.

Denise Baumann, *Une famille comme les autres*, Albin Michel, coll. Présence du Judaïsme, 2e éd., 1985, pp. 92-93.

NOTES

1. Sur Simone Weill, voir la lettre du 4 février 1943, pp. 297-300. Simone Weill et sa famille reviennent au camp de Drancy alors que le SS Aloïs Brunner s'apprête à en prendre le contrôle. Ce dernier, qui vient d'organiser la déportation des juifs de Salonique, est envoyé en France par Eichmann pour assister Röthke. Dès le 10 juin 1943, il s'empare des leviers de commande dans le camp ; le 30, il négocie directement les questions matérielles avec l'UGIF ; le 2 juillet, il dirige effectivement le camp avec une équipe restreinte de SS. Brunner instaure une administration qui combine violence et cynisme, tout en améliorant l'organisation matérielle du camp. Les SS font leur entrée dans le camp et s'imposent par des scènes de violence. Tout le personnel français « aryen », infirmières comprises, est renvoyé. Le courrier est suspendu, puis soumis à une censure sévère. Les déportations continuent au rythme d'une ou deux par mois, rythme ralenti en raison de la raréfaction des juifs de la zone occupée et de la méfiance des survivants. Brunner décide de rafler le plus grand nombre de juifs, en incitant des pères de famille internés à aller convaincre des juifs de Paris de sortir de la clandestinité. S'ils refusent ou s'enfuient, leur famille est aussitôt déportée. Ces « missionnaires » procéderont à 560 visites et feront arrêter 76 personnes. Par la suite, Brunner se concentre sur la zone sud, sans l'aide de la Police nationale, en s'appuyant sur la police du CGQJ ou sur la Milice.
2. De Beaune-la-Rolande.
3. Voir la lettre du 4 février 1943, p. 297-298.
4. Voir p. 300.
5. Voir pp. 198-199.
6. Voir p. 298.

Gabriel Ramet à ses parents
22 juin 1943[1]

22-6-43

Mes très chers,

Je vous écris cette dernière carte de Drancy. Il est 20 heures. ... Fouillé auparavant... Jeudi et deux autres aujourd'hui. Juste avant de monter... Jamais je ne vivrai assez longtemps pour vous remercier de tout ce que vous avez fait pour moi. Grâce à vous, j'ai tout ce qu'il me faut et même beaucoup plus. Je vous renvoie une paire de chaussures que j'ai de trop. Je suis chargé comme un mulet : un grand sac à dos, une grande musette et une valise, et tout cela est plein à craquer. J'ai un très bon moral, plus que splendide. Ma santé est très bonne et je suis fort comme un turc. Je pars, mais toutes mes pensées vont vers vous. Soyez forts et courageux comme moi. Songez, mes parents, j'ai gagné 22 mois sur les premiers qui sont partis. Demain, je serai dans le train et je penserai à vous tous. Merci, merci mille fois pour tout ce que vous avez fait pour moi. Embrassez tout le monde de ma part. Remerciez bien M. et Mlle Philippon de ma part, embrassez-le bien. Embrassez bien Albert de ma part et donnez-lui bon courage, car il n'y en a plus pour longtemps.

Je vous dis au revoir, pas adieu. Je vous embrasse tous. Embrassez bien tout le monde de ma part. Je vous embrasse bien fort, et tout le monde.

Votre fils et frère qui vous aime,
Gaby.

Centre de documentation juive contemporaine, Paris, n° DCCCXCI-3 (38) (coll. Ramet).

NOTE

1. Gabriel Ramet (voir p. 27) est resté 22 mois à Drancy, en raison de son travail à l'infirmerie où il s'était fait remarquer pour son dévouement. Déporté à Auschwitz par le convoi n° 55 du 23 juin 1943, il revient en France le 1er mai 1945.

Fanny Celgoh-Segal à son parrain le Père Damaël 23 juin 1943

Drancy, le 23/06/43

Cher Parrain,

Je pars avec mon frère. Vous n'aurez plus de nouvelles, car je pars pour une destination inconnue. Je suis en bonne santé et pleine de confiance. Dites souvent la messe pour moi et priez aussi. J'emporte mon livre. J'ai des bonnes camarades qui partent avec moi. J'ai confiance en Dieu. Je vous demande de ne pas abandonner mon frère et ma sœur, et de veiller sur eux comme vous le faisiez pour moi.

Bons baisers à Mlle Andriot, Raymonde, Gaby, Jacqueline.

Je termine en vous envoyant mes plus affectueuses pensées.

Je suis résignée et j'ai beaucoup confiance.

Votre filleule,
Fanny [1]

Centre de documentation juive contemporaine, Paris.

NOTE

1. Fanny Celgoh-Segal est née le 14 février 1925 à Paris, dans le XIIe arrondissement. Elle est arrêtée une première fois le 17 juillet 1942, mais libérée car elle ose dire aux policiers qu'elle est française. Son plus jeune frère et sa sœur sont à l'abri en province. Fanny, elle, survit en trouvant du travail dans un atelier de confection. Par l'intermédiaire de ses camarades membre des Jeunesse ouvrières chrétiennes, elle rencontre un dominicain de la rue de la Glacière, le père Danaël, qui va la protéger et s'occuper de ses plus jeunes frère et sœur. Sans doute dénoncée par un de ses anciens professeurs, elle est arrêtée de nouveau avec son frère le 15 mai 1943. Tous deux sont conduits à Drancy et déportés à Auschwitz par le convoi n° 55 du 23 juin 1943. Elle seule reviendra de déportation.

Mgr M., évêque d'A., au CGQJ
23 juin 1943

Évêché d'A.
Le 23 juin 1943,

Monsieur,

Me plaçant uniquement sur le plan national, je me permets, au titre d'ancien combattant, d'attirer votre attention sur le cas d'un israélite, actuellement détenu au camp de Drancy (Seine). Il s'agit de B. Jean-Jules, matricule 20. 745, escalier 22, 1er étage. Cet israélite de nationalité française par ses aïeux, paternel et maternel, marié à une aryenne a été mobilisé en 1914, a été fait prisonnier et libéré seulement en 1919. Un de ses frères a été tué.

Ayant connu sa famille à Nancy, ma ville d'origine, j'ai retrouvé à Amiens Jean-Jules B. dans les réunions d'anciens combattants. Je crois pouvoir affirmer en conscience qu'il ne s'est jamais livré à une action politique, qu'il a plutôt nettement réagi contre les tendances de certains de ces corréligionaires et qu'il est animé d'excellents sentiments au point de vue français.

Je m'excuse d'intervenir ainsi, mais le cas m'a semblé mériter un examen bienveillant.

Dans l'espoir que vous pourrez accorder à ma requête un accueil favorable, je vous prie d'agréer, Monsieur, l'assurance de mes sentiments distingués.

Lucien M.
Évêque d'A.[1]

Archives nationales, Paris, AJ 38/67 (Commissariat général aux questions juives).

NOTE

1. Sur l'attitude du haut clergé français, voir aussi p. 233.

Élie Bloch à Charlotte Rosenbaum
30 juin 1943

[Drancy]. Le 30/6/43

Ma chère Charlotte,

J'ai bien reçu en son temps ta carte du 11 qui m'a fait bien plaisir. Tu sais sans doute que les Friedman étaient ici pendant 4 semaines, malheureusement ils sont partis mercredi dernier[1]. J'ai écrit à Myriam et Paulette ; mais je voudrais que tu leur écrives encore une fois, au cas où ma lettre ne leur serait pas parvenue. Leur moral était vraiment extraordinaire et dans toutes les déportations auxquelles j'ai déjà assisté, je n'ai jamais vu personne partir comme eux.

Et avec eux, Madame Rapoport, de la rue Amelot, dont la tenue a suscité l'admiration de tout le camp : c'est une petite femme de rien du tout, elle a été arrêtée 24 h après son mari, mais lui a été emmené à Romainville[2], et elle est partie d'ici toute seule, sans rien. Elle n'avait pas encore reçu son colis alimentaire et avait distribué tout ce qu'elle avait à manger, et elle est partie avec le sourire.

Pour quelqu'un qui n'a jamais assisté à un tel départ, il est impossible de se rendre compte de l'effet produit.

On ne sait pas encore s'il n'y a pas de nouveaux départs de prévus. Toutes sortes de bruits circulent à ce sujet ; si c'est ou ce sera notre tour et s'il le faut, on fera comme les autres ; en tout cas, si j'étais seul, cela ne me ferait absolument pas peur, au contraire.

Je n'ai évidemment rien écrit de cette perspective à mes parents, et il est inutile d'en parler à qui que ce soit, d'autant plus qu'à présent chaque jour peut amener un événement décisif.

Je pense que tu as reçu entre temps les étiquettes et que tu pourras faire parvenir les colis.

Tu sais sans doute que Stourdzé est ici depuis quelque temps, je m'entends très bien avec lui. Donne-moi des nouvelles de toutes les connaissances, celles qui m'intéressent, évidemment. Tu peux envoyer des photos sous enveloppe en marquant dessus photographies familiales. Il y a quelques jours est arrivée ici de Clermont Mme Leuchter, fille Ilzop ; si tu en as l'occasion, fais savoir à sa famille que les colis, malgré le poids de 3 kg inscrit sur l'étiquette, peuvent en avoir 5 sans qu'ils soient confisqués.

Je te joins deux cartes, une pour toi et une que tu enverras à Vitrevitz, 4, rue du Vieux-Collège, Dijon, en lui demandant de m'écrire.

Myriam lit maintenant l'hébreu presque couramment.

À te lire très bientôt.
Bien à toi[3].

Mademoiselle Charlotte Rosenbaum
19, rue de l'Égalité
Lourdes – Hautes-Pyrénées

Centre de documentation juive contemporaine, Paris, DCCCXXIV-7 (3-4).

NOTES

1. Il s'agit du convoi n° 56 du 24 juin 1943.

2. L'organisation du 36, rue Amelot, est fondée en juin 1940 par Théo Glaser et animée jusqu'en 1943 par David Rapoport, assisté d'Henri Bulawko (jusqu'en novembre 1942). Le comité Amelot regroupe *la Colonie scolaire* et un dispensaire, *La mère et l'enfant.* L'organisation comporte des cantines populaires et sert 2 000 repas quotidiens en 1941. Ses dispensaires offrent des consultations médicales. *La Colonie scolaire* prend en charge les orphelins dont certains sont placés à la campagne. David Rapoport est arrêté et déporté en juin 1943.

3. Élie Bloch naît le 8 juillet 1909 à Dambach-la-Ville (Bas-Rhin), où son père est rabbin. En septembre 1939, 200 000 Lorrains sont évacués en Charente et dans la Vienne. Élie Bloch, devenu rabbin à son tour, est aumônier des juifs évacués. Le 15 juillet 1941, le préfet de région organise une première rafle de 350 personnes internées au « Camp de concentration des Nomades, route de Limoges à Poitiers ». Élie Bloch proteste auprès de l'administration, organise les secours pour les internés, obtient la libération de certains enfants. Son action s'étend peu à peu à de nombreux camps. Mais le 23 janvier 1943, sa femme est arrêtée à Poitiers ; le 11 février, c'est son tour, ainsi que celui de sa fille de cinq ans. Internés à Drancy le 24 février 1943, tous trois sont déportés à Auschwitz le 17 décembre 1943 par le convoi n° 63. Ils y sont gazés immédiatement.

Blanche Jack
18 juillet 1943

Gare de Bobigny
Dimanche 18-7-43

Ma chérie,

Partie ce matin direction Est. Je te remercie avec tous les amis, et vous envoie à vous et tous les êtres chers que j'ai quittés mes meilleurs baisers.

Adieu ! au revoir peut-être.

Blanche[1]

Centre de documentation juive contemporaine, Paris, n° DCCCXXIV-17 (2).

1. Blanche Jack était née en 1881 à Paris. Elle est déportée de Paris/Bobigny vers Auschwitz le 18 juillet 1943, par le convoi n° 57.

Simone Weill à Mme Papillon 13 août 1943[1]

Drancy, ce vendredi 13 août

Chère Madame,

Voici la correspondance rétablie deux fois par mois, pour les travailleurs du camp, ainsi que les colis individuels. Aussi je me permets de vous écrire, ainsi que mon mari, pour vous annoncer ces deux bonnes nouvelles.

Je pense que vos amis Léon et Renée sont en bonne santé, ainsi que vous-même ; soyez assez gentille pour leur communiquer nos nouvelles. Nous allons tous les cinq aussi bien que possible. Francine devient une grande poupée, elle a dix-sept mois aujourd'hui. Comme le temps passe ! Elle commence à bien trotter ; elle marche en se tenant après son petit lit et en fait le tour. Elle devient très exigeante et voudrait qu'on s'occupe d'elle sans cesse ! Ses deux grandes sœurs sont très diables, et heureusement que les maîtresses les gardent une bonne partie de la journée dans une cour à l'air, on en est débarrassés[2]. Surtout que nous sommes au troisième étage du bloc.

On vient d'emménager il y a quelques jours, dans les locaux repeints, toutes les femmes au troisième, et les hommes au premier et deuxième. Mon mari est au premier étage. Nous sommes assez bien : 12 par chambre, cela va.

Mon mari occupe mon ancienne chambre de la pouponnière autrefois. Il travaille toute la journée et a peu de temps de libre, aussi m'a-t-il chargée d'écrire sa lettre à sa place.

Je vais donc vous donner sur celle-là toutes les indications pour l'envoi des colis que *vous*[3] voudrez bien nous envoyer. Nous sommes beaucoup mieux nourris maintenant, la soupe est bonne, mais les colis sont toujours les bienvenus !

Recevez, chère Madame, toutes nos meilleures amitiés.

Simone W.

Denise Baumann, *Une famille comme les autres*, Albin Michel, coll. Présence du Judaïsme, 2e éd., 1985, pp. 164-166.

NOTES

1. Sur Simone Weill, voir la lettre du 4 février 1943, pp. 297-300.
2. Sur l'école, voir p. 292.
3. Pour remplir à nouveau le camp, Aloïs Brunner a renforcé la surveillance du courrier et envoie « missionnaires » et inspecteurs aux adresses indiquées sur la correspondance des internés. Simone Weill écrit donc à une amie, Mme Papillon, qui se chargera de retransmettre la demande de colis à sa famille encore en liberté.

Catherine N. à J. L.
Vers le 28 octobre 1943

Monsieur J. L.
Hôtel Marron
La Mure
Isère

Mon Jo chéri,

Quand tu recevras ce mot, je serai dans les environs de Metz Strasbourg avec la famille. Avec l'espoir de ne pas m'éloigner davantage. Mais qui le sait ? Notre séjour là où tu sais a été supportable et nous sommes plein de courage. Je pense terriblement à toi dans cette sinécure. Tu es mon grand soutien, et je vis dans le seul espoir de t'embrasser un jour prochain.

Aie du courage aussi. Je t'en supplie

Ta grande C. [1]

Centre de documentation juive contemporaine, Paris, n° DCCCXL-VIII- 5 (4 et 5).

1. Cadette N. est née le 30 septembre 1917 à Bordeaux. Elle est arrêtée avec ses parents en octobre 1943 à Nice. Internée à Drancy, elle est déportée à Auschwitz par le convoi n° 61, parti de la gare de Paris/Bobigny le 28 octobre 1943.

Simone Weill à sa sœur Denise
15 décembre 1943[1]

[Drancy], mercredi 15 décembre 1943

Ma chère Denise,

Quand tu recevras cette lettre, je pense que nous roulerons dans la direction que tu devines ! Nous allons sans doute rejoindre papa et maman, je souhaite que nous soyons dans le même camp. On part vendredi matin. C'est le voyage qui m'ennuie le plus, pour la petite, par le froid maintenant. Je pense que ce ne sera pas trop long ; quand papa et maman sont partis, le samedi matin, ils devaient arriver le lundi matin. Ils doivent être dans un nouveau camp, près de Dresde. On part avec courage, car ce n'est plus pour longtemps, et avec un groupe épatant – 40 travailleurs du camp, presque tous des Vosgiens ou gens de l'Est. Dans le convoi de nos parents, 58 travailleurs étaient déjà partis. Sans doute veut-on renouveler les cadres ! Enfin, on espère bien se revoir bientôt ! Nous reviendrons prochainement, je suis persuadée. En attendant, prends bien garde à toi, ne fais aucune imprudence ; je ne tiens pas à ce que tu nous rejoignes, malgré tout le plaisir que nous aurions à te voir ! J'espérais toujours avoir de tes nouvelles par Pontoise, mais rien. Sans doute y en aura-t-il lundi prochain, après notre départ malheureusement. Tu tiendras au courant le reste de la famille ; que ceux du Midi prennent bien garde à eux. Leur ancien ami, le colonel, est toujours là.

As-tu eu de nos nouvelles par Edgard ? Je le pense rentré chez lui à Monte-Carlo. Je viens d'écrire un mot à Mme Papillon pour qu'elle ne m'envoie pas ma pelisse ; je regrette de ne pas l'avoir pour partir. Enfin, tant pis. Je pense que tu as toujours beaucoup de travail : cela te distraira et te changera les idées ! Reste toujours en relations avec Mme Papillon, les Lecointre, Riou, etc. ce qui pourra nous être un centre de ralliement au retour ; que ceux-là aient toujours ton adresse, si tu étais appelée à changer de lieu de résidence. Reste aussi en communication avec Mme Suzanne. Tu pourras la prévenir aussi de notre départ. Là-dessus, à la grâce de Dieu ! et à bientôt.

Je t'embrasse bien bien bien affectueusement pour nous tous.

Ta vieille Simone.

Denise Baumann, *Une famille comme les autres*, Albin Michel, coll. Présence du Judaïsme, 2e éd., 1985, pp. 184-185.

NOTE

1. Sur Simone Weill, voir la lettre du 4 février 1943, pp. 297-300. Il s'agit du convoi n° 63, parti le 17 décembre 1943 de Paris/Bobigny vers Auschwitz. Il comptera 31 survivants en 1945.

Francine Christophe à son père
21 février 1944

Hier abtrennen!
Diese Seite ist für die Angehörigen des
Kriegsgefangenen bestimmt.
Deutlich auf die Zeilen schreiben!

Détacher le long du pointillé !
Ce côté est réservé aux proches
parents du prisonnier de guerre !
N'écrire que sur les lignes et visiblement !

[Drancy]. Le 21/2/44

Papa chéri. J'ai à t'annoncer une bonne nouvelle : je suis 3e au classement de ce mois. Hier le maître m'a donné un témoignage de satisfaction ; je fais même pas mal de progrès. Maman est contente de moi. J'espère que tu vas bien, moi ça va très bien. Demain je vais à la douche, c'est si bon. Colette Tchercawsky et moi, ainsi que son frère, nous avons gardé nos friandises de la semaine et Dimanche nous avons fait un petit gâteau. Papa chéri, bon courage, à bientôt, ta poulette adorée.

Francine[1]

Centre de documentation juive contemporaine.

NOTE

1. Francine Christophe est née le 18 août 1933 à Paris. En 1942, à l'âge de neuf ans, elle est arrêtée et internée successivement à Poitiers, Pithiviers, Beaune-la-Rolande, puis Drancy. Son père est prisonnier de guerre, ce qui lui vaut de n'être pas immédiatement déportable. Le 2 mai 1944, elle est déportée de Drancy vers Bergen-Belsen avec sa mère Marcelle Christophe, par le convoi n° 80 A, constitué d'épouses et d'enfants de prisonniers de guerres. Sur cette enfance déportée, elle a publié un récit de souvenirs : *Une petite fille privilégiée. Une enfant dans le monde des camps, 1942-1945* (Paris, L'Harmattan, 1996), qui a été adapté pour le théâtre, et *Après les camps, la vie* (Paris, L'Harmattan, 2001).

Max Jacob à Paul Bonet[1] 28 février 1944[2]

Wagon sur la route de Drancy
28 février 44

Cher Paul,

Ne t'étonne pas de n'avoir pas de nouvelles de ton livre. La police m'a arrêté en cours de travail : il y a 5 dessins de fait et le livre est posé sur les livres de l'étagère principale. De sorte que si mon séjour à Drancy se prolongeait, tu pourrais au moins récupérer le livre tel qu'il est. Tu n'aurais qu'à demander la maison de Mme Persillard et lui montrer cette lettre pour qu'elle te mène à ma chambre qui de ce wagon de D. me semble un paradis.

Si tu peux encore aider un malheureux prisonnier.

Embrassons-nous

Max Jacob.

Bibliothèque Jacques-Doucet, Paris.

1. Paul Bonet, relieur, ami et mécène de Max Jacob.
2. Arrêté le 24 février à Saint-Benoît, Max Jacob est interné à la prison d'Orléans du 24 au 28 février dans une cellule glaciale. Il est transféré à Drancy le 28 février où il est interné sous le matricule 15872. Selon le témoignage d'un médecin, il y meurt d'une congestion pulmonaire, à l'infirmerie, le 5 mars 1944.

Marc Moïse Blum à sa famille 11 août 1944[1]

Le 11/08/1944
À Gaston Vachon
Haute-Loire

Mes chers. Je suis dans le train de Vittel pour où ? ? Je ne vous oublie pas. J'espère que tout va bien pour vous. Courage et confiance. Je vous reverrai tous s'il plaît à Dieu. Mon moral est excellent dans cette épreuve. Nous sommes bien traités. Vive la France. Ne vous en faites pas pour moi et gardez-moi toute votre affection. Je vous jure que ce n'est pas par imprudence que je suis là. Je vous embrasse tous très fort.

Marc[2]

Centre de documentation juive contemporaine, Paris, n° DCCCXXIV-10.

NOTES

1. Il s'agit du premier des trois derniers convois. Le convoi n° 78, organisé par Klaus Barbie, quitte Lyon le 11 août 1944 avec 650 personnes, hommes femmes, enfants, résistants et juifs ; il arrive à Auschwitz-Birkenau le 21 août. Le convoi n° 79 est

organisé par Brunner juste avant la Libération de Paris ; il quitte la gare de Paris/Bobigny le 17 août avec 51 internés juifs ; parmi eux, des résistants, otages destinés à protéger la retraite de Brunner, notamment Marcel Bloch-Dassault, et la famille Kohn, que Brunner déteste (en particulier Armand Kohn, qui a dirigé l'hôpital Rothschild). 21 détenus parviennent à s'échapper du train ; le convoi arrive à Büchenwald le 25 août. Enfin, le convoi n° 82 quitte Clermont-Ferrand le 22 août 1944 ; il passe par Dijon et Sarrebrück et arrive à Auschwitz le 8 septembre. Le camp de Drancy a été libéré le 21 août : il s'y trouvait encore 1 386 internés, parmi lesquels 64 enfants.

2. Marc Moïse Blum, dit Maurice Biehler, écrit cette lettre jetée du train à sa famille, par l'intermédiaire de son ami Gaston Vachon. Il est déporté par le convoi n° 78 du 11 août 1944, parti de Lyon pour Auschwitz, où il est exterminé.

INDEX DES PRINCIPAUX CORRESPONDANTS

N. B. : Certains des noms ont été anonymés, soit par volonté des ayants-droit, soit (pour les suppliques au Commissariat général aux questions juives) suivant les règles de communication des documents aux Archives nationales.

LES PRINCIPAUX CAMPS ET CENTRES D'INTERNEMENT DES JUIFS DE FRANCE

On a retenu les camps les plus importants où des juifs de France avaient été internés. La plupart de ces lieux étaient mixtes : y ont également été internés, simultanément avec les juifs ou à des périodes différentes, des Tsiganes, des politiques, des étrangers, des « droit commun ». Les camps les plus importants sont détachés au début de la liste.

Zone occupée

Drancy (Seine-Saint-Denis). Compiègne (Oise). Pithiviers (Loiret). Beaune-la-Rolande (Loiret).

Les Tourelles (Paris). La Lande, Monts (Indre-et-Loire). Écrouves (Meurthe-et-Moselle). Poitiers (camp des Nomades, route de Limoges). Rennes (Ille-et-Vilaine). Rouillé (Vienne).

Zone sud

Gurs (Basses-Pyrénées). Rivesaltes (Pyrénées-Orientales). Les Milles (Bouches-du-Rhône).

Bram (Aude). Fort Barraux (Isère). Récébédou (Haute-Garonne). Nexon (Haute-Vienne). Noé (Haute-Garonne). Marseille, Centre pour femmes et enfants : Hôtel Bompard, Hôtel Terminus du Port, Hôtel du Levant. Nice : Hôtel Excelsior.

Vénissieux (centre de rassemblement régional) (Rhône). Brens (Tarn) (centre pour femmes). Mérignac (Gironde). Saint-Sulpice-la-Pointe (Tarn). Le Vernet (Ariège).

LISTE DES CONVOIS DE DÉPORTATION DES JUIFS DE FRANCE

Cette liste est tirée des travaux de Serge Klarsfeld, *La Déportation des Juifs de France* et *Le Calendrier de la persécution des Juifs de France* (voir *Bibliographie*). Les lacunes des premiers travaux historiques sur la question expliquent les aberrations de certains numéros de convois (41, 43, 54, 56, 63, 64, 65, 80, 81). Ces chiffres ne prennent pas en compte les nombreux juifs déportés dans des convois de résistants, individuellement, ni des juifs du Nord et du Pas-de-Calais, dépendant du commandement militaire allemand en Belgique et par conséquent déportés depuis le camp de Malines.

On a fait figurer les noms des auteurs de lettres déportés à la suite de chaque convoi.

Pour chaque convoi figurent : le numéro, la date de départ, la gare de départ et la destination, le nombre de déportés, le nombre et le pourcentage de survivants en 1945, les correspondants cités dans ce livre et déportés par ce convoi.

1942

1. 27.03.1942. Le Bourget/Drancy + Compiègne vers Auschwitz. 1 112 (+34) déportés. 23 survivants (2,0 %). Voir Jean LÉON.

2. 05.06.1942. Compiègne vers Auschwitz. 1 000 déportés. 41 survivants (4,1 %).

3. 22.06.1942. Le Bourget/Drancy vers Auschwitz. 1 000 déportés. 34 survivants (3,4 %). Voir Marcel MATUSZENSKI – Gustave ZIBOULSKY.

4. 25.06.1942. Pithiviers vers Auschwitz. 999 déportés. 59 survivants (5,9 %). Voir Isaac SCHŒNBERG.

5. 28.06.1942. Beaune-la-Rolande vers Auschwitz. 1 038 déportés. 55 survivants (5,3 %). Voir Morka ROTGOLD.

6. 17.07.1942. Pithiviers vers Auschwitz. 928 déportés. 45 survivants (4,8 %).

7. Le Bourget/Drancy vers Auschwitz. 999 déportés. 17 survivants (1,7 %). Voir Salomon LOPATA.

8. 20.07.1942. Angers vers Auschwitz. 824 déportés. 20 survivants (2,4 %).

9. 22.07.1942. Le Bourget/Drancy vers Auschwitz. 1 000 déportés. 8 survivants (0,8 %). Voir Sura et Joseph SCHLAFMAN.

10. 24.07.1942. Le Bourget/Drancy vers Auschwitz. 1 000 déportés. 5 survivants (0,5 %).

11. 27.07.1942. Le Bourget/Drancy vers Auschwitz. 1 000 déportés. 13 survivants (1,3 %).

12. 29.07.1942. Le Bourget/Drancy vers Auschwitz. 1 001 déportés. 5 survivants (0,5 %).

13. 31.07.1942. Pithiviers vers Auschwitz. 1 049 déportés. 16 survivants (1,5 %).

14. 03.08.1942. Pithiviers vers Auschwitz. 1 034 déportés. 6 survivants (0,5 %).

15. 05.08.1942. Beaune-la-Rolande vers Auschwitz. 1 014 déportés. 6 survivants (0,6 %).

16. 07.08.1942. Pithiviers vers Auschwitz. 1 073 déportés. 7 survivants (0,6 %). Voir Paulette BRONSTEIN – Clara GARNEK.

17. 10.08.1942. Le Bourget/Drancy vers Auschwitz. 1 006 déportés. 1 survivant (0,1 %).

18. 12.08.1942. Le Bourget/Drancy vers Auschwitz. 1 017 déportés. 11 survivants (1,1 %).

19. 14.08.1942. Beaune-la-Rolande vers Auschwitz. 991 déportés. 1 survivant (0,1 %). Voir Rose ICKOWICZ.

20. 17.08.1942. Le Bourget/Drancy vers Auschwitz. 1 000 déportés. 3 survivants (0,3 %).

21. 19.08.1942. Le Bourget/Drancy vers Auschwitz. 1 000 déportés. 5 survivants (0,5 %).

22. 21.08.1942. Le Bourget/Drancy vers Auschwitz. 1 000 déportés. 7 survivants (0,7 %). Voir Rose GOLDBERG.

23. 24.08.1942. Le Bourget/Drancy vers Auschwitz. 1 000 déportés. 3 survivants (0,3 %).

24. 26.08.1942. Le Bourget/Drancy vers Auschwitz. 1 002 déportés. 24 survivants (2,4 %).

25. 28.08.1942. Le Bourget/Drancy vers Auschwitz. 1 000 déportés. 8 survivants (0,8 %). Voir Simon WILENSTEIN ou WAJEAN.

26. 31.08.1942. Le Bourget/Drancy vers Auschwitz. 1 000 déportés. 17 survivants (1,7 %). Voir Malka GOLDBLUM.

27. 02.09.1942. Le Bourget/Drancy vers Auschwitz. 1 000 déportés. 30 survivants (3,0 %). Voir Jacques BRONSTEIN et Raymonde BELC.

28. 04.09.1942. Le Bourget/Drancy vers Auschwitz. 1 013 déportés. 27 survivants (2,7 %).

29. 07.09.1942. Le Bourget/Drancy vers Auschwitz. 1 000 déportés. 35 survivants (3,5 %).

30. 09.09.1942. Le Bourget/Drancy vers Auschwitz. 1 000 déportés. 43 survivants (4,3 %). Voir Ruth KAHN.

31. 11.09.1942. Le Bourget/Drancy vers Auschwitz. 1 000 déportés. 13 survivants (1,3 %).

32. 14.09.1942. Le Bourget/Drancy vers Auschwitz. 1 000 déportés. 45 survivants (4,5 %). Voir Louise SAÏM.

33. 16.09.1942. Le Bourget/Drancy vers Auschwitz. 1 003 déportés. 38 survivants (3,8 %).
34. 18.09.1942. Le Bourget/Drancy vers Auschwitz. 1 000 déportés. 22 survivants (2,2 %).
35. 21.09.1942. Pithiviers vers Auschwitz. 1 007 déportés. 29 survivants (2,9 %). Voir Isidore PORITSKY – Alfred GOLDSCHMIDT – Adolphe FUCHS.
36. 23.09.1942. Le Bourget/Drancy vers Auschwitz. 1 037 déportés. 26 survivants (2,5 %).
37. 25.09.1942. Le Bourget/Drancy vers Auschwitz. 1 004 déportés. 15 survivants (1,5 %).
38. 28.09.1942. Le Bourget/Drancy vers Auschwitz. 900 déportés. 20 survivants (2,2 %).
39. 30.09.1942. Le Bourget/Drancy vers Auschwitz. 211 déportés. 0 survivant (0 %).
40. 04.11.1942. Le Bourget/Drancy vers Auschwitz. 1 000 déportés. 4 survivants (0,4 %). Voir Jacques FINKELSTEIN.
42. 06.11.1942. Le Bourget/Drancy vers Auschwitz. 1 000 déportés. 4 survivants (0,4 %).
44. 09.11.1942. Le Bourget/Drancy vers Auschwitz. 1 200 déportés. 15 survivants (1,0 %). Voir Sarah et Raymond KURTZ.
45. 11.11.1942. Le Bourget/Drancy vers Auschwitz. 745 déportés. 2 survivants (0,2 %).

1943

46. 09.02.1943. Le Bourget/Drancy vers Auschwitz. 1 000 déportés. 22 survivants (2,2 %). Voir Régine GOLDBLUM – Paulina BRYTENICHSKY.
47. 11.02.1943. Le Bourget/Drancy vers Auschwitz. 1 000 déportés. 14 survivants (1,4 %). Voir Maurice LANDFISZ.
48. 13.02.1943. Le Bourget/Drancy vers Auschwitz.

1 000 déportés. 17 survivants (1,7 %). Voir Moïse KAHAN – Charles HIRSCHFELD – Louise JACOBSON – José SALA.

49. 02.03.1943. Le Bourget/Drancy vers Auschwitz. 1 000 déportés. 6 survivants (0,6 %).

50. 04.03.1943. Le Bourget/Drancy vers Maïdanek. 1 003 déportés. 4 survivants (0,4 %).

51. 06.03.1943. Le Bourget/Drancy vers Maïdanek. 998 déportés. 5 survivants (0,5 %). Voir Maurice TOUCHE.

52. 23.03.1943. Le Bourget/Drancy vers Sobibor. 994 déportés. 0 survivant (0 %).

53. 25.03.1943. Le Bourget/Drancy vers Sobibor. 1 008 déportés. 2 survivants (0,2 %).

55. 23.06.1943. Le Bourget/Drancy vers Auschwitz. 1 018 déportés. 86 survivants (8,4 %). Voir Fanny CELGOH-SEGAL – Gabriel RAMET.

57. 18.07.1943. Paris/Bobigny vers Auschwitz. 1 000 déportés. 52 survivants (5,2 %). Voir Blanche JACK.

58. 31.07.1943. Paris/Bobigny vers Auschwitz. 1 000 déportés. 44 survivants (4,4 %).

59. 02.09.1943. Paris/Bobigny vers Auschwitz. 1 000 déportés. 21 survivants (2,1 %).

60. 07.10.1943. Paris/Bobigny vers Auschwitz. 1 000 déportés. 39 survivants (3,9 %).

61. 28.10.1943. Paris/Bobigny vers Auschwitz. 1 000 déportés. 42 survivants (4,2 %). Voir Cadette N.

62. 20.11.1943. Paris/Bobigny vers Auschwitz. 1 200 déportés. 29 survivants (2,4 %). Voir Olga JACOBSON.

64. 07.12.1943. Paris/Bobigny vers Auschwitz 1 000 déportés. 50 survivants (5,0 %).

63. 17.12.1943. Paris/Bobigny vers Auschwitz. 850 déportés. 31 survivants (3,6 %). Voir Élie BLOCH – Simone WEILL.

1944

66. 20.01.1944. Paris/Bobigny vers Auschwitz. 1 155 déportés. 72 survivants (6,2 %).
67. 03.02.1944. Paris/Bobigny vers Auschwitz. 1 214 déportés. 43 survivants (3,5 %).
68. 10.02.1944. Paris/Bobigny vers Auschwitz. 1 500 déportés. 59 survivants (3,9 %).
69. 07.03.1944. Paris/Bobigny vers Auschwitz. 1 501 déportés. 34 survivants (2,2 %).
70. 27.03.1944. Paris/Bobigny vers Auschwitz. 1 025 déportés. 152 survivants (14,8 %).
71. 13.04.1944. Paris/Bobigny vers Auschwitz. 1 500 déportés. 130 survivants (8,7 %).
72. 29.04.1944. Paris/Bobigny vers Auschwitz. 1 004 déportés. 50 survivants (5,0 %).
80. 02.05.05.1944 et 21.23.07.1944. Paris/Bobigny vers Bergen-Belsen. 115 et 144 déportés. 116 survivants. Voir Francine CHRISTOPHE.
73. 15.05.1944. Paris/Bobigny vers Kovno (Lituanie) et Reval (Estonie). 878 déportés. 23 survivants (2,6 %).
74. 20.05.1944. Paris/Bobigny vers Auschwitz. 1 200 déportés. 166 survivants (13,8 %).
75. 30.05.1944. Paris/Bobigny vers Auschwitz. 1 000 déportés. 99 survivants (9,9 %).
76. 30.06.1944. Paris/Bobigny vers Auschwitz. 1 150 déportés. 182 survivants (15,8 %).
81. 30.07.1944. Toulouse vers Büchenwald et Ravensbrück. 166 juifs sur 1 000 déportés.
77. 31.07.1944. Paris/Bobigny vers Auschwitz. 1 300 déportés. 214 survivants (16,5 %).
78. 11.08.1944. Lyon vers Auschwitz. 180 à 230 juifs sur 650 déportés. 71 survivants. Voir Marc Moïse BLUM.

79. 17.08.1944. Paris/Bobigny vers Büchenwald. 51 déportés juifs. 35 survivants.

82. 22.08.1944. Clermont-Ferrand vers Auschwitz. 39 survivants.

BIBLIOGRAPHIE

Références

GRYNBERG (Anne), *Les Camps de la honte. Les internés juifs des camps français, 1939-1944*, Paris, La Découverte, 1991.

KASPI (André), *Les Juifs pendant l'Occupation*, Paris, Le Seuil, 1997.

KLARSFELD (Serge), *Le Mémorial de la déportation des Juifs de France*, Paris, chez l'auteur, 1978.

Vichy-Auschwitz. Le rôle de Vichy dans la Solution finale de la question juive en France, Paris, Fayard, 1983 et 1985, 2 vol.

Le Calendrier de la persécution des Juifs en France, 1940, 1944, Paris FFDJF et The Beate Klarsfeld Foundation, 1993.

Le Mémorial des enfants juifs déportés de France, FFDJF et The Beate Klarsfeld Foundation, 1994.

La Shoah en France, nouvelle édition des trois titres précités, Paris, Fayard, 2001, 4 vol.

PESCHANSKI (Denis), *La France des camps : l'internement (1938-1946)*, Paris, Gallimard, 2002.

POZNANSKI (Renée), *Les Juifs en France sous l'Occupation*, Paris, Hachette, 1997.

Le « Fichier juif » Rapport de la commission présidée par René Rémond au Premier ministre, Paris, Plon, 1996.

ÉTUDES ET TÉMOIGNAGES

BAUMANN (Denise), *Une famille comme les autres*, 2e éd., Paris, Albin Michel, 1985, coll. « Présence du Judaïsme ».

BÉDARIDA (Renée), *Les Catholiques dans la Guerre 1939-1945. Entre Vichy et la Résistance*, Paris, Hachette Littératures, 1998.

BENBASSA (Esther), *Histoire des juifs de France*, 2e éd., Paris, Éditions du Seuil, 2000.

BERNARD (Jean-Jacques), *Le Camp de la mort lente : Compiègne (1941-1942)* Paris, Albin Michel, 1944.

BILLIG (Joseph), *Le Commissariat général aux questions juives*, Paris, Éditions du Centre, 1955.

CHAIGNEAU (Jean-François), *Le Dernier Wagon*, Paris, Julliard, 1982.

CHRISTOPHE (Francine), *Une Petite Fille privilégiée. Une enfant dans le monde des camps, 1942-1945*, Paris, L'Harmattan, 1996.

COURTOIS (Stéphane), RAYSKI (Adam) et PESCHANSKI (Denis), dir., *Qui savait quoi ? L'extermination des juifs, 1941-1945*, Paris, La Découverte, 1987.

DARVILLE (Jacques) et WICHENE (Simon), *Drancy la Juive ou la Deuxième Inquisition*, Paris, Berger frères, 1945.

DEJEAN (Serge) et MALO (Éric), *Histoires de Noé. Le camp d'internement (1940-1947)*, Noé, Mag Editions, 1993.

DIAMANT (David), *Le Billet vert. La vie et la résistance à Pithiviers et Beaune-la-Rolande...*, Paris, Éditions du Renouveau, 1977.

EGGERS (Christian), « L'internement sous toutes ses formes, approche d'une vue d'ensemble du système d'internement dans la zone de Vichy », in *Le Monde juif. Revue d'histoire de la Shoah*, n° 100, 1990, pp. 7-75.

FAVEZ (Jean-Claude), *Une mission impossible ? Le CICR, les déportations et les camps de concentration nazis*, Lausanne, Payot, 1988.

FROMENT (Pascale), *René Bousquet*, Paris, Fayard, 2001.

JACOBSON (Louise), *Les Lettres de Louise Jacobson et de ses proches*, présentées par sa sœur Nadia KALUSKI-JACOBSON, préface de Serge KLARSFELD, Paris, Robert Laffont, 1997.

LABORIE (Pierre), *L'Opinion française sous Vichy*, Paris, Éditions du Seuil, 1990.

LAHARIE (Claude), *Le camp de Gurs (1939-1945). Un aspect méconnu de l'histoire du Béarn*, Pau, Infocompo, 1985.

LALOUM (Jean), *La France antisémite de Darquier de Pellepoix*, Paris, Syros, 1979.

LÉVY (Claude) et TILLARD (Paul), *La Grande Rafle du Vel d'Hiv*, Paris, Robert Laffont, 1967.

MARRUS (Michael) et PAXTON (Robert), *Vichy et les Juifs*, Paris, Calmann-Lévy, 1981.

RAJSFUS (Maurice), *La Police de Vichy. Les forces de l'ordre françaises au service de la Gestapo, 1940-1944*, Paris, Le Cherche-Midi Éditeur, 1995.

Drancy, un camp de concentration très ordinaire, 1941-1944, Paris, Le Cherche-Midi Éditeur, 1998.

ROTGOLD (Morka), *Chère Edzia, chers enfants*, Orléans, Éditions du CERCIL, 2002.

SCHŒNBERG (Isaac), *Lettres à Chana. Camp de Pithiviers (16 mai 1941-24 juin 1942)*, édition présentée et annotée par Serge KLARSFELD, préface de Pierre PACHET, Orléans, Éditions du CERCIL, 1995.

WEILL (Joseph), *Contribution à l'histoire des camps d'internement dans l'anti-France*, Paris, Éditions du Centre, 1946.
WELLERS (Georges), *L'Étoile jaune à l'heure de Vichy*, Paris, Fayard, 1972.

REMERCIEMENTS

L'éditeur tient à remercier particulièrement :

Madame Karen Taïeb, archiviste du CDJC, pour l'aide précieuse qu'elle lui a fournie.

Hélène Mouchard Zay, Directeur du CERCIL (Centre de Recherche sur les camps d'Internements du Loiret), qui a bien voulu accepter les larges citations des *Lettres à Chana*, d'Isaac Schœnberg.

Frédérique Basset, Béatrice Guthart, Colette Weibel, qui ont bien voulu lui communiquer leur documentation et leurs archives personnelles.

Serge Klarsfeld, dont les travaux ont largement inspiré les notes explicatives.

Que soient aussi remerciés :

Jacques Fredj, Directeur du CDJC.

Claude Singer et Sarah Mimoun, CDJC.

Marie-Paule Arnauld, Directrice des Archives nationales.

Isabelle Neuschwander, conservateur général, chargé de la section du XXe siècle aux Archives nationales.

Patricia Gillet, Caroline Piketty, Olivier Rodilla, Cécile Simon-Le Bihan, de la section du XXe siècle aux Archives nationales.

Cécile Fétu, Anne-Sophie Lambert, Jean-François Saint-Gaudens, des Archives nationales.

Justine Faure, professeur au lycée Eugène-Delacroix à Drancy.

Alain Kremenetski, du Conservatoire historique du camp de Drancy.

Bénédicte Penn, des Archives municipales de Bobigny.

Violaine Le Nénaon, des Archives municipales de Clichy.

Henri Bulawko, Anne Crétois, Hélène Ramet, Louis Kohn.

LE CENTRE DE DOCUMENTATION JUIVE CONTEMPORAINE (CDJC)

Créé en 1943, dans la clandestinité, le Centre de documentation juive contemporaine est aujourd'hui le plus important centre de recherche historique en Europe consacré au sort des juifs pendant la Deuxième Guerre mondiale.

Depuis 1945, la plupart des recherches effectuées sur ce sujet font référence aux archives du centre, largement consultées par de nombreux historiens et journalistes. Des procès de Nuremberg au procès Barbie, la justice française et internationale a abondamment puisé dans les archives du CDJC, notamment lors des procès des responsables de la « Solution finale », des collaborateurs français tels Vallat et Antignac, et des responsables allemands de la solution finale, Lischka, Hagen, Eichmann et Barbie.

Les archives du CDJC rassemblent un fonds documentaire constitué de plus d'un million de pièces d'archives, dont un grand nombre d'originaux portant la signature des chefs du IIIe Reich ou des responsables de la déportation des juifs de France ; parmi ces documents : les archives du Commissariat général aux questions juives, celles de l'Institut d'études des questions juives, du Service anti-juif de la police de sécurité (SD) et de la Gestapo en France, de l'État-Major allemand, de l'ambassade d'Allemagne à Paris ; les copies des archives du

Tribunal militaire international, remises au CDJC par la délégation américaine à l'issue du premier procès de Nuremberg ; les listes originales des convois de déportation partis de France. Elles détiennent aussi des films d'archives inédits, ainsi qu'une vidéothèque consacrée à la Deuxième Guerre mondiale. Le CDJC continue à collecter de nombreux documents d'archives, notamment auprès des familles.

Le CDJC compte également une bibliothèque riche de 50 000 livres, journaux et revues en sept langues (français, anglais, allemand, russe, hébreu, yiddish et italien) sur l'antisémitisme et l'histoire des juifs en Europe depuis la fin du XIXe siècle jusqu'à nos jours, une photothèque de 80 000 pièces, auxquelles font souvent appel les maisons d'édition, les médias, les manuels scolaires et les centres d'expositions. De nombreuses expositions présentées tout au long de l'année reçoivent plusieurs milliers de visiteurs, dont un grand nombre de scolaires. Le centre a publié plusieurs ouvrages, et fait paraître depuis 1946 une revue trimestrielle, *La Revue d'histoire de la Shoah* (*Le Monde juif*).

Depuis 1956, le Centre de documentation juive contemporaine est installé au Mémorial du Martyr juif inconnu, dédié aux millions de victimes de la Shoah.

MÉMORIAL DU MARTYR JUIF INCONNU
CENTRE DE DOCUMENTATION
JUIVE CONTEMPORAINE

Locaux provisoires
37, rue de Turenne - 75003 PARIS
Tél. : 01.42.77.44.72 - Fax : 01.48.87.12.50
e-mail : contact@memorial-cdjc.org
http ://www.memorial-cdjc.org

TABLE DES MATIÈRES

RÉALISATION : PAO ÉDITIONS DU SEUIL
IMPRESSION : S.N. FIRMIN-DIDOT AU MESNIL-SUR-L'ESTRÉE
DÉPÔT LÉGAL : FÉVRIER 2004. N° 58249 (66903)
IMPRIMÉ EN FRANCE